井上弘貴著

ジョン・デューイと
アメリカの責任

John Dewey and America's Responsibility

木鐸社

目 次

序 論 …………………………………………………… 7

第1章 合衆国の変容，デューイの思想形成 …………………… 23
リバイバリズムからソーシャル・ゴスペルへ　(23)
モダニズムの波と神を知ることへの義務のあいだで　(29)
真理の自己表出としてのデモクラシーによる
　絶対的意識からの脱却　(39)
デューイによる科学技術と信仰との調和　(42)
個人と社会の一体化というヴィジョンと人種主義　(44)
伏在するアメリカン・マインドへの信念　(55)

第2章 デモクラシーの福音と新しい政治を求めて …………… 65
大戦の勃発と合衆国の知識人たち　(65)
合衆国の態度決定をめぐって　(68)
実験的哲学のドイツ哲学にたいする優位　(75)
合衆国の参戦とデューイによる参戦論の行方　(79)
ビジネスライクな心理の喚起と
　ランドルフ・ボーンのデューイ批判　(82)
大戦の終結と知性をめぐる新たな確信　(89)
新しい社会的組織化と新しいデモクラシー到来への期待　(92)
極東での文化接触における
　デューイの政治的転回と思想的一貫性　(94)
逆照射される合衆国のスピリチュアルな独自性　(97)

第3章 デューイとアメリカの責任 ……………………………… 101
戦争違法化運動へのコミットメントと
　「パワー・ポリティクス」の嫌悪　(101)

連盟規約をめぐる攻防とウィリアム・ボラーの政治的態度　(103)
　　政治の原像に埋め込まれたヨーロッパとアメリカの対比　(108)
　　ラヴジョイのデューイ批判とデューイの反論　(112)
　　伏在するアメリカ合衆国の超然性にたいする信念　(115)
　　戦間期の合衆国における大衆社会化と知識人　(122)
　　公衆の待望と合衆国への信頼のあいだで　(128)

第4章　知性にたいする信仰を生きる　………………………141
　　個人主義の理解をめぐって　(141)
　　独立政治行動連盟の思想と行動　(147)
　　デューイのアメリカ社会党批判とローズヴェルト批判　(151)
　　ニーバーのデューイ批判と集合的エゴイズムの分析　(154)
　　デューイの反論と社会的知性のもとでの人間　(159)
　　ニーバーとデューイの政治神学的相克　(166)

第5章　デモクラシーを防衛しなければならない………………175
　　人民戦線の成立とモスクワ裁判　(175)
　　トロツキー裁判の調査をめぐるデューイと
　　　人民戦線派知識人たちとの攻防　(181)
　　新たな大戦への不安と
　　　「文化的自由のための委員会」という希望　(191)
　　デューイのトロツキー／マルクス主義批判　(201)
　　危機の高まりとよみがえる『ドイツ哲学と政治』　(208)

結　論 ……………………………………………………………217
あとがき …………………………………………………………231
引用文献一覧 ……………………………………………………235
アブストラクト …………………………………………………247
索　引 ……………………………………………………………251

ジョン・デューイとアメリカの責任

序　論

　1947年にジェームズ・フォレスタルの強い推挙によって国務省の政策企画室長に就任したジョージ・ケナンはその年の7月，アメリカ国防大学 (National War College) で前年に行なった講義をもとにした「ソヴィエトの行動の源泉」という論文を，Xという匿名で『フォーリン・アフェアーズ』に投稿した[1]。この論文が発表されるほんの数カ月前，3月になされたハリー・S・トルーマン大統領の演説をうけてギリシア・トルコ援助法案が議会を通過し，また，6月にはマーシャル・プランが発表されていた。

　ケナンは1946年の2月に本国に送った長文電報と同じく大きな反響を呼んだその「ソヴィエトの行動の源泉」において，ソヴィエト権力の政治的人格をイデオロギーと環境 (circumstances) との産物として説明することから始めていた。ケナンによれば，マルクスからレーニンへと受け継がれていったマルクス主義のイデオロギーはつぎのようにまとめられる。すなわち，資本主義のもとで労働者は資本家に搾取されるが，こうした生産制度は自己崩壊の種を内部にかかえ，革命によって必然的に労働者階級の政権に移行させられるのであり，この革命は，資本主義の最後の段階である

---

(1) David Mayers, *George Kennan and the Dilemmas of US Foreign Policy* (New York: Oxford University Press, 1988), pp. 106-114; Wilson D. Miscamble, *George F. Kennan and the Making of American Foreign Policy, 1947-1950* (Princeton: Princeton University Press, 1992), pp. 28-33.

帝国主義が引き起こす戦争によって導かれる。

こうした論理を熱狂的に支持したロシアの革命家たちによってもたらされた革命は，その直後から内戦と干渉戦争という厳しい環境に置かれていった。レーニンの後継者たちであるスターリンをはじめとする指導者たちは，党の内外にいかなる勢力も組織も認めなかった。反対者の徹底した排除とそのための体制づくりは，当初は体制内における「資本主義の残滓」を主たる理由としていたが，そうした内部の残滓が取り除かれていくと，今度は「外国の資本主義の脅威」という名目が前面に押し出されていくようになる。ケナンもそう見たように，党の鉄の規律や秘密警察は今や外的脅威に備えるための手段というよりも，それ自体が目的と化してしまい，対外関係の脅威は一つの「虚構」としてそれなしには済ますことのできないものになっていった。

この歴史的経緯を踏まえ，ケナンはソヴィエト権力の政治的人格を三つの概念に分節化する。第一にそれは，資本主義と社会主義との内在的な敵対関係であり，第二にクレムリンの無謬性，そして第三に挙げられるのは，「指導部には特定のいかなるときでも，自分の目的に役立つと思ういかなる特定のテーゼでも，戦術上の目的のために提示でき，そのテーゼが運動に参加している全員によって忠実に，なんの疑いもなしに承認されるのを要求できる自由があるという事実[2]」だった。

かくして，ここからソヴィエト独自の行動パターンが導き出されてくる。ソヴィエトの政府機関はいかなる外部の議論や説得にもけっして耳を傾けることなく，主人である指導者の声にしたがって前進し続ける。ケナンによればこの前進を外部からとめられるのは，議論や説得ではなく，前進の抗い難い障害となりうる事実そのものだけである。

他方で，ソヴィエトは宗教の伝道師のように，自らが妥当であると考え

---

(2) George F. Kennan, *American Diplomacy* (1951; reprint, Chicago: The University of Chicago Press, 1984), pp. 116-117. 近藤晋一，飯田藤次，有賀貞訳『アメリカ外交50年』（岩波書店，2000年），173頁。

る信念のために長期間にわたって粘り強く行動し続けていく。それゆえに，ここはひとまず撤退したほうが良いという判断が下された場合，ソヴィエトは予想以上に柔軟に手を引くが，だからといってそれは膨張に向けたその政治的野心が失われたことを意味しない。機会が整えば，ソヴィエトは間髪をいれずふたたび外部への侵出を企図する。このソヴィエト権力についての分析から，ケナンは一つの有名な結論を導き出す。アメリカによる対ソ封じ込め政策である。「こうした環境において，合衆国の対ソ政策の主要な要素は，ロシアの膨張傾向にたいする長期の，辛抱強い，しかも確固として用心深い封じ込めでなければならないことは明らかである[3]」。

　ケナンは，ソ連の膨張を押しとどめるには「対抗力（counter-force）」が必要とされており，その対抗力こそまさにアメリカ合衆国が担うべきものであると考えていた。実際にケナンはこう厳かに助言している。「近い将来ソヴィエトの体制と政治的な親交を享受するなど，アメリカが期待できないのは明らかである。ソ連は政治のアリーナにおけるパートナーではなく，対抗者だと考えていかねばならない[4]」。ソ連は，平和と安定を志向しておらず，社会主義と資本主義との共存が可能だと毛ほども信じていない。この点を踏まえ，ソ連がその内部の抑圧機構の重みに耐えかねて自己崩壊するときまで，合衆国の対ソ外交は相手方をその影響圏内に封じ込める対抗的措置を執拗に講じ続ける必要がある。ケナンは当時そう考えた。

　ケナンの主張にたいして，それを痛烈に批判したのは合衆国を代表する往年の知識人，ウォルター・リップマンだった。リップマンは革新主義期の若き日にウィルソンの外交を支持し，勢力均衡に立脚したヨーロッパ的な国際政治観に代わる新しいヴィジョンとして，平和を強制するための連盟という理念に賛辞を与えた。だが，第一次世界大戦後の講和会議の実際と革新主義の理念的な破産は，その後のかれの思想を大きく転回させていった——それは本書でのちに見ることになるだろう。そのかれが，ケナン

（3）　Kennan, *ibid*., p. 119. 前掲書，177頁。
（4）　Kennan, *ibid*., p. 126. 前掲書，187頁。

の主張にたいして批判を加えた[5]。

しばしば指摘されるように、ケナンにはこの時期、あいまいな態度が散見されるとはいえ、少なくとも論文のなかでかれは封じ込めが軍事力を用いてなされるべきだとは明言していない。だが、リップマンは封じ込め政策が軍事力を必要とするものであることを前提としたうえで、封じ込めを達成するために、アメリカはソ連の防衛ラインを取り囲むように軍事同盟を構築しなければならないだろうと指摘する[6]。だがリップマンにとって、弱体な国家群を無理やりに組織して作り出すそうした同盟の維持にアメリカが成功することは実際には難しく思われた。

---

(5) たとえばバリー・リッチョーはこう指摘している。「おそらく、ジョージ・ケナンの『ソヴィエトの行動の源泉』への応答以上に、リップマンのこのうえなく非道徳主義的なアプローチを明らかにしているものはないだろう」。Barry D. Riccio, *Walter Lippmann: Odyssey of a Liberal* (New Brunswick: Transaction Publishers, 1994), p. 152. ケナンへの批判に先だち、1943年から1944年にかけてリップマンが構想していた「大西洋共同体」という安全保障の枠組みについては、紀平英作『パクス・アメリカーナの道——胎動する戦後世界秩序』(山川出版社、1996年)、31-50頁で検討されている。

(6) ケナン自身、軍事力でもって封じ込めを行なうべきだと考えてはいなかったことは回想録からも明らかであることが、しばしば指摘されている。ロナルド・スティールも、この点を踏まえてこう指摘している。「興味深いことに、封じ込め政策の父は結果的に、リップマンの批判を受け入れる方向に旋回した。ケナンは後年、国務省を去ってプリンストンで歴史家になってから、リップマンとの不一致は『そのすべての次元でほとんど悲劇的な誤解』から生じたものであると述べている。自分は封じ込めが第一義的に軍事的な意味でとられるべきであるとは絶対に言っていないし、そう理解されてきたことは残念なことであると、かれは主張した」。Ronald Steel, *Walter Lippmann and the American Century* (1980; reprint, New Brunswick: Transaction Publishers, 1998), p. 445. 浅野輔訳『現代史の目撃者——リップマンとアメリカの世紀』下 (TBSブリタニカ、1982年)、202-203頁。

リップマンはまた,ケナンが前提としているソ連の内生的要因について も疑問を投げかける。とりわけ,ケナンが指摘するマルクス主義のイデオ ロギーが果たす役割の重要性をリップマンは認めなかった。リップマンに とって米ソのあいだで鍵を握るものは,「カール・マルクスのイデオロギー ではなく赤軍の強大な武力[7]」であり,米ソ両国のあいだで緊急の外交課題 はドイツ問題であるとみた。赤軍をヨーロッパから撤退するように説得で きるかどうか,もしもできるとしたら,いつ,そしてどのような条件のも とでそれが可能なのか。これこそが最大の焦点であるとリップマンは考え た。

イギリスを加えた英米ソの軍隊をどのように混乱なくドイツから撤兵さ せることができるのか。さらに赤軍が東ヨーロッパから撤退し,「ヤルタ・ ライン」からソ連国境内まで後退させることができるのか。もちろん撤退 するのは,ソ連だけではない。イギリスとアメリカもまた,同様にヨーロ ッパから兵を引く必要がある。アメリカによる対ソ封じ込めではなく,大 陸ヨーロッパを主たる舞台とした維持可能な勢力均衡の確立こそ,アメリ カ合衆国がとるべき外交政策であるとリップマンには思われた[8]。

米ソ冷戦の始まりを告げる時期にあって交わされたケナンとリップマン

---

(7) Walter Lippmann, *The Cold War: A Study in U.S. Foreign Policy* (1947; reprint, New York: Harper and Row Publishers, 1972), p. 26.

(8) 英米ソ各国の駐留軍隊をヨーロッパから引き揚げさせることが,外交 政策の目標だとすれば,具体的にはどのような手順にそってこれを成し遂 げることができるのだろうか。リップマンはその成功の鍵を平和条約の締 結にみた。すなわち,ユーラシア大陸中でソ連を封じ込めるのではなくて, 非ヨーロッパの軍隊からいかにしてヨーロッパを解放するのか,米ソ関係 の調停はここにすべてがかかっているとリップマンは指摘した。かくして リップマンは,ヨーロッパからの非ヨーロッパ軍隊の撤退という観点を重 視し,トルーマン・ドクトリンとマーシャル・プランとの相違を峻別した。 すなわち,前者はヨーロッパ諸国をアメリカの外交政策に従属させるもの であるとして厳しく批判する一方,後者を国際連合の創設とあわせてかれ は高く評価したのである。

の論争は，このようなものだった。この二人の知識人，ケナンとリップマンにあって，リアリズムに立脚した合衆国の外交はどのようなものなのかについて見解に大きな相違があったが，しかしながら20世紀の中間地点においてアメリカがいまや置かれている対外的立場にかんしては，お互いの考えに大きな違いはなかったと言って差し支えないだろう。ケナンもリップマンもともに，20世紀の半ばという当時，アメリカの対外的立場が世紀の前半である50年たらずのあいだにまったく大きく変わってしまったことについて，ほぼ同じ見解を有していた。

　国際問題への法律家的あるいは道徳家的なアプローチがアメリカ外交の特徴であり，それが内在させている他国への道徳的優越性と全面的勝利への誘惑という危険性を指摘したケナンだが，かれは対外的に何らの接触を持たずともやっていけたアメリカはすでに過去のものであることを『アメリカ外交』の冒頭で確認していた。「半世紀前には，この国の人びとはローマ帝国以来のどんな人びとともかつてもったことがないと思われるほどの安全という感覚を，自分たちの世界的環境を通じて有していた」。だが，今やそうした楽観的な認識はまったく消えうせ，むしろ認識はほとんど逆になっているとケナンは言う。すなわち，現在アメリカのナショナルな意識を支配しているものは安全の欠如（insecurity）という感覚であり，しかも，実際にはアメリカ人よりもずっと安全ではない地理的立場にあるヨーロッパの人びとよりも危険におびえていると，ケナンは指摘している。米西戦争を一つの画期として，20世紀前半のあいだにいかにアメリカの国際政治上の立場が激変したかということである。

　1960年にリップマンもまた，『ライフ』に寄稿し，その後に『ナショナルな目的（The National Purpose）』という論文集に収められた「ナショナルな目的（National Purpose）」という論稿のなかで，ケナンと同様に世紀の変わり目において大きな転換が生じたことに同意するとともに，今また新たな転換が起きていることにも注意を喚起している。再度の新たな転機という感覚，あるいはまた，この転機のなかでアメリカの目指すべきナショナルな目的を再定義しなければならないという切迫さは，リップマンのみ

ならず，この論文集に同じく寄稿した論者たち，アドレイ・スティーヴンソンやクリントン・ロシター，ジェームズ・レストンらに共有されていたし，『ライフ』の編集者として短い序文を書いているヘンリー・ルースによっても，強烈に意識されていた。実際にルースはこう書いている。「他の何者にもまして，アメリカの民衆はナショナルな目的というある明確な感覚を捜し求めている[9]」。

　リップマンにとっても，そもそもからしてアメリカ人は「目的をもったネイション（a purposeful nation）[10]」であり続けてきたのであり，自分たちに与えられた目的，あるいはアメリカの運命という信念から，まったき楽観主義とともに自分たちのエネルギーと自信を引き出してきた。だが，まさにこの当時，これまでのナショナルな目的はなかばその役割を成就し，あらたなそれが必要とされていると思われた。

　リップマンの指摘を待つまでもなく，アメリカ合衆国のナショナリズムだけがアメリカニズムと表現される背景には，この国のナショナリズムには他国のナショナリズムにみられない，なんらかの特別な信条（creed）があらかじめ組み込まれてきた歴史的経過がある，としばしば指摘される[11]。

（9）　John K. Jessup and others, *The National Purpose* (New York: Holt, Rinehart and Winston, 1960), p. v.

（10）　Walter Lippmann, "National Purpose," in Jessup and others *ibid.*, p. 125.

（11）　Samuel P. Huntington, *American Politics: The Promise of Disharmony* (Cambridge: Belknap Press, 1981), pp. 154-159. アメリカニズムについての合衆国における近年の代表的な研究文献としては以下を参照のこと。Seymour Martin Lipset, *American Exceptionalism: A Double-edged Sword* (New York: W.W. Norton, 1996). 上坂昇，金重紘訳『アメリカ例外論——日欧とも異質な超大国の論理とは』（明石書店，1999年）。また，アメリカニズムにかんする論文集には以下のものがある。Byron E. Shafer ed., *Is America Different?: A New Look at American Exceptionalism* (Oxford: Clarendon Press, 1991); Dale Carter ed., *Marks of Distinction: American Exceptionalism Revisited* (Langelandsgade: Aarhus University Press, 2001). 邦語の研究文献としては古矢旬『アメリカニズム——「普遍国家」のナショナリズム』（東京大

アメリカは世界の目が注がれる「丘のうえの町」にならなければならないというジョン・ウィンスロップの有名な説教のように，アメリカこそが神に約束された大地であり，また，世界にたいして常に道徳的な模範でなければならないという過剰な自己認識は，独立の以前から宗教的指導者たちに根強く存在していた。

アメリカのこうした自己認識と精神的高揚の波は，独立とその後の歴史的経過のなかでさらに強められ，19世紀において，一方では混沌としたヨーロッパという害悪から超然としながら，人びとは神から自分たちに与えられた約束の大地の開拓に邁進しつつ，他方では初発の純粋さが堕落する危機をつねに憂慮して，宗教的ないしは精神的刷新をたえず呼びかけていった[12]。

　　学出版会，2002年）を参照のこと。古矢氏はアメリカニズムを「アメリカ人一般の国民生活を根本的に規定し，結果としてアメリカの国民社会全体を方向づけてきた特異な価値観やものの見方」と定義している。古矢前掲書，ii－iii頁。

(12)　リチャード・ホーフスタッターもまた，アメリカにおける反－知性主義の伝統を論じるなかで，アメリカ人の精神がプロテスタンティズムという鋳型のなかで形作られ，それがアメリカ人の知的生活にとって第一のアリーナであることを強調している。Richard Hofstadter, *Anti-Intellectualism in American life* (New York: Vintage Books, 1963), p. 55. 田村哲夫訳『アメリカの反知性主義』（みすず書房，2003年），49頁。ホーフスタッターはここから，単一の宗教的エスタブリッシュメントをもたないアメリカ・プロテスタンティズムにおける特異な福音主義的（evangelical）精神に注目しているが，かれはアメリカにおける各宗派共通にみられる傾向として，キリスト教の歴史的推移は価値ある制度や実践の生長ではなく，原初の純粋さが失われていく堕落と退廃の過程であるという信念を見出している。こうした道徳的退廃にたいする宗教的危機意識は，アメリカにおいては建国期から根強くあり，アメリカ革命の「成功」を千年王国の到来として熱狂的に歓迎することにつながっていくものである。各宗派には，自らの紐帯を教義という体系的構築物にではなく，つねに新鮮で熱狂的なかたちで把握された目標や動機にみる傾向が根強く存在してきた。それゆえに，各宗派

リップマンの議論に立ち返れば，かれは，これまでのアメリカ史にはナショナルな規模で支配的目的を有した二つの大きな時期があったと言う。最初は18世紀の半ばから19世紀末までの時期であり，この時期のアメリカ人にとって中心をなすナショナルな目的とは，「大陸的領土をきりひらき，この領土をアメリカという連合の内部にしっかりと固め，この領土を他のあらゆる列強から完膚なきまでに安全なものにすること[13]」にあった。モンロー・ドクトリンに象徴される外交のもとで展開されたこの目的は，しかしながらフロンティアが消滅する1890年代にはその役割を終えていった。

　そこで世紀転換の時期から20世紀の前半にかけて，新たなナショナルな目的の模索が進められた。リップマンにしたがえば，3人の大統領，セオドア・ローズヴェルト，ウッドロウ・ウィルソン，フランクリン・ローズヴェルトのもとで，その骨格の模索は進められたのであり，ウィリアム・マッキンレー大統領の暗殺によって，まさに20世紀の出発とともに副大統領から大統領になったセオドア・ローズヴェルトは，合衆国がもはや独立自営農民たちからなる田園的な国家ではないということ，また，自らも参加した米西戦争を経て対外的にも列強国の一つとしてたちあらわれていることを理解していた。

　そのセオドア・ローズヴェルトによって認識され，始められた刷新は，

の基本的目的はつねに悔い改めた「新たな改宗者を獲得すること」であり，ほかのすべての目的はそこに従属することになる。かくしてアメリカ・プロテスタンティズムは，神と個人との直接的な接触の感情を重視し，制度化された宗教的権威への不信感と敵対とを倍化させる傾向を強めてきた。こうした傾向から，アメリカ人の宗教的生活，ひいては知的生活一般において，知性（intellect）は情緒（emotion）にしばしば容易に道を明け渡すことにもなる。知識人の古典的範型である聖職者もまた，イギリスから持ち込まれた当初からすれば多大な変容をこうむった。すなわち，「知的，教育的指導者としての牧師というピューリタン的理想は，民衆の十字軍戦士であり熱心な奨励者としての牧師という福音主義的理想に直面して徹底して弱められた」のである。Hofstadter, *ibid.*, p. 86. 前掲書，76頁。

　(13)　Lippmann, *ibid.*, p. 128.

ウッドロウ・ウィルソンによって引き継がれた。リップマンは第一次世界大戦への対応に迫られたウィルソンの立場をこう評している。「ウィルソンは，われわれが大国であるという重荷をしぶしぶと受け入れた。かれが第一次世界大戦に無理やり向かわされたとき，大国であるという重荷を減らすようなナショナルな目的を定義しようと試みた。かれは，世界はデモクラシーにとって安全でなければならないと宣言することで始め，世界が民主的になることを求めて終わった[14]」。

　さらに戦間期を経て，フランクリン・ローズヴェルトが大統領になった1930年代，アメリカは大きな変化の波に国内的にも国際的にも揉まれた。既存の経済秩序の崩壊に直面しつつ，対外的には「全体主義」国家に直面したローズヴェルトは，アメリカのナショナルな目的について，その都度否応なしに答えを出さざるを得なかった。「ローズヴェルトの刷新はある偉大な即興だった[15]」と，リップマンは言う。とりわけリップマンにとって，外交問題についてアメリカが第二次世界大戦のなかから学んだのは，この国はもはや多くの列強のうちの一つではなく，実際には西洋世界全体がその安全とリーダーシップのために依存している指導的大国であるということだった。

　そして冷戦である。第二次世界大戦の終結から15年ちかくが経過した1960年の現在，「人類の条件は，アメリカの民衆の経験のなかでいかなる他の時期よりも急速かつ根本的に変化してしまった[16]」。それゆえに，今世紀の前半に作られたナショナルな目的の定式はいまや充分でなくなった。19世紀のナショナルな目的が，20世紀になって転換をとげ，それは20世紀の後半になってふたたび転換を迫られている。リップマンはそのように見ていた。

　まさに本書が浮き彫りにすべく試みるのは，リップマンも挙げているセ

---

(14) Lippmann, *ibid*., p. 129.
(15) Lippmann, *ibid*., p. 130.
(16) Lippmann, *ibid*., p. 130.

オドア・ローズヴェルト，ウッドロウ・ウィルソン，フランクリン・ローズヴェルトという大統領たちが舵取りを行なった20世紀前半のアメリカ合衆国における，そのナショナルな自己意識の変容と持続についてである。国際政治の新興プレーヤーに過ぎなかったアメリカが，世界に冠たる大国へと一気に階段を昇っていったこの時期にあって，すでに指摘されているように19世紀のアメリカニズムは20世紀のアメリカニズムへと変容を遂げていった[17]。こうしたナショナルな自己意識の変容と持続を，本書はとくに，ケナンやリップマンもまたその一員である合衆国の知識人に光を当て，かれら知識人たちの思想史という視点から考察を行なっていくことになるだろう[18]。

(17) 古矢前掲書，42-44頁。
(18) ジョン・ハイアムにしたがえば，アメリカにおけるインテレクチュアル・ヒストリーの研究はヴァーノン・L・パリントン（Vernon L. Parrington）の『アメリカ思想における主要潮流（*Main Currents in American Thought*）』（1927年に二巻まで刊行され，1930年に第三巻が刊行される）が嚆矢である。その後，マール・カーチ（Merle Curti）やラルフ・ガブリエル（Ralph Gabriel），ペリー・ミラーらの研究がつづき，1940年代の後半以降，リチャード・ホーフスタッターやアーサー・シュレジンガー・ジュニア，ダニエル・ブーアスティンといった新しい世代の登場をみることになる。1950年代から60年代にインテレクチュアル・ヒストリーはアメリカ史の分野で隆盛を極め，現代に至る。John Higham, "Introduction," in John Higham and Paul K. Conkin eds., *New Directions in American Intellectual History* (Baltimore: The Johns Hopkins University Press, 1979), pp. xi-xix. なお，後述するニューヨーク知識人にかんする文献としては以下のようなものがある。Terry Cooney, *The Rise of The New York Intellectuals: Partisan Review and Its Circle* (Madison: The University of Wisconsin, 1986); Alexander Bloom, *Prodigal Sons: The New York Intellectuals and Their World* (London: Oxford University Press, 1986); Alan Wald, *The New York Intellectuals: The Rise and Decline of Anti-Stalinist Left from the 1930s to the 1980s* (Chapel Hill: The University of North Carolina Press, 1987); Hugh Wilford, *The New York Intellectuals: From Vanguard to Institution* (Manchester: Manchester University Press, 1995). 邦語の研

ところでこの考察にあたって、なかでも言わば観測の定点として本書が中心に置くのは、同時代を代表する知識人であると言って差し支えないだろうジョン・デューイ（1859-1952）である。南北戦争から冷戦初期までの時代を生きたかれは、まさにその個人的軌跡という観点からも19世紀末から20世紀前半のアメリカ合衆国を文字通り体現した人物であると言えるが、なによりも、知識人として同時代の政治的状況にたいするさまざまなコミットメントと発言を惜しみなく繰り返したかれの政治的軌跡から、リップマンが概説したような同時代におけるナショナルな目的の新たな変容とともに持続を、かれの思想のなかに一つの代表的事例として読みとることができるのではないだろうか。

もちろん、ナショナルなものがデューイにあってもつねにその思想や行動の念頭に置かれていたわけではない。実際に、ナショナルなものへのコミットメントにたいして、初期のデューイはかなりの程度まで無自覚であったし、またその意識的議論も限定的なものにすぎなかった。しかし、第一次世界大戦を画期として、とりわけアメリカとヨーロッパという対比のなかで、無自覚かつ限定的だったかれのナショナルなものへのコミットメントは、アメリカの知的生活の優位性という装いのもとで、急激に自覚され、また強まっていった。

とはいえ、第一次世界大戦後の1920年代、戦中の国内反動化や戦後のレッド・スケアに直面して、デューイは自らのそうしたコミットメントについて自覚的反省を試みるようになったと判断できる。たとえば『公衆とそ

究文献としては、以下を参照のこと。矢澤修次郎『アメリカ知識人の思想――ニューヨーク社会学者の群像』（東京大学出版会、1996年）、堀邦維『ニューヨーク知識人――ユダヤ的知性とアメリカ文化』（彩流社、2000年）、秋元秀紀『ニューヨーク知識人の源流――1930年代の政治と文学』（彩流社、2001年）、前川玲子『アメリカ知識人とラディカル・ヴィジョンの崩壊』（京都大学学術出版会、2003年）。また、20世紀の知識人について比較思想史的観点から考察したものとして松本礼二「知識人の歴史としての二〇世紀思想史」、『思想』（岩波書店、1994年10月）を参照されたい。

の問題』といったデューイの政治思想において今日高く評価される著作は，アメリカへの無垢な信頼からの自覚的離脱の試みが相対的に模索された時期に書かれたものと解釈できるかもしれない。ただし，そうしたなかでもデューイの合衆国にたいする信頼は，例外論的な思考様式を堅持したまま多分に持続されていっただけでなく，1920年代末からふたたび主にヨーロッパとの対比のなかで，アメリカへの信頼，さらにはアメリカの責任を，かれはより自覚的に回復し始めていった。さらに，ニューディールへの厳しい批判をアメリカ民衆の名のもとで展開しつつ，トロツキー裁判の調査への参画などを象徴的に経由しながら，対外的な危機の高まる1930年代後半，かれの自覚的なアメリカニズムは最高潮に達していく。そこに見出される二項対立的な世界図式とそこから導き出される合衆国の役割とが，第二次世界大戦から冷戦初期において，デューイを反共リベラルへの合流に結果的に導いていくことにもなったとも推測されるだろう。

　あたかもナショナルなものの存在を自明視し，実体化するような議論は避けるべきであるかもしれない。それでもなお，一つの時代を代表するデューイという知識人によって，ナショナルなコミットメントはとりわけ緊張をはらんだ対外関係の文脈のなかで文字通り生きられたのである。それゆえに本書はそうしたデューイを考察するにあたって，かれの思想をとくに国際情勢との関係に重点を置いて解釈していくことになるだろう。この意味で，本書はデューイの国際関係思想の理解に中心が置かれることになる。たとえかれが国内的なイシューについて論じている場合であっても，そこで前提されているアメリカ合衆国とその内外の他者という対比的なパースペクティヴを踏まえ，とりわけ対外的な存在にたいするかれのさまざまなイメージや理解が，国内のイシューにどのように逆流していったのかに焦点を当てることになるだろう。

　国際関係におけるパワー・ポリティクスは，道徳的に堕落しているヨーロッパが体現するものであり，イノセントなアメリカ合衆国は自らのスピリットを維持するためにもヨーロッパのそうした旧来の政治から超然としていなければならない。だが，それは「われわれ」アメリカが受動的な立

場にとどまるべきであるということを意味しない。アメリカは世界のなかでリーダーシップを発揮し、国際関係のなかにまったく新しい政治を確立しなければならない。以上のようなアメリカの責任の意識と、それがもたらす政治的両義性を、デューイほど影響力のあるかたちで同時代の文脈のなかでパフォーマティヴに表明していった知識人はいないのではないだろうか。

　また、本書は先にも述べたように、合衆国の知識人たちの思想史という視点から考察を進めるべく、デューイの思想と行動を論じるだけでなく、かれの同時代の知識人たちとの多様な知的交差を重視する。すでに言及したリップマンをはじめ、ジェーン・アダムズ、ランドルフ・ボーン、アーサー・ラヴジョイ、ラインホールド・ニーバー、レオン・トロツキー、シドニー・フックらが主たる登場人物である。なかでも、ニーバーにはたびたび焦点を当てることで、デューイの思想と行動を相対化するだけでなく、デューイのなかに透視できるナショナルな目的のはらむ陥穽から距離をとるための手がかりを見出すことにもなるだろう。

　アメリカ合衆国が世界のなかでリーダーシップをとることは、アメリカにとってだけでなく世界全体にとって善いことである、アメリカ合衆国は、世界のなかで特別な役割と使命を負っている、今日の合衆国には、真剣にこう考えている人びとが少なからず存在している。しかも、合衆国政府の政策に多大な影響を及ぼす知識人、あるいは政策それ自体を決定していく立場にある政府高官のなかにそうした人びとは確実に存在してきた。アメリカの特別さを信じ、さらには、アメリカ的な価値に反する集団ないしは国家を合衆国は先んじて武力攻撃することが許されると考える人びと、かれらは今日「ネオコン」として知られてきた。かれらはまた、国内政治にあっては、中絶や同性婚にたいする激しい批判者として、あるいはアメリカの伝統的な文化や価値観にたいする熱烈な擁護者として旺盛な言論活動を展開してきた。

　アメリカ合衆国におけるネオコン知識人の「ダースベイダー」あるいはゴッドファーザーと呼ばれるのは、──ウィリアム・クリストルの父であ

る——アーヴィング・クリストル，ノーマン・ポドレッツ，シドニー・フックたちである。ユダヤ系であるかれらは他の多くの仲間たちとともにいわゆる「ニューヨーク知識人（New York Intellectuals）」と呼ばれるが，そのなかでもフックとデューイとの強い知的結びつきは，本書でも触れることになる。誤解のないように付言するなら，デューイこそが20世紀後半から21世紀初頭におけるネオコンの思想の源流であるといった立論を展開することが本書の意図ではもちろんない。ただし，本書で試みるデューイを中心とした合衆国知識人の思想史的考察と，そのもとでのナショナルな目的の変容および持続の検討を通じて，20世紀後半の冷戦の時期から冷戦以後における合衆国の知識人の思想と行動を理解していくうえでの一つの道筋を，本書は形づくることになる。

　いずれにしても，世界のなかでのアメリカの責任という意識が，20世紀の前半という時期において，どのように変容を被りながらも持続していったのか，また，そうした責任の意識がなぜ，たとえば戦争違法化のような平和主義の論理に結びつくと同時に，合衆国の世界的使命感や攻撃的な反共主義にも結びついたのか。アメリカの責任という意識の変容と持続，そしてその政治的両義性こそ，本書がジョン・デューイという一人の知識人の思想と行動を通じて跡づけていきたい点である。

第1章

合衆国の変容，デューイの思想形成

リバイバリズムからソーシャル・ゴスペルへ

　「アメリカ人の思想は，アメリカ人の特徴とおなじく，楽観主義，広大な宇宙という感覚，人間の発達の無限の可能性にたいする信頼，そして正しき神と公正な道徳律への敬意によっておおわれている[1]」。ヘンリー・スティール・コマジャーは，19世紀における合衆国の精神的特質をかつてこのように要約した。コマジャーにしたがえば，罪や悪魔といった言葉は信仰にかんする公式な文言のなかに当時なお残っていたとはいえ，実際には民衆の意識からは消滅しており，原罪や悪の問題は楽観的とも言える人間の可能性にたいする信仰の背後へと押しやられていた[2]。

　しかしながらそうした19世紀，とりわけその前半にあって，リバイバリズムの新たな高まりのなかで育まれていったのは，合衆国の世界的例外性の再認と同時にその危機の認識でもあった。いわゆる第二次信仰復興運動は，アメリカだけが世界のなかで例外的に与えられている内的調和や純粋さ，さらにはその根源的善性が堕落し，失われてしまうのではないかとい

（1）　Henry Steele Commager, *The American Mind: An Interpretation of American Thought and Character since the 1880's* (New Haven: Yale University Press, 1950), p. 28.

（2）　Commager, *ibid.*, p. 29.

う危機意識を表明するものでもあった。

　第二次信仰復興運動を象徴する主張は，その代表的指導者であるライマン・ビーチャーのなかにみることができる。1803年9月21日にかれが行なった説教，「その目的のためにつくられた団体という手段によって，悪徳を抑えることの実践性」（出版は1804年）のなかには，伝統的なカルヴィニズムからすでに自由な，悪徳にかんする理解を読みとることができる。

　ビーチャーによれば，罪はわれわれにとって普遍的なものではなく，「われわれ自身の不注意と愚かさの結果[3]」であるととらえられる。では，なぜ罪はこの地上にはびこるのか。多数者はそもそも道徳的であり，「きちんと目覚めていれば」，悪徳を制限する力をもっている。しかし罪は人を欺くものであり，本来の姿を人から隠している。「ここから，罪のはじまりはしばしば気づかれずに通り過ぎ，悪徳は有徳な者によってさえ，美徳の名のもとで実践されるのである[4]」。ビーチャーが嘆くのは，悪徳にたいして警戒することの緩慢さ，つまり「考慮不足（inconsideration）」である。

　そうしたなかで，諸々の悪徳のうちでもとりわけ他のネイションを歴史的にみてこれまで破壊した悪徳であり，また，自分たちのネイションのなかでも広まりつつあるそれとしてビーチャーが第一に掲げるのは，「無宗教（irreligion）」だった。当時にあってすでに，聖書が軽んじられ，安息日が冒涜され，神にたいする公的な崇拝が無視されていることを，かれは深く憂慮していた。ビーチャーにとって，宗教こそが自分たちのもっとも重要な担保なのであり，それゆえに，いかにアメリカ合衆国民が自由な憲法を有しているとしても，無宗教という悪徳が蔓延したなら，それはたやすく破壊されてしまうと思われた。「現在，われわれはきわめて優れている。われわれは天下のいかなるネイションよりも自由な憲法と穏やかな法律を有している。われわれが，自分たちのよって立っている幸福な卓越性に到

---

(3) Lyman Beecher, "The Practicality of Suppressing Vice by Means of Societies Instituted for that Purpose," in *Lyman Beecher and the Reform of Society: Four Sermons, 1804-1828* (New York: Arno Press, 1972), p. 5.

(4) Beecher, *ibid*., p. 6.

達したのは，宗教という自分たちの習慣と，われわれの宗教から生じる自分たちの道徳的習慣によるものであるということが，絶対に忘れられないようにしなければならない⁵」。この一節には，危機の表明とともに，世界のなかでの合衆国の優位が同時に刻み込まれていると言える。要するにビーチャーにとって，合衆国が世界の他のネイションにはない「幸福な卓越性」に到達しているのは，憲法の背後にあってそれを有効に機能させている宗教的な精神のおかげであり，こうした精神こそネイションの不可欠な構成要素だった。まさに宗教は，ビーチャーにとって「礎石」だった⁶。

　ビーチャーが示すようなこうした認識が，19世紀前半において育まれていくにつれ，その後の合衆国におけるナショナルな精神の基本的方向性は定まっていったとみることができるだろう。19世紀前半のリバイバリズムは，アメリカの内的調和や純粋さ，さらにはその根源的な善性が堕落し失われることへの危機を表明するものであり，それは神と直接に対話する個々人の内面を重視し自己信頼を訴える超絶主義者の主張とともに，アメリカの同時代の精神的傾向を支配した。19世紀の半ばから後半にかけてモダニズムの興隆のなかに置かれたリベラル神学の宗教的指導者たちにしっかりと受け継がれていったのは，まさにこうした傾向だった⁷。

　初期デューイの思想形成を跡づけていくに先だって，19世紀後半の合衆国における知識人をめぐる社会的状況の変化とプロテスタンティズムの変容について確認をしておくならば，この時期の合衆国は，それまで聖職者養成が主な役割であった大学の世俗化とも並行しながら，旧来の聖職者的な知識人たちにかわって，世俗的な知識人が台頭していく過渡期を迎えていた。南北戦争後の「金ぴか時代〔ギルディッド・エイジ〕」においてアメリカのプロテスタンティズムは，ダーウィン主義のインパクトと急激な産業化とからなるモダニズムという波に直面していた。そのなかで，聖職者

（5）　Beecher, *ibid*., p. 19.
（6）　Beecher, *ibid*., p. 20.
（7）　Perry Miller, *The Life of the Mind in America: From the Revolution to the Civil War* (San Diego: Harcourt Brace Jovanovich, 1965).

の地位没落とそれにたいする危機感という,リチャード・ホーフスタッターの言ういわゆる「地位革命 (the status revolution)[8]」とが相まって,モダニズムは聖職者の内部からさまざまな潮流を生み出すことになったが,キリスト教は個人の救済を越えた社会的諸問題に対処できなければならないと考える新しい立場を,一般にソーシャル・クリスチャニティと呼ぶことができるだろう。そこには「富の福音」のように富者の経済的蓄積を祝福する保守的な潮流もあれば,革新的な潮流もあったが[9],その革新的なソーシャル・クリスチャニティから,ソーシャル・ゴスペル〔社会的福音〕と呼ばれる運動が生み出されていった[10]。

この運動を担った聖職者および知識人たちの思想的特徴は,つぎの三点にまとめることができる。第一にかれらは,同時代のリベラル神学者たちが幅広くそうであったように,神の超越性ではなく,その世界内在性を強く主張した[11]。モダニズムを受け入れるリベラルなプロテスタンティズム

---

(8)　Richard Hofstadter, *The Age of Reform: From Bryan to F. D. R* (London: Jonathan Cape, 1962). 清水知久,斎藤眞,泉昌一,阿部斉,有賀弘,宮島直機訳『改革の時代――農民神話からニューディールへ』(みすず書房,1988年)。

(9)　Paul A. Carter, *The Decline and Revival of the Social Gospel: Social and Political Liberalism in American Protestant Churches, 1920-1940* (Hamden: Archon Books, 1956), pp. 3-16.

(10)　ソーシャル・ゴスペル運動の先駆的研究として以下を参照のこと。Charles Howard Hopkins, *The Rise of the Social Gospel in American Protestantism 1865-1915* (New Haven: Yale University Press, 1940). 宇賀博訳『社会福音運動の研究』(恒星社厚生閣,1979年)。近年の研究としては,スーザン・カーティスの以下の文献が参照されるべきである。Susan Curtis, A Consuming Faith: *The Social Gospel and Modern American Culture* (Columbia: University of Missouri Press, 2001).

(11)　ウィリアム・ハチソンはこう指摘している。「西欧世界のいたるところにいたプロテスタント・リベラルは,神は人間文化の偉大で前進しつつある運動のなかに存し,活動するという信念のうえに,神学を運営しまたそれを構築しているようにみえる。しかし,アメリカのリベラルな運動は,

は，神学と文化の統一を目指し，神は人間の文化的発展のなかに内在するという見解をとったが，ソーシャル・ゴスペラーたちもまた，西洋において長く続いてきた宗教と文化とのあいだに設けられた断絶を放棄していった。たとえば，ニューヨークにおける「新神学」の代表者であったヘンリー・ウォード・ビーチャーの弟子であるライマン・アボットは，『進化論者の神学』(1897年) のなかで，神は自然から離れたところに存し，神から独立して作動する自然の力や自然の法則があるという考えは，いまや神学も科学もともに拒否するに至っていると主張した。アボットによれば，もしもあらゆる事物がそこから生じる無限で唯一のエネルギーがあるならば，科学的にはこれは，自然の諸力は一つの活力 (one vital force) であるということを意味し，神学的には神は内在的な神 (Immanent God) であるということを意味した。

かくしてアボットは，「神の内在性，いわゆる大文字の自然の諸力のなかで働いている知的で慈悲深い意志へのこうした信念は，無神論的でも汎神論的でもないのである[12]」と，自然と神との一致を擁護した。神は自然のなかにあり，神の意志は自然の外部から機械的に実現されるのではなく，自然の内部から活力に満ちたかたちで実現される。ここから神の創造の業は製作 (manufacture) としてではなく，成長 (growth) として理解しなおされなければならなかった。

第二にソーシャル・ゴスペラーたちは，人間の成長にかんする見解の転換を受け入れた。アメリカのプロテスタンティズムは，神と個人との直接的な接触の感情を重視し，制度化された宗教的権威への不信感と敵対とを伝統的に有してきたが，ソーシャル・ゴスペラーたちもまた，先にみたライマン・ビーチャーに加えてチャールズ・フィニー，さらに世代が下がっ

そうした信念がもつ明晰さにおいて他より優っている」。William R. Hutchson, *The Modernist Impulse in American Protestantism* (Durham: Duke University Press, 1992), p. 6.

(12) Lyman Abbott, *Theology of an Evolutionist* (1897; reprint, New York: The Outlook Company, 1925), p. 14.

てホレース・ブッシュネルらの影響を受けるかたちで，原罪の教義を排除し，人間本性の完全性という信念を支持した[13]。

第三にかれらは，道徳的諸悪は，社会的条件の改革による地上での「神の王国」の実現によって一掃することができると信じたのであり，こうした改革に果たす科学，とりわけ社会科学の役割を重視した[14]。ソーシャル・ゴスペルの代表的な論者の一人であるワシントン・グラッデンが，社会改革の武器として社会学を念頭に置きつつ，キリスト教と社会科学の結合を1886年にこう雄弁に語っているのは，その典型だろう。「真の神の共和国が人びとのあいだで打ち建てられたあかつきには，キリスト教と社会科学はもはや二つのものではなく，一つになるだろう[15]」。神は文化のなかに内在し，人間性は社会的進歩を通じて獲得されると考えたソーシャル・ゴスペラーたちは，革新主義の時代の社会改革運動にとって思想的源泉の一つを構成し，また，シカゴ社会学にみられるようなアメリカにおける社会科学の発展にその基盤を提供していった[16]。デューイがそのなかで思想形成を行なっていった知的状況には，以上のような思想的特徴が抜きがたく横溢しており，その影響をかれもまた，着実に受けることになった[17]。

---

(13) 「全面的な堕落というカルヴァン主義的教義からのビーチャーの離脱は重要な一歩である。なぜならそれは，人間本性についての楽観的なキリスト教的見解の始まりを指し示すものであり，それはホレース・ブッシュネルによってさらに発展させられ，ソーシャル・ゴスペラーによってのちに積極的に採用された」。Cecil E. Greek, *The Religious Roots of American Sociology* (New York: Garland Publishing, 1992), p. 5.

(14) Steven C. Rockefeller, *John Dewey: Religious Faith and Democratic Humanism* (New York: Columbia University Press, 1991), p. 127.

(15) Washington Gladden, *Applied Christianity: Moral Aspects of Social Questions* (1886; reprint, New York: Arno Press, 1976), p. 247.

(16) アメリカにおける社会科学の形成については，以下の研究に詳しい。Dorothy Ross, *The Origins of American Social Science* (Cambridge: Cambridge University Press, 1991).

(17) なお，初期デューイ研究にかんしては，ニール・カフランの古典的な

モダニズムの波と神を知ることへの義務のあいだで

　当時の合衆国における多くの知識人たちと同じく，デューイの初期の模索を支えていたもの，それは同時代のプロテスタンティズムが直面していたモダニズムとの格闘だった。すなわち，知的世界に蔓延しつつあった懐疑主義やペシミズムの源泉を自然科学の勃興のなかにみていたデューイは，科学と信仰との調和を回復することによって，宗教生活にもたらされた波紋をしずめようとしていた。その試みの途上，たとえば「神を知ることへの義務」（1884年）という大学院フェロー時代の論稿のなかでデューイは，同時代の懐疑主義が有している強い知性主義〔主知主義〕的傾向を批判していた。

　知識を集積することがそれ自体として目的となり，どの時代にもまして懐疑主義が広範に行き渡っている同時代にあって，懐疑主義者たちは，神についての知識を獲得していないことを純粋に知的な問題にしているが，こうした見解は，知識の起源と性質をめぐる誤った立論から出発するものであるとデューイは批判している。「われわれは知識を意志（will）から分離してしまっている。われわれは真理を義務から孤立させてしまっている。われわれは，知られるべきすべての事実は，われわれのなかの何かを要求するということを忘れてしまっている。われわれは，自分たちの欲望，関心，目的を除いては知識が存在しないことを，要するにわれわれの道徳的本性の傾向すべてがかかわっていることを忘れてしまっている」（EW1:61）。神を知るないしは知らないということは単に知的な事柄ではなく，デュー

　　研究が現在でもなお参照されるべきである。Neil Coughlan, *Young John Dewey: An Essay in American Intellectual History* (Chicago: The University of Chicago Press, 1975). また，デューイの生涯全般にかんする伝記的研究として古典的位置を占めているジョージ・ダイキュイゼンの以下の文献もあわせて参照いただきたい。George Dykhuizen, *The Life and Mind of John Dewey* (Carbondale: Southern Illinois University Press, 1973). 三浦典郎，石田理訳『ジョン・デューイの生涯と思想』（清水弘文堂，1977年）。

イには道徳的な事柄として捉えられるべきものだった。

デューイにとって知識は，意志との結びつきを欠いていては真の知識にはならないし，また，われわれが感じ（feeling）や欲望と関係させなければ，知識が立ちあらわれてくることは困難だった。もしこの点を理解しないならば，今日の知識がそれまでの時代とくらべてかつてないほど拡大したとしても，神には絶対に到達しない。それゆえに，人間が真の意味で知識を獲得できるかどうかは，神にたいする意志と欲望という原初的な態度にかかっている，とデューイは結論づけた。知性主義のあまねく行き渡る同時代にあって，どのようにわれわれは神に到達すべきか。ヘーゲル哲学は——汎神論的傾向を有しているとしても——，この問いに答えるための最良の知的手段であるとデューイには思われた[18]。

「神を知ることへの義務」からみてとれるように，デューイは知性と感情，さらには意志との有機的な結合のなかに，モダニズムによって同時代にもたらされた懐疑主義という文明の病から脱する可能性を見出していた。デューイにとってこの処方は端的に言えば，スピリチュアルな人間性の復興

---

(18) ロイド・イーストンが指摘しているように，19世紀なかばにおける聖職者知識人のなかにはヘーゲルを汎神論者として否定的に理解する者が少なくなかった。たとえばジェイムス・マードック（James Murdock）は，『ドイツ人のあいだでの近代哲学の素描』（1842年）のなかでヘーゲルの絶対的観念論について一章を割り当て，その宗教哲学が神を「心理的ないしは歴史的亡霊」と同一視してしまうことを批判している。オバーリン・カレッジのアサ・マハン（Asa Mahan）もまた『知性哲学体系』（1845年）のなかで，コールリッジ，クーザン，カントに依拠しつつ，マードックと同様にヘーゲルの哲学を汎神論として否定している。超絶主義者の一人として有名なフレデリック・ヘンリー・ヘッジ（Frederick Henry Hedge）もヘーゲルの紹介につとめているが，マードックやマハンのような同時代の宗教的保守派と同じく，ヘーゲルの立場を汎神論として位置づけるにとどまっている。Loyd D. Easton, *Hegel's First American Followers: The Ohio Hegelians: John B. Stallo, Peter Kaufmann, Moncure Conway, and August Willich*, with Key Writings (Athens: Ohio University Press, 1966), pp. 4-14.

とそれを通した神への到達だった。初期デューイの哲学的模索はまた，この復興を哲学的論稿のかたちを借りて試みたものであると位置づけることができる。

合衆国で最初の世俗的大学院教育を受けた世代の一人であるデューイがまず自らの課題としたのは，同時代のアメリカに導入されつつあった生理学的な実験的心理学，いわゆる「新心理学」に，そうした心理学の哲学的基礎としてドイツ観念論を統合することだった[19]。「哲学の方法としての心理学」とかれが呼んだ哲学的試みの要点は，個人の意識はそのなかで普遍的意識——すなわち神——が発現する過程であることを形而上学的に証明するという一点に尽きた。当時の合衆国の知的世界には，ドイツにおいて先鞭のつけられた生理学的な実験的心理学が，ウィリアム・ジェイムズやジョージ・スタンレー・ホールらによって持ち込まれつつあったが，たとえば1883年に書かれた「知識と感覚の相対性」という論稿の冒頭は，知識の相対性という教義を思想の中心にすえるモダニズムのひとまずの承認から始まっている。

> われわれは大文字の存在を知ることはできず，現象間の継起で満足しなければならない。このことは多くの人びとにとってもっとも偉大な思想上の達成のようにみえている。19世紀は，この発明の十分な意味を浸透させることを運命づけられたのであり，この発見は，もし習得されれば，過去の哲学的思考を汚したと見なされていたあらゆる無駄な思考を終わらせ，知的活動を実際の知識という実りある分野に向かわせたと言えるだろう（EW1:19）。

デューイは，心理学ならびにその心理学が想定する知識の相対性を疑う

---

(19) Robert B. Westbrook, *John Dewey and American Democracy* (Ithaca: Cornell University Press, 1991), p. 23. デューイ自身も，大学時代にイギリスの生物学者ハクスリーをテクストに用いた生理学のコースをとり，「相互依存と相互関連の統一的感覚」（LW5:147）に導かれたと述懐している。

余地がないとする一方，ただし問題はこうした理論の哲学的解釈であり，形而上学を「新しい心理学」の哲学的基礎というかたちで統合する必要を主張した。

　かれはまず，知識の相対性を支持するいくつかの学派のなかでも，進化論の発達とともに強力に登場してきた代表的な理論として，ハーバート・スペンサーの議論を取り上げている。デューイの再構成にしたがえば，スペンサーの立論は全ての知識を，神経組織を通じてあるいは生命の最も低い形態または物質からの進化を通じて構成されると主張し，客観的な存在の表象可能性を否定する。すなわち，全ての知識は主体にたいして相対的であると結論する。

　こうした立場は科学的事実を前提とし，一瞥してもっともらしく見えるが，デューイには疑問であった。「感覚論者の仮説の真実と，感覚の相対性の真実とを同時に前提とすることが，いかにして可能なのか」（EW1:21）。言い換えれば，感覚が相対的であるなら，この命題の正しさもまた相対的でないことは，いかにして保証し得るのかということである。感覚論に忠実に基づけば，この疑問に答えるには絶対的感覚論という形容矛盾を犯すか，循環論法に陥るかのどちらかである。かくして，デューイは感覚の相対性という教義は感覚論と両立しないと結論する。それならば，感覚の相対性を受け入れつつ，絶対的対象をどのようにして知ることができるのか。「もし，絶対的対象の存在およびその規定的関係についての知識が，感覚によって与えられないとしたら，それは意識によって与えられるのである[20]」

---

　(20)　「カントと哲学の方法」（1884年）におけるカントの思想史的位置づけにも，かれの神学的立場とヘーゲルへの傾倒は如実にあらわれている。デューイはこの論稿のなかで，分析的思惟によっては説明されない知覚の一致を解決するカントの総合判断を高く評価する。しかし，かれはカントのように主体と客体の関係は「超越的」なものではなく，あくまでも「内在的」であるということを強調している。「主体と客体の間の関係は，外的な関係ではない。それは，この関係によってそれ自身構成された高次の統合の中の関係である」（EW1:42）。ここから結局のところ，デューイはヘーゲ

(EW1:32)。知識の絶対性を担保するものこそ，まさに意識であり，こうした回答の背後にあるものこそ，デューイにとってスピリチュアルな人間性への信念にほかならなかった。

その信念の具体的表明として，たとえば1886年にデューイは，同時代のアメリカにおける代表的な社会的スペンサー主義者だったジョン・フィスクの著作の書評として「科学と神の観念」という論稿を書いている。フィスクは現在でこそなかば忘却された人物であるが，「宇宙論的有神論（cosmic theism）」という立場を展開した，当時の合衆国にあってはひろく読まれた社会進化論者だった[21]。

デューイはその書評において，フィスクの議論には神は知られていない（unknown）という見解とスペンサー流に言って知ることができない（unknowable）という見解とが混在しており，有機的思考様式のなかに機械的な二元論の残滓があると批判している。そこでデューイはこの二元論を乗り越える方途として，フィスクの議論のなかにすでに存在している人格の無限性という考えを徹底させていく必要を説き，フィスクの議論を踏まえつつ，人間をこそ基点として神を把握すべきことをこう訴えている。

> フィスク氏が言うように，有機的進化は，最高次のそして最も完璧な心霊的（psychical）生活の産出に向かいつつある。人間は，宇宙の王冠であり栄光である。すべての事柄は，人間の最高次のスピリチュアルな属性の進化と共に働く。こうした真理を実現する者は，つぎのことを認識するのを妨げるような形而上学の障害物をいかなるものでも受け継ぐことをしないようにすべきである。すなわち，宇宙はそれゆ

ル的自己意識の弁証法的論理に至る過渡の思想家としてカントを位置づけることになる。

(21) ジョン・フィスクの伝記的事実とアメリカ哲学のなかでのかれの位置については，戦後日本において鶴見俊輔によって先駆的に紹介されている。鶴見俊輔『アメリカ哲学』（世界評論社，1950年初版，こぶし書房，2008年），14-15頁。

図1　ミシガン大学時代のデューイ

出典）George Dykhuizen, *The Life and Mind of John Dewey*, Southern Illinois University Press, 1973.

えに，心霊的生活の完成として把握されなければならないし，宇宙は王冠であり栄光である人間という観点から，要するにスピリチュアルな属性を通じたスピリットの実現として解釈されなければならない，ということである（LW17:96）。

デューイにとって，有機的進化の過程を組み込んだヒューマニズムの徹底こそが，神の観念の完成へとわれわれを導く最良の選択に思われた。モダニズムの奔流のなかにあって，スピリチュアルなヒューマニズムを自覚することを通じて神への信仰を立て直すことが，初期デューイの哲学的模索に通底するヴィジョンだった。

　この当時，デューイはジョンズ・ホプキンスの大学院を修了後，着任したミシガン大学で大学の学生キリスト会でしばしば講演を行ない，聖書とキリスト教史の講座を受け持った。またかれは，その他の教会関連の集会でも話をし，組合教会の活動にも積極的にかかわっていた[22]。すでにデューイは1885年に，同時代のソーシャル・クリスチャニティに呼応するようにつぎのように述べている。「教会の役割はまさに，人びとは真に普遍的なあるいは社会的な関係によってまとめあげられるということを理解することにある。これこそが，神の王国の実現である」（LW17:19）。デューイが

---

(22)　Rockefeller, *ibid*., p. 128.

それまでの哲学に特化した議論から，社会倫理的な議論を積極的に展開するようになるのは，おそらく1880年代の終わりになってからであり，かれによってイギリス理想主義の受容がなされるのが，まさにこの時期だった。それとともにこの時期は，デューイがリベラルな会衆派から，より社会改革的な潮流へと思想的傾向を変調させていく時期とも重なる。この点については，「デモクラシーの倫理」（1888年）および「歴史的キリスト教の価値」（1889年）といった論稿にその端緒を見出すことができる。

先に挙げた神の世界内在性というソーシャル・ゴスペルの特徴の一つを，われわれは事例として「歴史的キリスト教の価値」のなかに読みとることができるだろう。このなかでデューイが，「結局のところ，われわれの実践的な宗教生活における主要な危険は，宗教生活を，生や人間性への関心から切り離された，独立した一領域にする傾向である。健全な宗教生活は，宗教的なものと世俗的なものとの分離を知らない」（LW17:533）と述べている点に注目したい。デューイはこのなかで，神への接近の仕方は，祈りといった特別に儀式化された行為のみによるものではなく，あらゆる日常生活の活動のなかに見出すことができると述べている。

さらにかれは，世界と神との位置づけをこうも明言している。「もしわれわれが神は歴史のなかにいるのであり，生の社会的状態のなかにいるのだということに気づき，人びとを神にたいして和解させないのなら，こうした精神の枠組みには絶対に到達不可能である」（LW17:533）。デューイにとって人びとの生の社会的関係性こそが，この世界に内在する神を体現するものだと理解されつつあった。

だが，デューイがソーシャル・ゴスペルの立場を完全に受容したと結論づけるのは早計だろう。というのも，同時期に書かれた「同時代のフランス語文献からの教訓」（1889年）といった論稿には，デューイがなお超越的な観点を完全には放棄していないようにみえる箇所が散見されるからである。実際に，この論稿のなかでデューイは，同時代の自然科学ないしは自然主義がペシミズムへとわれわれを何故に導いてしまうのかについて，それらが「選択と呼ばれる個性の自由な運動」を認めないからであると論じ

ている。かれは，19世紀の問題が信仰にたいするペシミズムにあることを示唆するが，われわれが選択すべきものは，つぎの一節にあるように，かれにとって宗教的な絶対的理想にほかならないのである。「個性のもつリアリティを顕示する唯一の方法は，個性が，絶対的価値という理想を選択する行為のなかで自らを顕示することにある。こうした選択の背後には，そのような理想のなかにある至高のリアリティへの信念がなければならない」(EW3:42)。デューイにとって，懐疑主義という陥穽をどのように回避するかという問題は，かれの絶対的なものへの傾斜をなお根強く支え続けていた。

したがって，デューイのイギリス理想主義への接近もまた，こうしたかれの模索のなかで検討される必要がある。実際に「歴史的キリスト教の価値」や「同時代のフランス語文献からの教訓」と同じく1889年に書かれた「トマス・ヒル・グリーンの哲学」において，むしろグリーンの思想が超越的な側面を望ましいかたちで保持し続けているようにみえたがために，デューイによって高い評価がなされたのである[23]。

デューイの理解にしたがえば，グリーンの目的は科学と宗教を和解させることだった。だが誤解してならないのは，道徳が享受すべき理想的原理を明らかにするのは，感覚的事実からなる知識総体としての科学ではないということである。デューイは，グリーンが行なったロックからヒュームを経てスペンサーにまで至るイギリス経験論哲学の再検討を振り返りつつ，経験を感覚に還元する経験論は，経験とは何か，どのようにしてそれは構築されるのかに解答していないというグリーンの批判に同意している。

これにたいして，経験論の批判を踏まえてグリーンが依拠するのは，「世界のなかの関係づけられた諸事実のなかに実現される永遠の知性」だった。デューイによるグリーンの理論の再構成にしたがえば，そうした知性は

---

(23) デューイとグリーンとの思想的連続性については，以下の邦語文献を参照いただきたい。行安茂『デューイ倫理学の形成と展開』(以文社，1988年)。

「われわれの」知性ではない。というのも，われわれの知性は部分的世界の一部にすぎないからである。ここから当然，われわれの知性とこうした永遠の神的な知性との関係はどのようなものかという疑問が提起される。グリーンの解答は，永遠の知性はわれわれのなかに部分的かつ徐々に自らを生み出していくというものである。「こうして経験は，人のなかで永遠な意識が継続的に再生産されることを意味する」（EW3:24）とデューイは補足している。

デューイが汎神論に陥らないという点できわめて高く評価しているのが，一方で経験のリアリティにかかわる神であるところの永遠の自己意識と，他方でこの神的な意識の漸進的な顕現としての人間意識というグリーンの立論だった。デューイは最終的に，宗教こそがグリーンの理論の全体をなすものとして捉え，かつ，このことを道徳理論の観点から高く評価した。

デューイのグリーン理解が適切であるか否かは，さしあたり脇に置きたい。ここでの重要な点は，デューイのグリーンにたいする評価が永遠の自己意識とそうした自己意識が漸進的に開花していく個々の人間意識という二元論的配置にたいしてなされているということである。ここからわれわれは，1889年段階のデューイはソーシャル・ゴスペルに接近しつつも，懐疑主義を回避するために絶対的有神論を支持するという観点から，グリーンの理想主義をより重視していたと結論することができるだろう。

こうしたデューイの受容スタンスは，『批判的倫理学概説』（1891年）において不変のまま推移していたように思われる。『批判的倫理学概説』においてデューイは，『心理学』で展開した議論をグリーン，ブラッドレイ，ケアードらの議論に依拠して大幅に修正し，自己実現の倫理学を模索していく。デューイにとって，個人は潜在能力と環境との相互作用のなかで，自らの固有の「役割（function）」を発展させる。発展は同時に共通善を満足させ，あらゆる実り豊かで健全な人間の企てのなかにあって，「その人の実際の状況や力によって課される諸々の要望には『神的な』何か，絶対的に価値ある何かが存在するという確信がある」（EW3:321）。デューイは，あらゆる道徳的行為が基づいていると想定されるこうした信念を，認識され

るべき道徳的な「要請（postulate）」として把握している。

　この要請を，証明ないしは検証するのは不可能であるとデューイは言わなかった。注目すべきことだが，デューイはこの要請にたいする考察や反論は，「倫理学それ自体の領域には属していない」と主張した。それではこの要請は一体どこに属するのだろうか。「そのような前提についてのさらなる探究は，物理学や倫理学に属するものではなく，形而上学に属するのである」（EW3:322）。ここからデューイは，「個人性の実現のなかにはまた，個人がその構成員である，諸人格からなるなんらかの共同体の実現の必要が見出される。また逆に，自らが共有する共同体をしかるべく満足させる行為者は，その同じ行為によって自らを満足させる」（EW3:322）と，自らの道徳的要請を最終的に定式化している。

　しかしながら，デューイの論理をたとえひとまず受け入れたとしても，かれの言う自己実現は，そもそも自己実現とは呼べないものではないかという問いは残るかもしれない。すなわち，この点についてはすでにジェニファー・ウェルチマンが適切な指摘をしているが，デューイの形而上学において，絶対的意識とは，有限な経験世界において顕現する「具体的普遍」である。もしそうであるなら，あらゆる有限な意識はその「具体的普遍」のつねにすでに一部分であるがゆえに，個々の有限な自己それ自体が，固有の自己実現を遂げていく余地はないはずである[24]。デューイの超越的な絶対主義は，その議論を自己実現の倫理学へと洗練させていけばいくほど，内在的には自己実現を否定する論理を再確認してしまうという逆説に陥っていたのではないだろうか。もしもこの指摘が正しければ，この逆説を回避するには信仰を失わないかたちで超越性を放棄する方向に進み出る必要があったと言わざるを得ない。まさにデューイをその方向へと少しずつ進ませていったもの，それこそがスピリチュアリティと結合したデモクラシーへの高い評価の付与だった。

---

(24) Jennifer Welchman, *Dewey's Ethical Thought* (Ithaca: Cornell University Press, 1995), p. 87.

真理の自己表出としてのデモクラシーによる絶対的意識からの脱却

　デューイはすでに，1888年の「デモクラシーの倫理」のなかで，デモクラシーを政治的制度としてではなく，それ自体において目的である各人がそのなかで内面的自由を自発的に成長させることのできる社会的有機体として，倫理の視点からとらえていたが，「キリスト教とデモクラシー」（1892年）においても，「われわれが，もしそうでなければなんらかの非自然的で感情的な意味においてしかつかむことのできないような諸々の真理を，自然的なすなわち日常的で実践的な意味で獲得することを可能にする」（EW4:8）ことのなかに，かれはデモクラシーの意義をみていた[25]。

　デューイにとって，デモクラシーはその目指すところにおいてアリストクラシーと異なるものではなかった。ただ両者の差異は，それが実現される手段にあり，この手段は通常の目的と手段の把握を越えて，それ自体が一つの目的として重要視されなければならないものだった。すなわち，アリストクラシーがいかに高くかつ完全な善を達成したとしても，そうした善が個々人の外部から調達されたものだとしたら，それは半真理にとどまる。デューイにとって，それは個々人自身のなかで始められなければならなかった。

　デューイにとって，キリスト教とは啓示であるが，その啓示は「人の思考や理性にたいしてだけではなく，そのなかにある」（EW4:7）ものだった。したがってここから導き出されるのは，真理を把握するもっともすぐれた

---

(25) この点にかんして，ロバート・ウェストブルックはつぎのようにまとめている。「倫理的な理念としてデューイは，精神的な諸関係の宇宙との完全な調和を人間にもたらすような，人間本性の発展としてデモクラシーを確認した。すなわちデモクラシーとは，社会におけるすべての個人の権力と能力の，調和のとれた発展を通した個人と社会的有機体双方の完成なのである」。Westbrook, *ibid*., p. 41. なお，デューイのつぎの一節も参照のこと。「デモクラシーとは，スピリチュアルな事実であって，政府機構の単なる一片ではないと，わたしは仮定している」（EW4:8）。

手段はその人自身の活動（action）ということであり，しかもそうした活動は社会的関係のなかに見出されるということだった。実際に，人間の社会的組織こそ，キリスト教を理解する鍵であるとデューイは述べている。

かくしてデモクラシーは，デューイによって各々の人格の無限性と結びついた，スピリチュアルな意味を有する社会的組織として，みなされていった。「デモクラシーの理念は自由をふくむ。というのも，内側から開始することのないデモクラシー，内側から選ばれ，内側から自由にしたがわれることのないデモクラシーは無だからである」（EW1:245）。「キリスト教とデモクラシー」においても，デモクラシーと自由，および真理との密接不可分な関係が述べられている。「デモクラシーとは自由である。真理が事物の根底にあるのならば，自由とは，こうした真理に自らを示す機会，すなわち深みから沸き上がってくる機会を与えることを意味する」（EW4:8）。

デューイにとって，個々人を媒介とした真理の世界内在的な自己表出こそ，地上における神の王国の実現を保証するものにほかならず，デモクラシーこそそのような「真理の啓示がもたらされる手段」（EW4:9）だと思われた。スピリチュアルな人間性は，今やデューイのなかで明確にデモクラシーと結びつくに至った[26]。このようにデューイは，真理の自己表出としての自由とデモクラシーとを連関させるなかで，地上における神の王国を提示していくのである。それゆえに，自らソーシャル・ゴスペルというタイトルを明示的に用いてはいないものの，「デモクラシーのなかの特異な宗教的性質についての考察をくわえることで，デューイは深慮あるソーシャル・ゴスペラーと同一化した[27]」という指摘はかなりのところまでおそ

---

(26) 「真理は，それがなんらかの個人の意識に獲得され，その個人がそれによって喜びを得るまでは，完全には解放されたことにはならない。真理がもっぱら解放されるのは，それがこうした恵まれた個人のなかから，そしてその個人を通して，かれの仲間たちに移っていく場合にのみである」（EW4:8）。

(27) Bruce Kuklick, *Churchmen and Philosophers: From Jonathan Edwards to*

らく適切だろう。

　いずれにしても，こうしたさらなるソーシャル・ゴスペルへの接近を前提として，「キリスト教とデモクラシー」と同じく1892年に書かれた「道徳的動機についてのグリーンの理論」のなかで，デューイは自己批判へと踏み出し，それ以前にかれが高く評価していたグリーンに批判を向けている。デューイの新しい理解にしたがえば，グリーンの道徳理論は，一方に統合としての自己を置き，他方に個々の目的をもった個別の欲望を置いている。それゆえにグリーンの理論は経験に即して不充分な理論であると，デューイの筆はグリーン批判へと転じていくのである。

> なにがなされるべきか決定するのを助けるために，個別の状況との実り豊かな関係のなかに持ち込み可能なツールであるかわりに，それ，すなわちグリーンの理論は個別の条件集合やその瞬間の個別の欲望と何ら共通点をもたない，完成の一つの理想というただの思想にとどまるのである（EW3:163）。

John Dewey (New Haven: Yale University Press, 1985), p. 243. なお，エルドン・アイゼナックはつぎのような指摘をしている。「教会人の世界から哲学の世界へのジョン・デューイの素早い移行は，例示的であると同時に因果的でもある。かれはきわめて明瞭に，デモクラシーとデモクラシーの諸々の方法それ自体は，どのようにして宗教的コモンウェルスの目的を達成するのかを指摘した。信条と個人的救済としての宗教はそれぞれ，民主的社会と民主的シティズンシップに置き換えられた。しかしこうした移行が可能となったのは，ドイツで勉強したアメリカ人たちが知識の私心ない追究を，個人的かつ社会的に変化力を有するものとしてみなし，大学をそうした変化の救済的なエンジンとしてみなしたからである。ソーシャル・ゴスペルへの移行は，社会学および哲学の世俗化と，アメリカの公的教養およびナショナルなアイデンティティにおける力強い宗教的要素の継続との両方に作用したのである」。Eldon J. Eisenach, *The Lost Promise of Progressivism* (Lawrence: University Press of Kansas, 1994), p. 102.

グリーンの言う統合は「抽象的」なため，状況を統合するような行ないをわれわれに模索するように働きかけるかわりに，どのような統合もそうした状況のなかには見出すことができないとしてしまうだろう。なぜなら，どのような状況もグリーンにとっては個別なものであり，それゆえに統合と対置されるものだからである。デューイはこのように判断するに至る。かくして，1892年のデューイは，1889年に高く評価していたグリーンの理想主義から，そのもっとも核心的な理論的スタンスを批判することによって離脱し，ソーシャル・ゴスペルの立場にさらにより接近することで，経験とそこから表出する自己実現に基づいた倫理学の構築とデモクラシーの祝福という新たな方向に歩むようになったと結論することができるだろう[28]。

デューイによる科学技術と信仰との調和

なお，ここであわせて確認しておきたいが，デューイにとって科学と信仰とはスピリチュアルなデモクラシーのなかでは，お互いに衝突するものではけっしてなかった。むしろ科学技術の成長は社会的協力を飛躍的に促進させ，社会的統合を実現することによって，地上における神の王国の実現を後押しする肯定的なものであるかのように，あるいは少なくとも中立的なものであるかのようにかれにはみえていた。それゆえに，地上における神の王国を実現するための社会的条件について検討を加えるにつれて，同時代において進展しつつあった輸送，コミュニケーション，科学の発展を，デューイはきわめて高く，場合によっては手放しに評価していった。

なによりもまず，デューイは輸送とコミュニケーションの発達を，真理を実現し人々を統合していく運動の一側面として捉えていた。すでに取り上げた「キリスト教とデモクラシー」のなかで，デューイは同時代におけ

---

(28) ウェストブルックは，同時期のデューイがかかわったフランクリン・フォードとの『思想新聞（*Thought News*）』発刊という未完の試みを，かれのデモクラシー論の観点から重視している。Westbrook, *ibid*., pp. 51-58.

るテクノロジーの進歩を熱烈にこう評価している。

　われわれがデモクラシーを有するのは，まさに以下においてである！
　消極的な側面において，すなわち，真理が表現を見出すことを保留させている諸々の障壁を破壊することにおいて。そして積極的な側面において，すなわち，真理にその運動，つまり完全な分配ないしは奉仕を与える諸条件の獲得においてである。デモクラシーの組織の成長と，真理を分配するための電信や汽車といった機械を含め，科学の興隆とが一致しているのは偶然ではない。生の真理を実現することを通じて自らの仲間と統合していく，人間のより完全な運動という一つの事実であるにすぎない（EW4:9）。

　デューイにとって，経済とテクノロジーの急速な発達は，地上における神の王国を実現する機会を生み出すものとして積極的に評価されるのであり，新しい社会的条件と人々の自由とは，きわめて調和的な関係のなかに位置づけられる[29]。また，デューイが「再建」（1894年）という論稿のなかで，科学的検証による真理を発見する能力を高く評価していることもここで指摘することができる。「生の形式において二千年前には，個人の真理へのアクセス，真理をテストし実現する方法は，虚弱であり，不充分だった。結果として，この理念もまた，狭くて技術的で，しばしば不自然な意味において把握された」（EW4:101）。しかしながら「この世界がはじめて物語られて以来，科学は驚くべき発展をした」（EW4:102）ことによって，

---

(29)　こうした点と関連して，スーザン・カーティスはソーシャル・ゴスペルのもつ両義性をつぎのように指摘している。「ソーシャル・ゴスペルは，豊かさ，消費，自己実現を正当化するアメリカ文化の再方向づけに貢献した。ソーシャル・ゴスペラーたちは改革者だったが，近代資本主義の批判ではなく，それが約束する物質的豊かさのなかでの消費への信念を創造したのである」。Susan Curtis, *A Consuming Faith: The Social Gospel and Modern American Culture* (Columbia: University of Missouri Press, 2001), p. 278.

状況は劇的に変化した。「探究の方法あるいは調査の、組織化された包括的な、進歩的で自己検証的な体系としての科学が存在するにいたった。その結果、真理に到達する人間精神の可能性にたいするほとんど尽きることのない信頼が生じたのである」(EW4:102)。

デューイが生涯にわたって高く評価しつづけた、科学的探究がもつ方法論上の民主的含意は、地上における神の王国の実現と、当初は密接に連関していた。さらに同時代的にアメリカで進行していたコミュニケーション手段の発展もまた、かれにとってはその実現と調和した関係にあるものとして、疑われることなく受け入れられていた。社会的交際にとって障壁となるものを取り除きさえすれば、デモクラシーは何の問題もなく拡大していくにちがいないという、デューイの歴史理解の基盤は、こうして形成されていったと言えるだろう。

個人と社会の一体化というヴィジョンと人種主義

ところで、デューイがソーシャル・ゴスペルのような社会改革への信念に接近していった1890年代から、その後の第一次世界大戦へのアメリカの参戦までの時期は、合衆国におけるいわゆる革新主義の時代であり、社会改革の動きが各社会階層から噴出していた[30]。たとえばこの時期、セオドア・ローズヴェルト大統領のもとで行なわれた上からの社会改革は、大企業と連邦政府との連携によって推進されていったが、そうした改革の目的は、今や充分に発達した法人資本主義に適合したかたちで連邦制度を拡充し、再編成することにあった。

ただし、革新主義の主要なダイナミズムが、連邦政府のレベルにおける制度的再編成の進行であることを認めたとしても、この国家制度の再編成が推進された19世紀末から20世紀初頭のアメリカ合衆国にあっては、急激

---

(30) 革新主義期についての近年の研究動向については、以下の論文集を参照のこと。Sidney M. Milkis and Jerome M. Mileur eds., *Progressivism and the New Democracy* (Amherst: University of Massachusetts Press, 1999).

な産業化や都市の拡大，新移民の大規模な流入によって，「ヴィクトリア的」アメリカの伝統的な道徳や生活様式もまた，根本的に脅かされていた。それゆえに，共同性を修復しなければならないという危機意識と連動した，ネイションの自覚的編成の試みが重大な課題として，この時期の知識人たちに生じたのも，合衆国においてさえ決して不思議ではなかった。

まさにジョサイア・ロイスが1908年に出版した『忠誠の哲学』のなかで試みた「忠誠」の定式化は，伝統的な道徳的規範の解体を踏まえたアメリカ社会における共同性の再構築の試みだったと言える。ロイスはその冒頭で，同時代の知的ないしは道徳的傾向をこう表現している。「われわれの時代のもっとも馴染み深い特色の一つは，伝統を改変する，すなわち，古い信念の基礎を再考し，しばしば無慈悲にかつては必要不可欠にみえたものを破壊する傾向である[31]」。このような改変ないしは破壊の傾向は，とりわけ倫理の領域において著しいようにロイスには思われた。

ロイスが伝統に潜在する真の意味であるとみてとったもの，それこそが忠誠，すなわち「ある人格がある大義に，意思をもって実際に，そして徹底的に献身すること[32]」だった。ロイスにしたがえば，「私の単なる社会的服従が，忠誠と呼ぶものにかわったとき」に内部と外部の幸福な結合が生まれる。それゆえにかれは，自己意識によって媒介される内的な社会的服従としての忠誠を提示した。こうした忠誠の哲学をロイスは，当時のアメリカがかかえる社会的諸問題を明確に意識しつつ構想していた。ロイスは，アメリカへの移民の増加に代表される社会的変化によって，忠誠としてかれが定式化する社会的紐帯が危機にさらされていると見ていた[33]。

---

(31) Josiah Royce, *The Philosophy of Loyalty* (1908; reprint, Nashville: Vanderbilt University Press, 1995), p. 3.

(32) Royce, *ibid*., p. 9.

(33) ここからロイスは，忠誠を身につける具体的な機会について考察を試みている。まずロイスが挙げるのが，家族という紐帯であり，つぎにかれが挙げるのが，さまざまな「より大きな社会的組織」である。ただし，ロイスはこれらが個別的な忠誠を育成する側面があることは認めつつ，「共

同時代の知識人たちの多くは，問題の多様さと危機の深刻さを認識しつつも，この解決の見通しにたいしてまったく悲観してはいなかった。むしろ，合衆国の潜在力に対する確信を深めた希望に，かれらの多くは満ち溢れていた。たとえば革新主義期の代表的知識人の一人であり，「ハミルトンの手段」によって「ジェファーソンの目的」を達成すると主張して連邦政府の強化による社会改革の推進を熱心に主張したハーバート・クローリーを挙げたい。かれは1909年に書いた『アメリカ的生活の約束』のなかで，アメリカの愛国主義が他の愛国主義のように歴史的伝統への忠誠を有しているだけでなく，そうした伝統が，あるナショナルな約束という理想的な想像と結合されている点にその特異性を自覚的に見出していた。クローリーによればアメリカ人は，他のどの国の人間にでもなくまさに自分たちアメリカ人に，善き何かがいつかなんらかのかたちで訪れるにちがいないという強固な信念をナショナルな規模で保持していた。

　　アメリカ人の過去の特異性は，その短さに単にあるのではなく，それがはじめからある理念によって活気づけられてきたという事実からなる。はじめから，アメリカ人たちはより善き未来というものを期待し，それを前方に投影してきた。はじめから，デモクラシーの大地（the

---

同体」ないしは「国全体」への忠誠を育成するには程遠いことを批判し，『忠誠の哲学』の後半では，高次の忠誠をどのようにして人びとは学ぶことができるのかという問題に議論を収斂させていくことになる。ロイスはヘーゲルの「自己疎外された精神」としての国家について論じた後で，「ある新しい，そしてより賢明な地方主義（provincialism）」が必要であるし，またわれわれは実際に獲得しつつあると述べることによって，一つの示唆を与えているようにみえる。すなわち，かれは地域的な共同体の復権に一つの期待をかけていた。地方主義の重視については，同年に刊行された『人種問題，地方主義およびその他のアメリカの諸問題』(1908年）のなかでも，一つの章を割いて詳しく論じられている。Josiah Royce, *Race Questions, Provincialism and Other American Problems* (New York: The Macmillan Company, 1908).

図2　若き日のリップマン(左)とフランクリン・ローズヴェルト(中央)

出典）John Milton Cooper, Jr, *Pivotal Decades: The United States 1900-1920*, W. W. Norton, 1990.

Land of Democracy) は約束の大地 (the Land of Promise) として描かれてきた。こうしてナショナルな伝統へのアメリカの忠誠は、より善き未来の想像的な投影を否定するのではなく、肯定しているのである。約束の大地ではないアメリカがあるとすれば、予言的な見通しと多かれ少なかれ建設的な理想によって活気づけられていないアメリカがあるとすれば、それはわれわれが自分たちの祖先から受け継いだアメリカではない[34]。

クローリーをはじめとして革新主義期の知識人たちの主張を貫徹していたヴィジョン、それはアメリカ社会を理性的な「コントロール」のもとに置くことであり、それによって同時代の物質的進歩に比べて圧倒的にペースが遅れている——かれらにはそう思われた——道徳的進歩を達成することだった。一例を挙げるなら、若きウォルター・リップマンもまた『漂流と調教』(1914年) のなかで、人間の生活における反省能力の増大を高く評

---

(34) Herbert Croly, *The Promise of American Life* (1909; reprint, Boston: Northeastern University Press, 1989), p. 3.

価し，科学にたいして無条件の祝福を与えていた。リップマンにとって社会の漂流をくいとめるために求められている調教とは，科学によって「無意識的な奮闘を意識的な意図に置き換えること[35]」にほかならなかった。この時期のリップマンは，科学による啓蒙主義を率直にこう主張している。

> 正しく理解された科学は，そのなかで人びとが複雑さの只中を前向きに生きることができ，与えられたものとしてではなく形作るべきものとして生を取り扱うことのできる文化なのである。習慣と権威は，単純で変化のない文明のなかではたらく。しかしわれわれの世界では，理解することのできるものだけが頂点を極めるのである[36]。

革新主義知識人たちのこうしたヴィジョンに付随していた暗黙の信念とは，合衆国において個人の自己コントロールと社会の集合的コントロールとは一致するということにほかならなかった。クローリーもまた，この信念を『アメリカ的生活という約束』において，すでに同時代のなかで端的に述べている。「ネイションは，効果的な奉仕の機会を諸個人に与えることによって，集合的無責任のシステムのもとでは絶対に達成することができないような視野と意味の拡大を個人であることに与える。こうして集合的責任のシステムのもとでは，社会的改善のプロセスは個人の改善のそれと絶対的に一致するのである[37]」。個人の道徳的成長あるいは教育の普及

---

(35) Walter Lippman, *Drift & Mastery* (1914; reprint, Madison: The University of Wisconsin Press, 1985), p. 148.

(36) リップマンはさらにこのあと，こう続けている。「それゆえに，政治におけるデモクラシーは科学的思考の双子であるという事実のなかにはなにも偶然はない。それらは一緒にやって来なければならなかった。絶対主義が終わるところで科学が始まる。それは自己統治なのである。というのも，王や僧侶，そして疑問視されない信条を打ち倒したいという衝動が自己意識的なものになるとき，われわれはそれを科学と呼ぶからである」。Lippman, *ibid.*, p. 151.

による知識の拡充は，社会それ自体の道徳的ないしは知的改革に自動的に直結する，と同時代における多くの知識人たちは想定できた。個人と社会との関係は，きわめて透明なものとして思念されていた。

だが，クローリーやリップマンといった革新主義の時代を代表する世俗的知識人たちの社会的コントロールを追い求める啓蒙的立場と課題を共有しつつ，ネイションの遡及的な自覚という知識人たちのまたべつの試みの少なからずが，排外主義的な傾向と合流し，とりわけ人種主義とむすびついて合衆国の内外にたいする排他的な言説を形成することに寄与していったこともまた，指摘されなければならない。個人と社会との透明な関係性は，W・E・B・デュボイスが言ったように「カラー・ライン」によって分断され，合衆国内外の人種にもとづく非対称な権力関係は，多くの知識人たちの思考にも暗黙のうちに表出していった。

当時にかんする歴史研究がすでに体系的に明らかにしているように，産業の進展とともにシカゴやニューヨークの都市化が進み，それと歩調を合わせて新移民が大規模に流入してきた革新主義の時期には，アメリカにとって「本来的に異質」なものを排除しようとする傾向，すなわち「100パーセント・アメリカ主義」としばしば言われたネイティヴィズムが一斉に噴出していった[38]。

たとえば，この時期を代表するソーシャル・ゴスペラーであるジョサイア・ストロングが「アメリカ国内伝道協会」(The American Home Missionary

---

(37) Croly, *ibid*., pp. 408-409. ここからクローリーはこう述べている。「対立はナショナリズムと個人主義との間ではなく，乱雑な個人主義と選び抜かれた個人主義との間にある」。

(38) 代表的なものとして，ジョン・ハイアムによる以下の研究を参照いただきたい。John Higham, *Strangers in the Land: Pattern of American Nativism, 1860-1925* (New Brunswick: Rutgers University Press, 1983). また，人種主義とアメリカニズムとの関連を検討した邦語の論文集としては以下のものがある。川島正樹編『アメリカニズムと「人種」』（名古屋大学出版会，2005年）。

Society)から出版した『わが祖国——そのあり得る未来と現在の危機』(1885年)は，知識人によるそうしたネイティヴィズムの端的な宣言であり，その副題の通り危機意識の表明だった。このなかでストロングは，祖国アメリカに今や蔓延している悪習や害悪——飲酒，社会主義，モルモン教等々——を章ごとに挙げて論じているが，東欧や南欧からの移民の信仰基盤であるカトリックにたいする批判は，とりわけ苛烈なものだった。

　ストロングにしたがえば，アメリカ合衆国の『独立宣言』は人民主権を明示している。それにたいしてローマ・カトリックの教義は，教皇に最高主権を付与しており，カトリック教徒は合衆国大統領にではなく，大西洋を隔てたローマ教皇に忠誠を誓っているし，また誓うにちがいない。それゆえに，「あきらかに，教皇の原則とわれわれの自由な制度のなかの根本的原理とのあいだには，和解しがたい差異がある[39]」と，ストロングはカトリックの移民にたいするあからさまな警戒の念をあらわにしていた。プロテスタンティズムこそ，合衆国のデモクラシーと親和的なのであって，カトリシズム——ストロングの表現に即せばロマニズム (Romanism) ——は本質的にアメリカの大地と相容れないとみなされた。

　ストロングはまた，20世紀を目前に控えた1898年に，『20世紀の都市』という小冊子を書いているが，このなかでもストロングは，近代文明のもつ物質主義はキリスト教国の他のどこでもなく，おそらくここアメリカにおいてはっきりと姿を現しているだろうと述べている[40]。それとともに，アメリカの都市が合衆国にとって，今や深刻な脅威となっていることを，かれはまたこう警告している。「つぎのことは充分に明らかであるようにみえるだろう。アメリカの都市の道徳的発展は，物質的発展に間に合っておらず，一般的に言って，都市が大きくなればなるほど，この不均衡は大き

---

(39) 本書では1891年の改訂版を参照した。Josiah Strong, *Our Country: Its Possible Future and its Present Crisis*, Revised Edition (New York: Baker & Taylor, 1891), p. 74.

(40) Josiah Strong, *The Twentieth Century City* (New York: The Baker & Taylor, 1898), p. 20.

くなるということである[41]。ストロングにしたがえば、トクヴィルがかつて称賛したようなアメリカにおける自治の伝統は、アメリカの都市がより強力に成長するにつれて、今や消滅しつつあった[42]。

　それでは何故に現在の都市では自治がもはや不可能なのか。ストロングによれば、その原因は一つには都市における酒場（saloon）の増加、つまり都市における飲酒という堕落した悪習の蔓延であり、他方では、アメリカのデモクラシーに馴染まない権威的な政治的態度を身につけた——ようにかれにはみえた——カトリック信者の増加であり、要するにそもそも自治の能力をもたない移民の増加にほかならなかった。「外国籍人口は全体として、無知と悪徳のデッドラインにまで、われわれの平均的な知性と道徳を押し下げつつある[43]」。ストロングにとってアメリカが陥っている道徳の未発達とネイションの危機は、すべてアメリカの外部から持ち込まれたものだった。

　それにたいして、アメリカを形作ったアングローサクソン人種には二つの偉大な理念が体現されていると『わが祖国』のなかでストロングは主張している。第一にそれは市民的自由の理念だった。かれによれば、世界のなかで市民的自由はほぼすべて、アングローサクソンによって享受されているのであり、この民族こそ市民的自由の体現者だった。第二にそれは、キリスト教だった。ただし、それは単なるキリスト教信仰ではない。アングローサクソンだけが育んできたその信仰の核心は、ストロングにとって「・純・粋・で・ス・ピ・リ・チ・ュ・ア・ル・な・キ・リ・ス・ト・教・と・い・う・理・念[44]」だった。アングローサクソン人種とかれらがつくった合衆国は、スピリチュアルな可能性を純粋なかたちで保持しているという——自覚的であれ無自覚的であれ——精神的優越性の表明は、しばしば控えめになされる場合が少なくないとはいえ、当時のアメリカの知識人たちの少なからずのなかに通底していた。

---

(41) Strong, *ibid*., p. 72.
(42) Strong, *ibid*., p. 82.
(43) Strong, *ibid*., p. 98.
(44) Strong, *Our Country*., p. 201.

ストロングを例としてみたように、ソーシャル・ゴスペラーたちを中心とした同時代の知識人たちの社会改革にたいする発言には、抜きがたく人種主義的傾向が組み込まれていたが、それはまた同時代のアメリカの対外政策にかんする発言のなかでも同様だった。国内のフロンティアが消滅した19世紀末、アメリカはヨーロッパ列強に遅ればせながら対外侵出を開始していたが、ハワイの獲得のみならず、アメリカは1898年に勃発した米西戦争の結果として、プエルトリコ、キューバ、およびフィリピンをスペインから奪取して領有することで、ヨーロッパ列強と同様に帝国主義的侵出の道を踏み出していた。

同時代の社会学者であるフランクリン・ギディングスは、『デモクラシーと帝国』(1900年)のなかで、道徳的に戦争を嫌悪しフィリピンの領有に反対する人びとが、「領土的拡張は、冬のあとの春の到来と同じく確実なものなのである[45]」ということを充分に理解していないと批判している。ギディングスにとって、アメリカの民衆はどのようにしたら自分たちの新しい責任に自らをもっともよく適合させることができるのかを考えることが、今やなによりも求められていると思われた。

このアメリカの国家的選択に対して、前節ですでに挙げたストロングは、ギディングスと同じく1900年に『新しい世界条件のもとでの拡張』を著し、今や世界は商業の面から緊密に結合されつつあるがゆえに、独りアメリカのみがこれまでのような孤立主義を採ることはできないと述べ、「啓蒙された世界的な良心」によってアメリカは対外的に行動しなければならないことを説いている。ストロングは、フィリピン人を観察したアメリカ人たちが、かれらフィリピン人の自治能力を疑問視していることを引き合いに出し、アメリカがヨーロッパ列強からかれらを守るためにもアメリカのフィリピン領有をつぎのように積極的に擁護していくのである。

---

(45) Franklin Henry Giddings, *Democracy and Empire: With Study of Their Psychological, Economic, and Moral Foundations* (London: The Macmillan Press, 1900), p. 270.

もし，フィリピンに秩序を確立し，それを維持することがわれわれの義務であるということが道理にかなったかたちで明らかにされたのなら，唯一残されることは，統治が執行すべき諸原理について一言付け加えることである。統治は，あらゆる個別の目標において，フィリピン人たちの福利（well-being）を目指さなければならない。われわれはこの新しい責任を文明への信頼として受け入れなければならない[46]。

すでに本章で名前を挙げたライマン・アボットがまさに述べたように，アメリカには「世界の文明を促進させる義務[47]」が課されているようにかれらには思われた。もちろん，E・L・ゴドキンといったマグワンプの知識人たちとも親交の深かったウィリアム・ジェイムズのように，アメリカの帝国主義的態度に反対を表明していた知識人も当時少なからず存在していた。1898年に設立された反帝国主義連盟に参画したジェイムズは，同年6月15日のフランソワ・ピロン宛の私信のなかでキューバ，プエルトリコ，フィリピンの領有を批判しながら，自らの見解を示していた。「われわれは，自分たちが他所よりも道徳的により良いネイションであり，自国は安全で，古い野蛮な野心などなく，自分たちの『道徳的重み』を投入することによって国際的に偉大な影響力を行使する運命にある，等々と思い込んできました。こんなことは夢なのです！ 人間性はどこでも同じです[48]」。

---

(46) Josiah Strong, *Expansion under New World-Conditions* (New York: The Baker & Taylor, 1900), p. 295. クローリーもまた，民主主義国による植民地獲得の正当性は，その地の民衆がネイションの形成を効果的にする能力があるかどうかから演繹すべきであると述べるとともに，民主的なネイションは植民地の福祉にたいするきわめて高次の水準の義務を無視することはできないと主張した。Croly, *ibid*., p. 308.

(47) Lyman Abbott, *The Rights of Man: A Study in Twentieth Century Problem* (London: James Clarke, 1901), p. 266.

(48) Henry James ed., *Letters of William James* (London: Longmans, Green,

だが，ソーシャル・ゴスペルの理念に共鳴する同時代の多くの論者たちは，神の王国の論理をアメリカの対外的使命感へと拡張することで，アメリカの対外進出を肯定的に受け入れていった。

アボットの議論を一つの例として取り上げてみたい。かれは『人間の権利』（1901年）のなかで，文明の本質を法律と商業と教育の三つとしながら，これら本質を獲得した高みに立っているアングロ-サクソン人種という見解を示している。「法律と商業と教育，こうした三つの要素なしには，どんな共同体も文明化されず繁栄せず，どんな共同体も自由や正義をもたないであろう。文明のこうした贈り物を，法律，商業，教育を通じて世界のなかの文明化されていない人びとに与えることが，アングロ-サクソン人種の役割（function）である[49]」。

なおアボットは『デモクラシーのスピリット』（1910年）のなかで，アメリカのデモクラシーの源流にはヘブライとローマのそれがあると主張し，それぞれの文明についてこう述べている。なお，前者はピューリタン-ヘブライの特徴であり，後者はフランス-ラテンの特徴である。「一方は社会的であり，他方は個人的である。一方は協力，合同，組織を志向し，他方は競争を志向する。一方は地上における神の王国の実現を期待し，他方は自然状態への回帰を求める[50]」。こうした二つの祖先の子供であるアメリカのデモクラシーであるが，アボットにしたがえば，デモクラシーとは政府の一形式ではなく第一義的には人間性の成長であり，今やわれわれアメリカ人はラテン-フランスのデモクラシーではなく，ヘブライ-ピューリタンのデモクラシーの導きを受け入れなければならない[51]。ここからアメリ

---

　　　　and Co., 1920), vol. II, p. 74.
- (49)　Lyman Abbott, *ibid.*, p. 272.
- (50)　Lyman Abbott, *The Spirit of Democracy* (Boston: Houghton Mifflin, 1910), p. 12. 前者はニューイングランドを生誕地とし，神への信仰に基礎をおくのにたいして，後者はヴァージニアを生誕地とし，多数者の意思に全ての権威の源をおく，とアボットは主張している。
- (51)　Abbott, *ibid.*, p. 27.

カ合衆国の有する対外的使命もまた，つぎのように導き出される。

> われわれはつぎのことを理解してきた。アングロ-サクソン文明と呼ぶものはヘブライのコモンウェルスにそのルーツをもち，世界は万人のためのものであって少数者のためのものではないという原理のなかにその生命を有している。アングロ-サクソン人種は他のどの人種よりも，この原理を完全に把握し，かつ評価し，それを自分たちの制度のなかで徹底して体現してきた。アングロ-サクソン人種は，人種全体の兄弟愛の預言のための準備として，ナショナルなだけでなくインターナショナルな統合にかかわっている。インターナショナルな統合と，社会進歩の究極的な目標である自治を備えた連合は，他のいかなる世界帝国のなかでよりも，アメリカ合衆国のなかでその理想に向ってさらに前進する。われわれが理解してきたのは，以上のことである[52]。

アボットにとって，人間性の発達は終局的には，アングロ-サクソン人種ないしはピューリタン-ヘブライ文化の継承者であるアメリカ合衆国によって成し遂げられるものとして想定されていた。この後で検討するように，もちろんデューイはこうしたあからさまな人種主義からはたしかに自覚的に距離をとっていた。ただし，それでもなお指摘しなければならないのは，合衆国の特別さという意識に関して言えば，デューイもまたある種の確信をやはり同じように共有していたと判断できる側面を多分に保持していたということである。

伏在するアメリカン・マインドへの信念

1894年にミシガン大学からシカゴ大学に着任する前に，デューイは「必然性の迷信」（1893年）や「道徳的理想としての自己実現」（1893年），「原

---

(52) Abbott, *The Rights of Man*, p. 263.

因としての自我」(1894年) といった論稿を経由し,『倫理学研究——シラバス』(1894年) を執筆するに至っている。シカゴ大学に移る直前のこれらの論稿や著作は, かれが自然主義へと転回した後の議論にほぼ近いものになっていた。

とはいえ, この時期のかれはすでに理想主義的な二元論にはっきりとした訣別を表明していたが, たとえば『倫理学研究——シラバス』のなかで現実の理想化の必要性を論じているように, 自然主義への移行を完全に果たしていたわけでもなかった。この点は, 先の「再建」からも傍証できるだろう。かれは, キリスト教の偉大さを「絶対的真理の人への啓示」にみていたが,「絶対的というのは, 生を導く際に, 充分であり優越しているという意味である」(EW4:101) とも同時に述べていた。絶対的なものへの信頼を表明してはいるものの, 生を導く限りにおいて認められたその絶対性は, もはや空文化しつつあったと言える。

もちろん実際に, かれの関心はすでに絶対的真理から経験科学に移行しつつあった。人間性の成長そのもののなかに神を見出すことのできるソーシャル・ゴスペル的な立場にすでにかなりのところ立っていたと想定されるデューイは, 理想主義的な語彙に代わって自らの立論を支えてくれる科学的な体系へと接近すれば, 易々とそれに移行し, 世俗化を完了する準備を終えようとしていた。実際にその接近は, シカゴ大学着任とともにやってくる。

デューイに転機をもたらしたのは, すでに名前を挙げたジェイムズと, 当時のシカゴ大学に集っていた機能主義心理学者たちだった。J・R・エンジェルらシカゴの機能主義心理学者たちは, ドイツの心理学者であるヴィルヘルム・ヴントおよびアメリカにおけるかれの追随者たちが主張した, 精神の働きを機械的な因果連関において説明する立場に異議を唱えていた。デューイはエンジェルらに直接与することはなかったが, 1896年に反射行為についての機械的な解釈を批判する「心理学における反射弧の概念」を執筆する。それによって, かれは自然主義への思想的転回——いわゆるプラグマティズムへの移行——を果たすことになる。

感覚と運動をめぐる心理学上の論争に介入することによってデューイは，知るということはそれ自体が一つの行為であること，さらに言えば経験は外部の感覚を知覚する受動的状態ではなく，能動的で有機的な身体と環境とのプロセスであることを自然主義の立場から確認していった[53]。ここから，有機体－環境という立論はかれの倫理学の基盤にもなっていく。この点は進化と倫理の関係を取り扱った「進化と倫理」（1898年）といった論稿のなかに，たとえばあらわれている。結論だけを述べるなら，このなかでデューイは，進化の論理と倫理の論理は対立するものではなく，人間の環境への適応を媒介として調和すると主張した。

　動物のあいだで適合するものが，人間のあいだでも適合するわけではない。それは，動物が非道徳的であるのにたいして人間が道徳的であるというだけでなく，生の条件は変化しているからであり，こうした条件を経由する以外に，「適者」という言葉を定義することはできないからでもある。環境はいまや明示的に社会的なものであり，「適者」という用語の中身は社会的適応の観点から作りあげられなければならない。さらに言えば，われわれが今生きている環境は，変化しつつあり，また進歩しているのである（EW5:41）。

---

(53)　デューイ自身，「経験は意識の状態ということではなくて，機能や習慣，積極的な調整と再調整，協調と活動ということである」（MW6:5）と後に述べているが，こうしたかれの経験概念は，しばしば反知性主義的であると批判されてきた。しかしそうした批判は，デューイが経験に与えた新しい位置づけを正当に評価しているとは言いがたい。たとえばボイスヴァートは，反知性主義という批判にたいして以下のように適切な反論を行なっている。「かれは知性の働きを低くみようとしているのではない。むしろかれは，生きられた経験の第一義性を認識しようとしない態度を示唆しようとしているのである」。Raymond D. Boisvert, *John Dewey: Rethinking Our Time* (Albany: State University of New York Press, 1998), p. 19.

それゆえに，デューイにとって倫理的過程と自然的過程とを対比させる理由はまったくない。また，環境の概念は，人間個々の心理学的説明を越えて社会的プロセスの説明へと直接的に——かつ無媒介に——拡張される。しかも社会である環境は，かれにとってつねに進歩の途上にあり，個人の環境に対する適応はそのまま社会総体——社会の一部分ではなく——の進歩を意味するのである。クローリーがそうだったように個人と社会との一致は，デューイにとっても疑問の余地のないものであり，この祝福された前提は，一面ではかれの政治思想に批判的な力を積極的に与えるものでもあった。この点は，かれの人種主義にたいする批判のなかで明瞭に示すことができるだろう。

　革新主義の時代における——白人の——知識人たちの抜きがたい人種主義についてはすでに触れてきたところだが，当時は黒人たちによる新しい運動の組織化の時期でもあり，人種主義批判の世界的規模での拡大の時期でもあった。また，合衆国の内部の動きは，対外的な情勢の変化とも確実に連動するものだった。たとえば日露戦争における1905年の日本の勝利は，非白人の台頭を西洋世界にも強く印象づけるとともに，地理的に何ら関連をもたない合衆国内の黒人にも歓迎されていった。そうしたなかでジョサイア・ロイスの弟子だったデュボイスは「カラー・ラインが世界をとりまく」（1906年）という論稿のなかで，日露戦争の日本の勝利に触れながら，今や世界は人種をめぐる地球規模での対立に遭遇しつつあることをこう書いていた。

　　今日の列強諸国が有している傾向は，領土的，政治的，経済的拡張であるが，あらゆる場合にこのことはかれらに，より色の濃い人びととの接触をもたらしている。[中略]白人は最終的に先住人種にとってかわり，かれらの土地を相続するという古い理念があったが，この理念は，アメリカにおけるニグロの増加，アメリカ，インド，西インド諸島でのイギリスの経験，南アメリカの発展のなかで，荒々しく揺さぶられている。それゆえに拡張政策は端的に言って，カラー・ラインと

第1章 合衆国の変容，デューイの思想形成　　59

いう世界的問題を意味している。この問いはヨーロッパの帝国主義的政治のなかに入り込んでいるし，アラスカからパタゴニアまでわれわれの大陸を洪水のようにおおっているのである[54]。

　なお，この時期，1911年の7月26日から29日にかけてロンドン大学で第一回世界人種会議（First Universal Races Congress）という国際会議が開催されている。この会議の目的はその報告書によれば，「科学の観点と近代的良心にもとづいて，西洋の人びとと東洋の人びと，つまり，いわゆる白人の人びとと有色の人びととのあいだにある一般的関係を議論し，双方のあいだでの，より完全な理解，もっとも友好的な感情，より心温まる協力を奨励することを目指す[55]」というものだった。デュボイスももちろん参加しており，ほかにもジュゼッペ・セルジ，フランツ・ボアズ，フェルディナンド・テンニエス，フェリックス・アドラー，イズラエル・ザングウィル，L・L・ザメンホフといった多数の報告者が登壇し，日本やインドなどからも参加者がロンドンに集まった。デュボイスにとって，アメリカで長らく育まれてきた人種の哲学，すなわち高貴な能力を有している白人と，劣った人種である黒人とのあいだには架橋不可能な差異があり，この両者のあいだに，さまざまな中間的能力を有する褐色と黄色の人びとが分布しているという考え方は，この世界人種会議での反人種主義のコンセンサスによって厳しく批判されたようにみえた[56]。

---

(54)　David Levering Lewis ed., *W. E. B. DuBois: A Reader* (New York: Henry Holt, 1995), p. 42.
(55)　G. Spiller ed., *Papers on Inter-Racial Problems* (London: P. S. King and Son, 1911), p. xiii.
(56)　「第一回世界人種会議」（1911年）におけるデュボイスの記述によれば，会議でのコンセンサスは以下のようなものだった。「身体的特徴の違いから，精神的特徴の違いを論じるのは正当ではない」，「人種の身体的ないしは精神的特徴は，恒常的なものではないし，長い年月を経過することによってしか変容しないものではない。そうではなくてそれは，教育，公衆の

人種主義にたいする批判が世界的規模で勃興しつつあったこの時期，合衆国においては，デュボイスらによるナイヤガラ運動に端を発して全国黒人地位向上協会（NAACP）が1909年に設立されたが，ここにデューイもまた，この協会の創立者の一人として名を連ねた。かれは「全国黒人会議によせて」（1909年）という論稿をあわせて著しているが，このなかでは，自らの心理学に立脚した人種主義批判と個人に基づくアメリカ社会――ここでも個人と社会の調和は自明である――についてのデューイの見解が展開されており，革新主義の精神に裏打ちされたかれの人種主義批判が明確に示されていた。

　デューイはまず，獲得形質は遺伝しないという進化論の見解を確認し，この見解が含んでいる社会にとっての意義を高く評価している。なぜなら，それが意味するのは，「諸個人にかんするかぎり，かれらは完全で公平で自由な社会的機会をもっている」（MW4:156）ということだからである。すなわち，この世の中に「劣等人種」と呼ばれる存在は，実際には存在しない。そうである以上，これまでそのように扱われてきた人種の構成員は，より恵まれた人種の構成員と同じ社会的環境や人格についての機会をもつべきであるという結論が当然ながら導き出されてくるとデューイは考える。「自らのなかに生み出される個々の資本のすべてを活用する環境が提供されるように注意することは，すべての感情的ないしは道徳的考察を抜きに厳密な科学的観点から把握された社会全体の責任であり，今日の社会全体のビジネスである」（MW4:156）。社会は科学的考察に徹するべきであり，それはわれわれ社会にとって冷静なビジネスの範疇に属することであると，デューイは主張するのである。

　ここから，人種にかかわりなく，合衆国の個々人が優れた能力を実現する機会を提供しないということは，「多くの社会資本を自ら奪っていると

　　感情，環境一般の変化によって数世代のあいだに変容可能なものである」，「いかなる特定の時期のある人種の地位も，その慣性的なあるいは受け継がれてきた能力を表示するものではない」。Lewis, *ibid*., pp. 44-47.

いう点で，社会それ自身に不正義をなしている」(MW4:157) というのが，デューイの結論だった。アボットやストロングといったソーシャル・ゴスペラーたちのように人種主義を暗黙に前提としたナショナリズムから，かれが明確に距離をとっていたことをこうした議論は裏書きしている。

しかしながら，デューイもまた必ずしも純粋な個人性のみに立脚した論理を完全に貫徹させていたわけではないということは，指摘しておかなければならない。デューイはアボットやストロングたちのように人種主義とは連動させないものの，それでもなお，とくにヨーロッパ世界との対比において世界のなかでの合衆国の特異さを認め，そのもとでのある種のナショナルな矜恃を肯定的に保ってもいた。たとえば「哲学とアメリカのナショナルな生活」(1905年)という論稿は，革新主義期のデューイの構想総体が，合衆国のなかにかれが見出す特別な精神性に結びつけられたものであるということを理解するのに適したものの一つである。

デューイはこのなかで，哲学の体系というのは非常に抽象的にみえるかもしれないが，実際にはそれが生み出されたネイションの生活の核心をはっきり捉えていると主張している。それゆえに，「アメリカのナショナルな生活とアメリカの哲学との互恵的な影響を尋ねることは，無駄な問いではない」(MW3:73) と述べている。

デューイによれば，ヨーロッパ人はアメリカの哲学を唯物論ではないにしても少なくとも機械論だとみなし，それをきわめて実証的で，スピリチュアルなものを含んでいないと理解している。だが，こうしたヨーロッパ人による理解は正しくなく，アメリカの哲学に内在するスピリチュアルな要素を見落としていると力説している。そのスピリチュアルな要素こそ，すでにみたようにデモクラシーと，そのもとで結合される諸個人の魂にほかならなかった。

> アメリカの哲学は，デモクラシーの要求から生まれなければならないし，それに応答しなければならない。それはちょうどデモクラシーが，歴史がこれまで過去に目撃した以上に，広大な範囲で，そしてより徹

底して最終的な仕方で,自らを広め達成すべく奮闘するのと同様である。さらにデモクラシーは,ある単一の哲学的学派やセクトの網で捕えるには,あまりに繊細で複雑で高くそびえたつ何かなのである(MW3:74)。

それゆえに,デューイにしたがえばわれわれが常に配慮しなければならないものは,アメリカにおけるデモクラシーのニーズである。かれにとってアメリカン・マインドが意味するのは「ある非常に真実の意味で,心理学が今や扱っている個人は究極的なものであるということ」だった。すなわち,一つの魂と一つの身体を有する具体的な個人性こそ,なによりも重要なのであり,これをアメリカの哲学は真剣な考察の対象としなければならない。

リベラルなプロテスタント神学の影響下にある絶対的理想主義から自然主義へと移行し,実験的な心理学を全面的に受容したあとにおいても,デューイはデモクラシーと一体化したスピリチュアリティへの確信を保持していたが,かれは自然主義という新たな装いのなかで,今やアメリカン・マインドとして描けるスピリチュアルな個人の重視を祝福しつつ,ヨーロッパとアメリカとの対比とスピリチュアルなデモクラシーへの特別な意味づけとをつなげつつあったのである。このようにみるならば,アボットらのあからさまな人種主義から明確に距離をとりつつ,デューイもまた,アメリカ合衆国の精神に内在するとかれが考えるスピリチュアルな要素に訴えかけることによって,ロイスらが自覚的に試みた革新主義期におけるネイションの想起とその思念的再構成に,より洗練されたかたちで結果的には参与していたといえるのではないだろうか。

ただし,アングロ-サクソンの人種的優越性という主張から距離をおいた,スピリチュアルなデモクラシーを体現した合衆国というイメージの表明の試みが,合衆国のナショナリズムをめぐる相互に競合的な構築の実践と抜きがたく接合されていたということは,彼自身によってはっきりと自覚されてはいなかった。アメリカ合衆国へのナショナルなコミットメント

が,まさにヨーロッパという外部との対比のなかで,より明確かつ積極的にデューイによって自覚されていくのは,第一次世界大戦の勃発後からである[57]。

(57) ソーシャル・ゴスペラーたちと第一次世界大戦との関係について,本書では取り扱うことができなかった。この点については以下の文献に詳しい。Richard M. Gamble, *The War for Righteousness: Progressive Christianity, the Great War, and the Rise of the Messianic Nation* (Wilmington: ISI Books, 2003). ギャンブルも指摘するように,たとえばアボットはアメリカの戦争準備を熱烈に支持し,他方でグラッデンらは軍事的な手段を完全に否定はしなかったが世界的な友愛を達成するためのアメリカの主導性を強調した。なお,ふたりはどちらも,シェイラー・マシューズらとともに次章で触れる平和強制連盟の副総裁に就いた。Gamble, *ibid.*, pp. 121-135.

第2章

デモクラシーの福音と新しい政治を求めて

大戦の勃発と合衆国の知識人たち

　シカゴでのソーシャル・セツルメント運動をとおしてデューイと親交の厚かったジェーン・アダムズは、『平和の新しい理想』(1907年)のなかで、当時のアメリカで急速に進んできた産業と都市の成長のなかでは、戦争や軍国主義はもはや過去のものになりつつあると予見していた。社会の難問は武力によって調停できるという信念によって、これまでさまざまな社会問題は戦争の源になってきたが、現代のコスモポリタンな都市が直面している人種間の対立や経済の調整といった問題は、軍事的な勇ましさではもはや調停できない、と前章でウィリアム・ジェイムズに関連して言及した反帝国主義連盟にもかつて参加したアダムズには思われた。それらの問題の解決は、「市民全体に共通でかれらの日常生活と結びついた過去の経験[1]」にもとづかなければならない——そこでは女性は男性とともに市民としての役割を果たす必要がある。戦争を「育み(nurture)」へ置き換えていく、新しい人道主義の到来をアダムズは構想していたが、彼女のこうした主張には、前章でみたリップマンらの主張と同じく、合衆国の知的前進にたいす

（1）　Marilyn Fischer and Judy D. Whipps eds., *Jane Addams's Writing on Peace* (Bristol: Thoemmes Press, 2003), vol. 1, p. 100.

る革新主義的な希望が強くうかがわれる。

ところで、アダムズの希望の背後に置かれている前提、それは合衆国の知的リーダーシップへの信頼だった。アダムズは、ハーグの仲裁裁判所を高く評価していたが、この文脈において指摘しておかなければならないのは、彼女が国際的な法廷という理想を語る際、その背後に合衆国における連邦裁判所のイメージをみていたということである。「その経験のゆえに、アメリカは裁判所の設立にあたって自然なリーダーとしてふさわしいだろう。合衆国の連邦裁が、主権をもった州間の相違を調停するという、歴史上最初の裁判所だったように[2]」。アダムズの平和主義の根底には、世界のなかでのアメリカ合衆国の経験的優位がなかば自明のものとしてあった。

しかし1914年、数多の同時代人がそうであったように、アダムズの予見もまた大きく裏切られることになる。彼女の見通しとは裏腹に、もはや時代遅れの産物と思われていた戦争がヨーロッパにおいて勃発した。同年6月28日にオーストリア＝ハンガリー帝国の皇太子がボスニアで暗殺される、いわゆるサラエボ事件に端を発し、8月に戦いの火蓋は切って落とされた。

ラインホールド・ニーバーがデトロイトのベテル福音教会に赴任したのは、その翌年の1915年だったが、ドイツ系アメリカ人の一人として成長したニーバーにとって、第一次世界大戦が始まり反ドイツ的感情の高まるなか、自分たちをハイフン付きでないアメリカ人へと高めていくことは緊急の課題となっていた。のちに、1918年にニーバーは要請を受け、戦時下福祉委員会での職務を遂行するなど戦時活動に従事していたが、『飼いならされたシニックのノート断片』（1929年）におさめられた1918年のある日記からは、当時の若きニーバーがウィルソンの理想主義に共鳴していったことがうかがえる[3]。「もしウィルソンの目標が実現されるなら、この戦争は

（2） Fischer and Whipps, *ibid.*, vol. 4, p. 54.
（3） ニーバーにかんする邦語研究文献としては以下を参照のこと。千葉眞『現代プロテスタンティズムの政治思想──R・ニーバーとJ・モルトマンの比較研究』新教出版社、1988年、平田忠輔『現代アメリカと政治的知識人』法律文化社、1989年、鈴木有郷『ラインホルド・ニーバーとアメリ

善き目的に奉仕するとわたしは思う⁴」。

だがニーバーは，戦争遂行に協力したからといって，何の疑問もなくそのような支持を表明していたわけではなかった。むしろニーバーは，戦争という不正義と個人の道徳的判断との相克に苦悩しながら，戦争支持という政治的判断をくだしていた。その苦悩は，先に引用した日記の末尾でニーバーがある友人とのやりとりをつぎのように書き記していることから明らかにできる。「Hは正しい。かれは，自分は従軍牧師（chaplain）としてではなく一私人として軍隊にはいりたいとわたしに言った。戦争は不可避であるとかれは思っていたが，その必然性とキリスト教の倫理とを和解させようとはしていなかった。かれは，戦争中はこの困難を単に忘れるだけのつもりだった。その方が，わたしがしようとしていることよりもずっと誠実である⁵」。1920年代末までのニーバーがウォルター・ラウシェンブッシュらのソーシャル・ゴスペルから深く影響されていたというのは事実だとしても，その当初からかれの思索にはソーシャル・ゴスペルを逸脱する懐疑が胚胎していた。デトロイトの片隅でシニカルに同時代を見ていた無名の一牧師は，苦悩に満ちた孤立のなかで戦争への懐疑を保っていた。

懐疑と苦悩のなかでアメリカ参戦を支持することになる若きニーバーとは異なり，最晩年のジョサイア・ロイスのように戦争に代わる国際的な保険（international insurance）というビジネスと、それによる大共同体（Great Community）のもとでの平和を構想する者も皆無ではなかったものの，革新主義の同代にあってすでに代表的な知識人としての地位を確立していた年長者たちの多くは，精力的かつ肯定的にアメリカ参戦を支持していった⁶。『ニュー・リパブリック』を創刊しウィルソン大統領にも影響力をも

カ』新教出版社，1998年。
（4） Reinhold Niebuhr, *Leaves from the Notebook of a Tamed Cynic*, foreword by Martin E. Marty (1929; reprint, Louisville: John Knox Press, 1980), p. 19.
（5） Niebuhr, *ibid*., p. 20.
（6） なお，第一次世界大戦へのアメリカ参戦にかんする研究書としては以下を参照のこと。John F. McClymer, *War and Welfare: Social Engineering in*

つことになるハーバート・クローリー，ウォルター・リップマン，ウォルター・ワイルとともに，デューイもまたそうした知識人の一人だった。

　かれらは当初，連合軍が勝利すればヨーロッパにおけるロシアの影響力が高まり，ドイツが勝利すればヨーロッパが専制に屈することになるというディレンマから，ウィルソンの中立政策を渋々受け入れていたが，クリストファー・ラッシュが指摘したように，自分たちの採用する積極的な「平和主義」を「受動主義」から区別することにこだわった。かれらは「政治的無力にたいする恐怖」から，中立に対してはっきりと嫌悪感を有していた[7]。

合衆国の態度決定をめぐって

　第一次世界大戦の勃発を契機として，アダムズの境遇は一変していった。1915年5月，ハーグで開催された女性国際会議にアダムズは，女性平和党（Women's Peace Party）の設立にともにかかわったエミリー・グリーン・

America, 1890-1925 (Westport: Greenwood Press, 1980); Neil A. Wynn, *From Progressivism to Prosperity: World War I and American Society* (New York: Holmes & Meier Publishers, 1986); Ronald Schaffer, *America in the Great War: The Rise of the War Welfare State* (New York: Oxford University Press, 1991); Robert H. Zieger, *America's Great War: World War I and the American Experience* (Lanham: Rowman & Littlefield Publishers, 2000).

（7）　Christopher Lasch, *The New Radicalism in America: The Intellectual as a Social Type* (New York: W. W. Norton, 1986), p. 191. なお，セオドア・ローズヴェルトもまた，受動主義にたいする嫌悪感をこのように表明していた。「パワーによって強制される正しい（righteous）平和のための偉大な世界連盟のために働くよう試みるのがわれわれの義務である。しかしそのような連盟はいまだ視界にははいっていない。現在のところ，アメリカの民衆の第一の義務は，用心深く待つという空虚で有害な原理，すなわち事実に直面すること，あるいは義務を遂行することを怠惰にそして臆病に拒否するという空虚で有害な原理を放棄することである」。Theodore Roosevelt, *America and the World War* (New York: Charles Scribner's Sons, 1915), p. 215.

バルチやアリス・ハミルトンらとともに参加した。アダムズはこの国際会議で議長を務めた。女性国際会議に集った女性たちは，戦争の即時終結を求め，それぞれの国に戻って平和を訴えることを誓いあった。しかし帰国したアダムズを待つことになるのは，合衆国の国内世論の変化と彼女にたいする激しい非難だった。

1915年5月7日のドイツ潜水艦の攻撃によるルシタニア号撃沈事件以降，『ニュー・リパブリック』に集う知識人たちは徐々に連合国への支持に傾きつつあった[8]。そうしたなか，1916年5月27日，ウィルソンは保守の立場をとる国際主義者たちが集まり，ウィリアム・ハワード・タフトが総裁を務める平和強制連盟（the League to Enforce Peace）の会合に出席した。かれはその席上でのスピーチのなかで，平和強制連盟の綱領について議論しに来たのではないとことわりを入れつつ，ヨーロッパでの争いの源にある秘密外交にかわる，新しい，より健全な外交の必要に触れた。ウィルソンは，あらゆる人びとは自分たちがそのもとで生きている主権を選択する権利を有していること，世界のなかの小国は大国と同様に主権と領土にたいする尊重を享受する権利を有していること，そして世界は——諸ネイションへの侵略や軽視にその源をもっている——あらゆる平和への撹乱からも自由でいる権利を有していると述べたうえで，こう主張した。「これらのことをわれわれは真摯に信じているがゆえに，つぎのように言う時，わたしはアメリカの民衆の心と望みを述べていると確信します。すなわち，合衆国はこうした目標を実現し，それらを侵害から危険のないようにするために形成される，諸ネイションからなるいかなる実現可能な結合のパートナーにも，喜んでなるということです[9]」。

---

(8) エドワード・ステットナーはルシタニア号撃沈事件に寄せて，こう論じている。「ルシタニア号の沈没から1915年の残りの月日を通じて，『ニュー・リパブリック』はアメリカの中立を維持することを模索したが，連合国に傾斜し，連合国を通常は弁護するようになっていった」。Edward A. Stettner, *Shaping Modern Liberalism: Herbert Croly and Progressive Thought* (Lawrence: University Press of Kansas, 1993), pp. 124-125.

大統領のスピーチをうけて，リップマンはすぐに「ウィルソン氏の偉大な発言」(1916年6月3日) を発表している。リップマンによれば，ウィルソンのスピーチは，国防問題についてきわめて「現実的な」思考をしていると思われた。というのも，いかにうまく武装したとしても，安全はもはや一国だけでは不可能であり，安全は主権国家間で分割された力によっては不可能であることを，ウィルソンはよく理解しているとリップマンは考えたからである。ここからリップマンは，革新主義期の知識人たちの目標だった社会的コントロールの達成を国際関係にまで拡大するかのように，こう明言している。「安全は，協力する諸国家のコントロールのもとに統合された力によってのみ可能である」。リップマンによれば，進歩は力の廃棄によってではなく，力が使用される諸目的の改善によってもたらされるのだった。こうした力の中立的な把握は，後にみるようにデューイのそれと一致するものだった。

リップマンにとって，平和を強制するための連盟という構想は，人類に世界的な規模で着実な進歩をもたらす施策に映ったのであり，この構想を支持するに至った大統領は惜しみない賛辞を受けるに値すると思われた。「アメリカがこうした文明化された目的のために自らの力を用いる用意があると声明を出したことによって，ウィルソン氏はすべてのまっとうな (decent) 人びとからの感謝を受けるに値する[10]」。ウィルソンはかれにとって，合衆国の孤立主義的伝統を打破し，中立という有害な教義を終わらせた大統領にみえた[11]。

---

(9) Woodrow Wilson, "An Address in Washington to the League to Enforce Peace," in *The Papers of Woodrow Wilson*, Arthur S. Link ed. (Princeton: Princeton University Press, 1981), vol. 37, pp. 115-116.

(10) Walter Lippmann, *Force & Ideas: The Early Writings* with an Introduction and Annotation by Arthur Schlesinger, Jr. (New Brunswick: Transaction Publishers, 2000), pp. 38-40.

(11) リップマンはこう続けている。「これは，国際的な道徳の発展のなかでこれまでになされた，もっとも偉大な前進の一つである。かれのスピー

アダムズもまた，リップマンとは異なる視点からとはいえ，ウィルソン大統領がアメリカ独自の道のりをたとえ困難であっても進んでくれるものと思っていた。『戦時における平和とパン』（1922年）のなかで，アダムズは当時の心境をこう回想している。

　　合衆国の偉大な歴史的実験を基礎として，アメリカの愛国主義は高次の努力へと高まっていくだろうとわたしたちには思われた。なぜなら，一世紀以上にもおよぶ合衆国自身の経験は，連邦と日常的な統治の事柄としての平和的な裁定に，合衆国をあれほどまでに徹底的にコミットさせてきたからである[12]。

　合衆国はハイチの政治的独立を保障したにもかかわらず，1915年に起きた騒乱を理由に海兵隊がハイチを占領して軍政を敷いていた。ほぼ同時期に合衆国はサント・ドミンゴを軍政下においてもいた。合衆国もまたラテ

　　チが意味しているのは，アメリカは，戦争とはもはや二つの『主権』国家間の問題ではなく，すべてのネイションが直接に関係している法と秩序という共通の世界的問題であるという信念によって活動する用意があるということである」。ステットナーは革新主義知識人たちとウィルソン大統領との蜜月をこう描いている。「ウィルソンの演説と『ニュー・リパブリック』の支持は，編集者たち，とくにリップマンだがそれだけでなくクローリーをも，徐々に行政府——直接にはウィルソンだが，とりわけニューヨーク在住だったウィルソンのインフォーマルな助言者だったエドワード・ハウス大佐——とを緊密にさせていった。編集者たちは1916年の3月に，はじめてハウスに会ったようである。〔中略〕リップマンは，その後5月に，そして再度8月にウィルソンと会った。〔中略〕こうして編集者たちは，1917年の初頭には楽観的だった。楽観的だったというのは，行政府が連盟という理念に基づいた平和を推進しつつあったからであり，自分たちの見解が再び直接に，主要な政治的人物に影響を及ぼしたからである」。Stettner, *ibid.*, p. 128.

　(12)　Fischer and Whipps, *ibid.*, vol. 3, p. 34.

図3 1918年「14カ条」の演説をするウィルソン

出典) Richard G. Powers, *Not Without Honor: The History of American Anticommunism*, Yale University Press, 1995.

ン・アメリカにたいしては、ヨーロッパ列強となんら変わらない帝国主義的な振舞いをみせていた。それでもなお、アダムズら平和主義者たちはウィルソンに期待をかけ続けた。『戦時における平和とパン』の回想にさらに従おう。1917年の1月、ウィルソンが有名な「勝利なき平和 (peace without victory)」演説を上院でするや、「不安な動きは忘れ去られ、世界の平和主義者たちのなかに安堵がひろがった」と、アダムズは記している。

　翌年にウィルソンの口から語られることになる「14カ条」を彼女に予見させたこの演説は、先に挙げたハーグでの女性国際会議の論点を引き継いでいるように彼女にはみえた。アダムズは1915年の8月にハーグのプログラムをウィルソンにみせた際、自分がその時までにみた最善の定式化だとかれが語った旨を『戦時における平和とパン』のなかで記している。

合衆国はその巨大な中立の力を世界中にデモクラシーを拡張するのに用いるだけでなく，民主的な目的は戦争というテクニックを通じては達成できないという確信にもコミットすべきである，とアダムズは考えていた。「合理的な思考と理にかなった人間関係」こそが，国際関係のなかで妥当なものとして認識されるだろう，と彼女は思っていた[13]。ウィルソンこそ，こうした認識を広めてくれる優れた指導者に思われた。まさにアダムズたち平和主義者にとって，ウィルソン大統領はプラトンの言う哲人王にみえた。だが，この希望は長くは続かなかった。

> というのも，ほとんど即座に，自分の理論と実際の国政の指揮とを分離してしまう大統領の一貫した傾向が，わたしたちを絶対的な当惑状態へと投げ込んだからである。数週間後，わたしたちは絶望のなかにあった。そのとき，ワシントンで大統領自身は戦争準備（Preparedness）パレードに出席し，かれの反対者たちが始め，そして推進してきた運動のリーダーシップを公式に獲得していた[14]。

　アダムズはウィルソンに問いかける。あなたはずっと大胆な方法を通じて合衆国の置かれた状況を取り扱おうとしてきたのではなかったのか。もちろん合衆国の伝統的な孤立主義に戻れとアダムズは言っているのではなかった。彼女はまったく新しい仕方で，合衆国は世界情勢にかかわるべきだと考えていた。まさに現在の危機は，「実験への意欲」に基づいた合衆国の初発のありかたが失われようとしていることにあるとアダムズには映った[15]。しかし最終的にウィルソンは，1917年4月2日の上下両院の合同会

---

(13)　Fischer and Whipps, *ibid.*, vol. 3, pp. 37-38.
(14)　Fischer and Whipps, *ibid.*, vol. 3, p. 38.
(15)　戦時下においてもアダムズは，合衆国が世界にたいして果たしうる潜在的役割について，その信念を変えなかった。彼女はあくまでもこう主張し続けていた。「愛国主義が欠けているという前からの非難にたいしてわたしたちが主張するのは，自分たちは歴史的観点から，あるいはまた別の

議において「世界はデモクラシーのために安全にされなければならない」という台詞のもとに参戦を決断していくことになる[16]。なお，ウィルソンは議員たちを前にして次のように続けて述べた。

世界平和は政治的自由の吟味された基礎のうえに植えられなければならない。われわれはいかなる利己的な（selfish）目的にも奉仕しない。われわれはいかなる征服や支配も望まない。〔中略〕ただわれわれは，人類の諸権利の擁護者のひとりである。こうした権利が諸ネイション

基準から愛国的であるということである。アメリカの平和主義者たちはこう信じている——あれからすでにずいぶん長く経ったように思えるが，もしわたしが戦争前の日々に戻れるのならば——，合衆国はそれ自身の特異な経験によって，世界の平和的組織のなかでリーダーシップをとる資格を特に与えられた，と」。Fischer and Whipps, *ibid*., vol. 4, p. 155. アダムズはあくまでも，合衆国は連邦制の伝統と州間の法廷という原理で世界に特別な貢献ができると確信し続けていた。そうしたなか，失意のなかでアダムズは，連邦食糧管理局（Federal Department of Food Administration）が後に大統領となるハーバート・フーヴァー長官のもとで行なったヨーロッパにたいする食糧支援に，アメリカが果たしうる世界的役割の希望を見出していくことになる。1919年に婦人国際平和自由連盟（Women's International League for Peace and Freedom, WILPF）が設立され，アダムズはその会長となり亡くなるまでその地位にとどまった。1931年にアダムズはノーベル平和賞を授与されるものの，しかしながら合衆国におけるアダムズの名声が戦前の水準まで回復することはなかった。

(16)　歴史家のジョン・ミルトン・クーパー・ジュニアはウィルソンの決断についてこう述べている。「情緒的な苦悩にもかかわらず，大統領が戦争を選んだのはおおまかにはコストと利益の計算を通してだった」。John Milton Cooper Jr., *Pivotal Decades: The United States, 1900-1920* (New York: W. W. Norton, 1990), p. 266. クーパー・ジュニアが指摘するように，武装中立はコストがかかるとともに，平和的な調停が実を結ぶ可能性は見いだせそうもなかった。ウィルソンは新しい秩序を戦後に確立する方策のために，戦争に参加して交渉に有利な立場を確保するという選択肢以外の代替案を見出すことは結局できなかったと言える。

の信念や自由と同様に危険のないものにされたとき，われわれは満足するだろう[17]。

実験的哲学のドイツ哲学にたいする優位

　この一連の情勢変化のなかで，デューイはすでに『ドイツ哲学と政治』(1915年) において，共同的な検証過程に観念をゆだねる実験的哲学のドイツ哲学にたいする優位性と，そうした実験的哲学に体現されているアメリカのナショナリズムの理念的潜在力を見出していたが，さらにそこから，新大陸が旧大陸にたいしてデモクラシーを教える機会であるとしてアメリカ参戦を積極的に是認していった。まずは，『ドイツ哲学と政治』に当たるのが適切だろう。というのもこの著作は，ドイツ哲学の考察を通じてドイツ人の反民主的なナショナリティを明らかにするという特異な政治的使命を帯びたものであり，それゆえ，かれの政治的主張が直接に示されているからである。

　デューイはドイツにおける反民主的なナショナリティの源泉を，カント哲学に求める。かれが問題とするのは，カントの必然と自由の二元論，とりわけ理性のみが知りうる定言命法によって道徳的行為が営まれる点である。普遍的律法に従う義務はまさにそれが普遍的であるがゆえに形式的である，つまり各人に義務を具体的に語るものではない。デューイはこうした義務の教えがカント自身から離れて通俗化するとき，政治的な場面において危険な帰結を招くことを示唆しようとする。すなわちドイツにおいてはカント的な道徳義務が，ドイツ民族ないしは国家にたいする絶対的服従と政治的場面で癒着する危険性があると訴える[18]。

---

(17)　Woodrow Wilson, "An Address to a Joint Session of Congress," in *The Papers of Woodrow Wilson*, Arthur S. Link ed. (Princeton: Princeton University Press, 1983), vol. 41, p. 525.

(18)　ドイツ人であるアクセル・ホネットは，この『ドイツ哲学と政治』についてこう批判的にコメントしている。「かれ〔デューイ〕自身しばしば

デューイはドイツ語の Kultur が英語の culture とは似て非なることに触れ，それが義務への献身によって勝ちとられた民族的実体であることを論じている。デューイはそこでフィヒテに言及している。フィヒテにとって国家は，人間性一般と個別的事物との間に介在する具体的個体であり，神的生命は集合的実体としてのネイションを通して，有限な人間に到達する。そして，民族精神の本源である言語を純粋なかたちで保持してきたドイツ人のみが「始原的民族」(Urfolk) の名に値する。フィヒテを概説し，続いてヘーゲルを手短に論じるなかで，デューイはドイツ哲学についてこう述べている。「戦争の哲学的正当化は，ナショナリズムの観点により構成された歴史哲学から不可避的に導かれる」(MW8:197)。なぜなら，戦争は世界精神がより高次の統一を達成する否定の弁証法を実現するものにほかならないからである。

　デューイは先験的なドイツ哲学にたいして，共同的な検証過程へと観念を積極的に服させる実験的哲学を対置させる。だが注目すべきことに，この実験的哲学をデューイはアメリカのナショナリズムを体現するものとして位置づけているようにみえる。くわえてかれは，自分たちの政体内部においてわれわれは実際に人種の枠を横断し，インターナショナルであると

　　　言っていたように，かれはアメリカ的な生活様式からは極度にかけ離れているとみえたある文化の規範的地平を理解し，解釈するために満足のいく尺度を呼び出さなければならなかった。自認されているプロパガンダ的な目的とからみあったこうした深い理解の欠如が，単に問題をはらんでいる以上の，ドイツ思想史のなかにあるつながりについてのいくつかの断定にかれを導いたのだろう」。ただし，ホネットはすぐつづいてつぎのように肯定的な評価も与えている。「それにもかかわらず，内部者には容易に認識できないだろう観念史のなかにあるつながりと推論を特定する立場におそらくかれを置いたのは，まさにこの外部者の視点，文化的な自己概念のなかにあるこうした深い差異である」。Axel Honneth, "The Logic of Fanaticism: Dewey's Archaeology of the German Mentality," in William Rehg and James Bohman eds., *Pluralism and the Pragmatic Turn: The Transformation of Critical Theory* (Massachusetts: The MIT Press, 2001), pp. 334-335.

述べたうえで,つぎのようにかれは興味深い言及をしている。

> われわれは,人間の交際(human intercourse)の深さと幅の促進が,文明の尺度であるということを認識しなければならない。そしてわれわれはこの事実を自分たちのナショナルな生活の内部と同様に,外部にも適用しなければならない。われわれの内的な気質という偶然事を,一つの理念,すなわちそれにもとづいてわれわれが国内政策はもとより外交政策をも指導しうるような理念にまで高めなければならない(MW8:203)。

ここからデューイは,ドイツ哲学から導かれるのとは別のかたちで,戦争を否定しない。というのも,平和を乱すことが非難されるのは,平和それ自体が乱されるからではなくて,実験のための協力のプロセスが妨害されるからであるとデューイは考えるからである。かくしてデューイは,一方でドイツ哲学のなかにあるナショナリズムを批判しつつ,他方でデモクラシーと一体化させたアメリカ合衆国のナショナルな知的優位をそこに対置したうえで,民主的知性の普及を阻害する勢力に力でもって対抗することに同意していく。

デューイにとって,世界史はコミュニケーション拡大のプロセスであり,それは同時にデモクラシーが拡大するプロセスでもあった。したがって,こうした目的としての歴史的理念を達成するために,知性と戦争はともに手段として同列に位置したのである。大文字の理念としてのコミュニケーションと,実践的営為としての知性ないしは戦争との関係に,われわれはデューイにおける手段−目的関係についての理解を見てとることができる。また,われわれはその傍証として「力・暴力・法」(1916年)や「力と強制」(1916年)といった論稿をさらに挙げることができるだろう。

デューイはこれら論稿のなかで,力(force)の使用なしには,どのような目的も達成されないと強調している。デューイにとって力は,操作の効果的な諸手段として,すなわち目的を現実化するポジティヴな能力ないし

は潜在力として把握されていた。デューイは、すべての力は野蛮で非道徳的であると考え、威力（power）と関係をもたないと称するいかなる政治理論あるいは法理論も、「純粋に感傷的で、夢見がちな道徳」であるとはっきり非難しており、力を使用しないことは「実在の世界のなかで足場なしに存在するにひとしい」（MW10:246）と断定している。ただし、こうしたデューイの力ないしは威力の把握についてわれわれの関心を引くのは、これら諸力が目的にたいする手段として把握された場合の、その意味づけである。かれにとって威力は権力的契機を有する以前に、エネルギーと言い換え可能な中立的なものとして第一義的には位置づけられている。デューイにとって政治的な権力は、物理学的な力に還元されるものと言えた。

　デューイによれば、威力が暴力（violence）になるのはそうした威力が目的を無効なものにしてしまう場合である。デューイはアナロジーとしてダイナマイトを採りあげる。ダイナマイトの爆発が、岩ではなくて人間を吹き飛ばす場合、その結果が生産ではなく浪費、建設ではなく破壊である場合、われわれはそれを、エネルギーや威力ではなく、暴力と呼ぶというのである。デューイにとって問題となるのは、力が用いられることそれ自体ではなくて、力が浪費されることでそれが暴力になることだった。

　ここからかれは、戦争の原因を、憎しみや喧嘩速さ、強欲といった「感情」のなかに見いだし、そうした感情を働かせる「客観的諸原因」を見ようとしない平和運動を強く批判する。デューイにしたがうなら、「普通の平和主義者の方法というのは、道路の規則を制度化するのではなく、お互いを愛せよと言うことで、道路の使用に際しての紛争を避けようとするようなもの」（MW10:214）であった。それゆえに、平和を強制するための連盟についても、デューイはそれを否定はしないものの、内在的にかかわりあっている利害（interests）を建設的に調節することが自然なかたちで達成されなければうまくいかないだろうと警告する（MW10:215）。そこで作用している諸力の認識とそれによるメカニズムの考察つまり知性の使用がデューイにとって何よりも重要だった。

　ただし、しばしば批判されるように、たしかにデューイは自らの言及す

る諸力の政治的ないしは経済的特質を種別化することはなかった[19]。かれにとって，諸力は中立なものであり，そうであるがゆえに，結果的にそれらはアメリカ合衆国の知的優位という自明な理念に従属することで，批判的分析の外に実際には置かれることになったのではないだろうか。

合衆国の参戦とデューイによる参戦論の行方

　アメリカがいよいよ参戦した1917年4月以降にはいると，デューイはこれまでに蓄積してきた合衆国の哲学とドイツ哲学との対比，あるいは力の使用にかんする議論を前提としながら，より積極的な参戦擁護論を精力的に展開していくようになる。とりわけヨーロッパにおける戦争の推移のなかで，デューイは着実に，合衆国が今やヨーロッパ諸国から完全に自律した存在であり，この戦争にたいしてヨーロッパとは異なる利害からコミットできるし，またしなければならないという信念を抱くようになっていた。「ナショナルな躊躇に際して」（1917年5月）は，デューイのそうした信念が明瞭に姿をあらわしている論稿である。かれはつぎのようにはっきりと，今回の戦争が合衆国にとってはヨーロッパからの精神的な独り立ちの契機になったことを断言している。

　　フランスの大地でなされているデモクラシーと文明のための雄々しい戦いが，われわれの戦いではないということは，悲痛と気のとがめなしには実感されないことである。〔中略〕それはわれわれの戦いではない。なぜなら善きにつけ悪しきにつけ，われわれは別のデモクラシーと別の文明のための戦いにコミットするからである。それらの本性は，われわれには明らかではない。確実なことはそれらが異なっているということである。これが新世界の事実である。独立宣言はもはや，単

---

(19)　John Patrick Diggins, *The Promise of Pragmatism: Modernism and The Crisis of Knowledge and Authority* (Chicago: The University of Chicago Press, 1994), p. 258.

に権力者層のあるいは政治的な宣言ではない（MW10:258）。

　デューイにとってこの戦争の勃発によって証明されたのは，われわれアメリカ人は，たんに政治的事実としてだけでなく精神的にも，もはやヨーロッパの諸ネイションの植民地ではないということであり，今やわれわれは「世界のなかの新しい肉体でありスピリット」（MW10:259）であるということだった。

　それにもかかわらず合衆国国内では，こうした今や明白な現実を直視せず，平和主義という名の道徳的空想に耽っている者たち，とりわけ若者たちがあまりにも多いようにデューイにはみえていた。「良心と強制」（1917年7月14日）は，そうした若者たちにたいするデューイからの助言であり，個人の外部に貫徹している力と良心とのあいだでの関係の取り結び方についての教育的示唆だった。

　デューイは，合衆国の若者たちのなかには，平和と戦争という政治的な問いにたいして道徳的な語彙で議論する者が多いことを指摘しつつ，こうしたかれらの道徳的無邪気さないしは未熟さは，かれらが受けてきた道徳の訓練に問題があると批判している。デューイにしたがえば，若者を惑わすこうした道徳の訓練とは，知性よりも情念を重視し，ある具体的な目的よりも理想的な目的，社会的環境の創造よりも個人的動機の養育を強調していた。デューイは合衆国における福音主義的なプロテスタントの伝統こそが，社会のコントロールではなく個人的感情や善なる意思を重視することで，硬直した目的を遵守することが道徳的であるという観念を若者たちに広めてきたと指摘している。

　したがって，目的と手段とを分離し，「去勢された」目的を道徳と同一視するという凝り固まった習慣こそが，理想主義的な傾向を有する若者を苦しめる良心の源泉になっているとデューイは分析する。われわれは社会的諸条件や行為の帰結との関係のなかで，良心のよりどころを見出さなければならない。「もしもある決定的な転機において，出来事のなかの動きつつある力が常に，良心にとって過大であるなら，救済策は，出来事を操作

する人の意地悪さを嘆くことではない。そのような良心はほとんど，自己欺瞞である。救済策は，別の方向に動きつつある諸力と良心とを結合させることである」(MW10:264)。ここには，「力・暴力・法」や「力と強制」といった論稿との連続性を見出すことができるだろう。さらに，デューイは「平和主義の未来」(1917年7月28日)のなかで，ウィルソン大統領の初期の政策を批判しつつ，アメリカが戦争にコミットすることの不可避性をこう主張している。

> わたしは法的中立性という問いには立ち入るつもりはないが，国家が道徳的に中立的であるなどということは絶対にないのである。だからおそらく，ウィルソン大統領が行なった唯一の愚策は，かれの初期の宣言のなかで，それが可能でありうると示唆したことだろう。そしてこのことは，われわれをつぎのような基本的事実に立ち返らせる。すなわち，戦争のために組織された世界のなかでは，温かい共感をもったネイションが，軍事的参加を経由せずにそうした共感を効果的なものにすることができるような政治的メカニズムは今のところ存在しないということである (MW10:266)。

デューイにしたがうなら，平和主義者の議論は今や不可避の世界史的動きである地球規模での社会的組織化という事実から目を背け，いかにして目前の戦争を早期に終結させるかという些事にとらわれており，しかも，自らの目標を達成するための具体的な手段を欠いた非現実的なものにすぎなかった。それゆえにかれは，アダムズの平和主義が「合衆国は，世界の政治的再組織化において，力強く精力的な役割を果たすべき」という主張を含んでいるかぎりにおいて一定の評価をするものの，その主張を厳しく批判した。「職業平和主義者たちは，何事も，戦争にかかわるよりは良いという理念にコミットしていたがゆえに，全般的な国際的再組織化にたいするかれらの関心は，表現のための機会をもたなかった」(MW10:267)。こうした一節には，かれの立場が明確にあらわれていると言える。デューイに

とってこの大戦は，世界的な規模で人びとが新たな社会的関係を組織する絶好の機会であると考えられたのである。

ところで，社会的統合はまさに今進展しつつあるがゆえに，この統合の事実に気づきそれを促進する諸力と協力しなければならないという情勢の把握は，かつてのソーシャル・ゴスペル的な構想から一貫しているのではないだろうか。アメリカの理念をこの再組織化のなかで実現させるために自分たちのなしうることはただ，この再組織化を促進させるように戦争を導くかたちで自分たちの力を使用する以外にはないと，かれはこの大戦を前にして判断した。デューイは自らの判断をはっきりと明言している。「この戦争がもたらす再組織化への強いはずみを認識しないこと，この戦争が必然のものにする真の国際的な団結の緊密さとその範囲を認識しないことは，軍国主義者が戦争を偽装した高貴な祝福として構想するのとほぼ同じくらい，愚かなことである」(MW10:268)。デューイの思想に継続的に持ち込まれたソーシャル・ゴスペル的な構想は，世界——とりわけ新世界たるアメリカに対置される旧世界——に向けたデモクラシーの福音とアメリカの使命へと，知識人としてのかれを導いたのである。

それにたいして，平和主義者たちは自分たちの潜在力を「浪費」しているに等しかった。潜在力の浪費がどの程度まで回復可能であるかを言うことは難しいにせよ，確実に言えることは，平和主義者を自認する人びとは，平和主義者であることを一貫したものにするために，ウィルソン大統領が合衆国の民衆にむけて表明した理念を実現する方向で戦争がなされるよう，自分たちの力を使うことであるとデューイは確信していた。これこそが唯一，平和主義を自称するものたちが自分たちの立場を正当化できる方法であるようにデューイには思われたのである。

ビジネスライクな心理の喚起とランドルフ・ボーンのデューイ批判

「アメリカは何のために戦うことになるか」(1917年8月18日) では，戦争に立ち向かうにあたって合衆国の民衆がとるべき心理的態度，言い換えれば，どのようにすれば戦争に前向きに接することができる動機を人びと

に調達できるかについて、デューイの見解が述べられている。民衆の想像力や関心は流動的であり、ある信念がマイナーチェンジされていくにつれて当初の新鮮な効果が薄れていくにもかかわらず、人びとを流行遅れの考えで「あやつる」ことができない時期がやってくることを、政治的指導者はつねに忘れてしまう。政治家たちは古いスローガンや歓呼の声を繰り返し続け、いつもの反応を手に入れられずに当惑する。人類の歴史において古くから利用されてきた戦争に人びとを駆り立てる動機は、敵にたいする恐怖や憎しみを煽り立てるというものである。たしかにこうした感情の喚起は、人びとの情念にたやすく火をつけることができる。愛国主義的な宣伝や演説は、その大部分が恐怖や憎しみを背後に隠し持っている。

だが、こうした負の感情である恐怖や憎しみは、必ずしも戦う敵に向かうとはかぎらず、戦争それ自体に向いてしまうことが少なくない、とデューイは指摘する。すべての人間の感情には飽和点と呼びうるものがあるため、どのような国家であれ、戦争遂行の過程である種の戦争疲れ、つまり厭戦感の蔓延に直面せざるを得ない。したがって開戦から年を追うごとに、最初は高かった情念をそのままの水準で保つことは困難である。「『愛国的な』訴えによって戦争の動機づけを創造することは、人びとの多くがナショナリスティックな愛国主義が戦争勃発の主要な原因であると確信しているときには、出来事の潮流に反して作用し、ほとんど失敗をもたらすことに等しい」(MW10:273)。

それゆえに今回の参戦にあたって、われわれは恐怖や憎しみといった情念に依存することなく、戦争への動機を調達しなければならない。では、そうした代替的な動機はどこに求められるのだろうか。デューイによれば、アメリカ合衆国の民衆には、アメリカ人ならではの積極的な動機の源泉がある。それこそ、デューイが「われわれの習慣的な、ナショナルな心理」(MW10:274)と呼ぶビジネスライクな仕事の感覚だった。この感覚は、われわれにとってあまりに身近で慣習的な心理であるため、集合的な動機づけにとってどれほど利用可能性が高く効能があるのかについてほとんど知覚されていない、とデューイには思われた。

しかも,ヨーロッパからビジネスにたいする批判的な考え方を負の遺産として引き継いでしまっているために,合衆国の内在的な美徳であるこのビジネスライクな心理の重要性に気がつきにくくなってしまっている,とデューイは分析する。デューイが指摘してきた手段と目的との効果的な関係を見定めるうえで,ビジネスの感覚を活かすことが重要であり,この感覚に則って戦争もまた遂行すべきであるとデューイは訴えた。こうしたビジネスの感覚こそ,アメリカの「根底にあるナショナルな理想主義」(MW10:275)と切り離すことが不可能であるようにかれには思われた。

　しかしながら,実際にはアメリカの参戦は,ビジネスの感覚で実行されるというよりも,国内に非合理的な排外主義的傾向を惹起させ,さらには抑圧的な戦時統制体制をもたらすことになっていったのではないだろうか。第一次世界大戦への参戦に起因して,アメリカ合衆国国内では戦争遂行に必要とされた連邦政府の権限強化に基づきながら戦時統制レジームが形成されていったが,これによって,革新主義期にも達成されなかった大規模な社会的再編制が,戦争国家(warfare state)という装いのもとでアメリカにもたらされることになった[20]。

　さらにまた,かつての革新主義者だったジョージ・クリールを委員長と

---

(20) Marc Allen Eisner, *From Warfare State to Welfare State: World War I, Compensatory State Building, and the Limits of the Modern Order* (University Park: The Pennsylvania State University Press, 2000). ジェームズ・クロッペンバーグはデューイをその同時代人であるマックス・ウェーバーと対比させつつ,つぎのような指摘をしている。「ウェーバーとデューイの双方が明らかにしているようにこの時期のパラドックスの一つはこうである。すなわち一方では,経験と意志の強調を可能にするような,ドグマからの知識の解放が増大していくのにたいして,他方ではそうした知識の制度化された形式として,その知的かつ政治的な解放をウェーバーもデューイも可能にしたいと望んだところの諸個人から力を強奪するために,科学技術を用いる官僚制への依存が増加していくというコントラストである」。James T. Kloppenberg, *The Virtues of Liberalism* (New York: Oxford University Press, 1998), pp. 91-92.

する広報委員会（CPI）が言論統制と積極的なプロパガンダ活動を行ない，議会は1917年に防諜法を可決し，この法律を1918年には一層強力に拡充していった。これら一連の法律は，戦争に反対する出版物の郵送を郵便当局は差し止めることができると定めていたために，政府に批判的な言論を実質的に封殺することが可能となった[21]。アメリカの市民生活は戦争遂行に組織的に組み込まれ，その自由は大義の前に危機にさらされる事態となっていった。

それにもかかわらず，国内における反動化の蔓延の当初，デューイは楽観的な態度を崩さなかった。かれは社会構造的な観点からではなく，個々人の心理学的観点に還元して，国内の政治的抑圧の噴出を理解しようと努めていた。実際に「思考の徴用」（1917年9月1日）という論稿において，デューイはこう述べていた。「われわれはまだこの国では，戦争神経症（war nerves）の悪しき攻撃には苦しんでいない。その光景はまだ遠すぎる。しかしながら小規模で実際に，戦争の一年目におきたヨーロッパでのすべての現象は，繰り返されている。現在までに生じているもっとも衝撃的な効果は，多様な意見のあらゆる表明にたいする病的な敏感さである」（MW10:276）。それゆえに，問題の源泉は戦時動員それ自体ではなく，動員が合衆国の知的統合にまさに結びつくかどうかにある，とデューイには思われた。

デューイはあくまでも，戦時におけるある種の統制を是認した。兵士たちだけでなく，民間人もまた集結する必要をかれは認めていた。したがってデューイにとって，「平時の自由のいくつかの断念や放棄は，不可避的なことである」（MW10:277）と思われた。それよりも重要なことは，戦争遂行というアクションを支える知的および感情的な統合それ自体だった。すなわち，アクションの背後に一貫した信念がなければ，統合は機械的なものにすぎなくなってしまう。むしろ，問題はここにあるとデューイはみて

---

(21) Brett Gary, *The Nervous Liberals: Propaganda Anxieties from World War I to the Cold War* (Columbia University Press, 1999), p. 22.

いたのである。すなわち効果的な参戦を妨害するものは，啓蒙によって普及されるべき理念の欠如，知的なアパシーの蔓延だった。

それにたいして，このような構想とそこから導出される論理に支えられたデューイの参戦論に，かつての弟子であるランドルフ・ボーンが「偶像のたそがれ」(1917年10月) のなかで痛烈な批判をしたことはよく知られている[22]。ボーンは「偶像のたそがれ」にとどまらず，いくつかの論稿のなかでデューイ批判を試みており，たとえば「戦争日記」(1917年9月) のなかでは，建設的な方向に使用される力と破壊的な方向に使用される力とを区別して第一次世界大戦を前者として位置づけるデューイにつぎのような徹底した批判を投げかけていた。「デューイ教授は，自分たちの良心と知性を別の方向に進みつつある諸力に結びつけない，単に善良で単に良心的な戦争反対者たちに我慢ができない。しかし戦時において，別の方向に進みつつある文字通り真っ当な諸力など存在しない。戦争は，それ自身の目的である勝利を決定し，しかも，政府はそうした目的への組織化という道筋から出てきたエネルギーをゆがめる，あるいはゆがめるおそれのあるすべての諸力と自動的に衝突する。あらゆる政府はもっとも民主的な政府であれもっとも貴族主義的な政府であれ，このように行為するだろう[23]」。

デューイはこうした痛烈な批判を繰り返したボーンに何ら応答をしなかった。そればかりか，『ニュー・リパブリック』にたいして，ボーンを寄稿

---

(22) ボーンは「偶像のたそがれ」のなかで，デューイの教義には価値はどのようにして創造されるかにかんして「不幸なあいまいさ」があったとつぎのように批判する。「アメリカ人はこの哲学を生きるうちに習慣的に，単なる結果を成果と混同し，それが到達すべき望ましい場所であるかどうかをあまりきちんと問うことなく，どこかに到達するそのことだけで満足するようになっていたのである」。Randolph S. Bourne, *War and the Intellectuals: Collected Essays, 1915-1919* (Indianapolis: Hackett Publishing Company, 1964), p. 61. なおボーンにかんする研究文献としては以下を参照のこと。Bruce Clayton, *Forgotten Prophet: The Life of Randolph Bourne* (Columbia University of Missouri Press, 1984).

(23) Bourne, *ibid*., p. 41.

させないように圧力をかけたという事実さえ今日では知られている。『ニュー・リパブリック』と『ダイアル』から追われ、書くための場所を奪われたボーンは、1918年から1919年にかけて世界的に流行したインフルエンザのために貧困と孤立のうちに夭逝することになる。だが、ライアンもすでに指摘するように、デューイが自らの行ないにたいしてその後に自己批判を表明することはついになかった[24]。

だが、国内の反動化のさらなる昂進にたいして、デューイもまったくの平静を保ち続けることは困難になっていた。「われわれの過ちについての説明」(1917年11月3日)では、数ヶ月前に「思考の徴用」で展開した自説を、いくぶん傍観者的な筆致であるとはいえ実質的にはなかば撤回するかのように、こう述べている。

> 達成された出来事を前にして、精神の徴兵について数週間前にこのコラムのために私が書いたことは、奇妙なまでにかけ離れ、つまらないものになっている。宗教的憎悪(bigotry)という点にまで議論の不寛容さが高まったのは、何年もあれから経ったかのように急速だった。今やいきわたっている極度なそして暴力的な反動に直面して、正気でいることを賞賛することは、大きな情念の喧騒のなかにある他の理性の小さな声と同じように聞きとれない(MW10:292)。

---

(24) アラン・ライアンはつぎのように指摘している。「第一次世界大戦は、デューイの知的、政治的姿勢に深刻なダメージを与えた。自由な発言と強制されないコミュニケーションのための堅固で慈悲深い力としてのデューイというわれわれのイメージは、デューイが『ニュー・リパブリック』の編集者たちにランドルフ・ボーンの寄稿ページをなくすよう圧力をかけ、『ダイアル』の編集者たちにおどしをかけてボーンが編集部を去るようにさせたという出来事によって、いくぶん傷つけられるにちがいない。他方で、デューイが彼自身の行為についてなんらかの良心の呵責を感じたという証拠は存在しないのである」。Alan Ryan, *John Dewey and the High Tide of American Liberalism* (New York: W. W. Norton, 1995), p. 203.

デューイは合衆国国内の反動的な社会的状況を，今や認めるに至っていた。それにもかかわらず，デューイはこうした状況のもとでも参戦それ自体を否定するようなことはなかった。また，かれは参戦の当初の目的である合衆国の知的統合そのものを疑いはしなかった。なぜならデューイにとって，現状の問題点はボーンが主張するように戦争そのものではなく，戦争によってもたらされるはずである社会的統合がまだ充分に達成されていないことに由来するように思われたからである。「現在の不寛容からくる暴力の多くは，われわれの母集団を構成している多様な要素が結局のところわれわれが望むほどには統合されていないのではないかという疑いにたいする無意識の証拠である」(MW10:294)。デューイは自己の議論の不充分さを渋々と認めつつも，自らの議論が根本的に誤っているとは決して考えなかったようにみえる。

とはいえ，デューイが第一次世界大戦から何らの自己批判も引き出さなかったというのは行き過ぎた見方だろう。実際に，アメリカが参戦し，この戦争の驚くべき破壊力が明らかになっていった後に，デューイは「新しい社会科学」(1918年4月6日) という論稿のなかで，この戦争がもたらした歴史的帰結からつぎのような社会科学にたいする見解を引き出している。「もしこの戦争が，われわれの存在する社会的状況は実際には，非常に多くの，独立して発生した歴史的偶発事が収斂した結果であることを明らかにしたのなら，われわれの日常的な合理化や正当化のための諸理念は現象に基本的原理や知的に指導された諸力を起因させているという点で，本質的な神話を構成していることを証明したのである」(MW11:90)。ここからデューイは，「個別的諸力の記述，あるいはそうした諸力が生み出す個別的帰結の記述の複写以上のものであると称するあらゆる科学」，つまり歴史法則を把握していると主張する社会科学を神話にすぎないと論じるにいたる。かれは戦争の決定的な教訓として，歴史の根底的な偶然性をいまや受容しつつあった[25]。

ただし，だからといってデューイは歴史における合理性への信仰を，論

拠の支えをもたない偶発的叙述におきかえることが，社会科学に求められているとは必ずしも考えていなかった。そうではなくて今日の緊迫した情勢は，知性が「操作力（operative power）」として，すなわち社会のなかの諸力がどのように働くのかを予測しコントロールするための「仮説」として，やはり存在しなければならないことを示しているとかれは考えた。すなわちデューイは，社会科学が自らの構想する実験哲学の精神を充分に浸透させきっていないという点にかぎって，実際には自己批判を行なったのである。

大戦の終結と知性をめぐる新たな確信

　関係する一連の論稿に続いて発表された「世界のなかのアメリカ」（1918年3月14日）のなかで，デューイは今やこの戦争が第一義的に意味することは，アメリカ合衆国の孤立の時期は終わりを告げたということであると明言している。われわれアメリカ人は，今や単独の自足した集団ではなく，世界のなかのアメリカである。こうした現状のもとで合衆国が世界のなかで貢献できるとすれば，それは軍事的ないしは経済的なものにとどまるべきではなく，理念的なものでもなければならないとデューイには思われた。すなわち，戦後世界の再建を主導していく理念を世界に提示していくことこそが，アメリカの貢献であるということである。

　かつてアダムズがそうだったように，デューイにとってもその主導的理念は，まず連邦制のなかに見出すことができた。多様性を破壊することな

---

(25) スティーヴン・ロックフェラーも，戦争の経験はデューイのなかにあったいくつかの仮定と態度を再検討させたと述べつつ，つぎのように指摘している。「世界戦争は，歴史における自動的な人間の進歩を保障するような，進化の宇宙的法則など存在しないということを証明したとデューイは断定している。産業と商業の発展，富の生産，科学の進歩はそれ自体，社会全体にとっての道徳的進歩や物質的福利を保障するものではない。それらは，搾取や貧困，戦争を導くかもしれないのである」。Steven C. Rockefeller, *John Dewey: Religious Faith and Democratic Humanism*, p. 307.

く，それぞれの構成要素が完全な活力をもったまま維持可能な統合が，戦後の世界には必要であると思われたし，また，来るべき国際連盟という戦後構想は，このような統合であるべきだった。それにたいして，われわれアメリカ人は自分たち自身の政治的生活のなかですでに連邦制を実行に移し，長年にわたってそれを実践することによって，戦後世界のなかで果たしうる特別な貢献の資格を手にしている，とデューイには考えられた。「世界連邦，諸ネイションの調和，上級法廷，平和を強制するための国際連盟といった構想が，特異なかたちでアメリカの貢献であることは偶然ではない。それらは，われわれ自身の経験から直接に生じる構想であり，それらをわれわれは，自分たち自身の政治的生活のなかですでに案出し，小さな規模でテストしてきたのである」(MW11:71)。

　おそらく世界が直面するだろう問題は，大きな政治的単位のなかでどのように諸ネイションの権利を保障するかであろうとデューイにはみえたが，ここでもまたかれにとってアメリカの貢献は根源的だった。というのも，われわれアメリカ人は，ナショナリティとシティズンシップの完全な分離によってこの問題を解決してきた，とデューイには確信できたからである。ここでも，デューイにとって「われわれは自分たち自身の政体内部において，真に人種横断的でインターナショナルである」(MW11:71) と言ってまったく差し支えないように思われた。

　こうした確信は1920年代になって，白人至上主義ないしは人種主義の台頭によって著しく動揺させられるが，この時期，黒人の主導的知識人であるデュボイスさえもが，外部の脅威を前にして合衆国の特別な一体性を声高に叫んでいた。デュボイスは，1918年7月に自らの編集する『クライシス』に掲載した「集合せよ」のなかで，つぎのように明言していた。

　　今後どれほど長きにわたっても，人びとは1918年という年を最大のDーデーとして，すなわち軍事的専制と——たとえそれが平和と呼ばれようとも——終わりなき武装した平和に屈するのか，それとも人びとがドイツの軍国主義を終わらせ，世界連邦(United States of the World)

を育むのかを，世界が決定した年として指摘するだろう。われわれ有色の人種は，その結末にたいして並々ならぬ関心をもっている。ドイツの軍隊が今日表象しているものは，ニグロとすべての色の濃い人種の，平等，自由，デモクラシーへの切望に死を宣告するものである。われわれに躊躇させないでほしい。われわれに，この戦争が続くあいだ，自分達の特殊な不満（special grievance）を忘れさせ，デモクラシーのために戦っているわれわれの白人同胞市民と連合国民たちといっしょに集合させてほしい。われわれは並々ならぬ犠牲をはらっているが，視線を丘に高く上げて，喜んでそして自らの意志でそれをするのである[26]。

デューイにかぎっても，合衆国が果たすべき特別な任務についての強調は戦争終結直後，「国際連盟と経済的自由」（1918年12月14日）のなかで，国際的デモクラシーをめぐる問題について書かれたつぎのような末尾の一節からさらに読みとれる。

繰り返しておかなければならないが，問題に要求されているのは，一年以内にアメリカを平和ベースから効果的な戦争ベースへと向かわせた，あらゆる種類の専門家たちの協力する能力とまさに同じ種類のものである。必要な多様性と規模をともなった力の動員は，大義の背後の信頼と献身のゆえだった。これこそが国際的デモクラシーという基盤のうえでの世界の組織化にかんして，世界が，そしてとりわけ合衆国が直面しているイシューなのである。（MW11:142）。

この一節からわれわれは，デューイによって戦争から平和への転換が，知的な協力というヴェクトルの向きを単純に逆転させるかのような仕方で理解されていることを読みとることができるように思われる。デューイは

---

(26) Lewis, *ibid*., p. 697.

自らの歴史理解に内在していた直線的な構想には自己批判しつつも，アメリカが実現してきた知性の力と，その名のもとでのアメリカ民衆の結合というヴィジョンには一貫して疑問を抱いていなかったのではないだろうか。

もしもこの理解が正しければ，ここでもまたデューイは第一次世界大戦に関する判断の誤りが，自らの思想の根本的欠陥というよりも，知性をめぐる自らの思想の未完成さに由来するようにみていたというのが実際であったように思われる。自己批判はあくまでも，自己の思想の根本的否定ではなく，知性にたいする自己の信頼の不充分さにたいする反省へと結合された。そうであればこそこうした反省は，知性をめぐる新たな確信の出発点へと即座に転化されていったのである。次章でみる第一次世界大戦によるデューイの政治思想の平和主義への一見した転回と大衆社会化状況における公衆復権の模索は，知性とその寝床としてのアメリカを根底において不問に付したまま行なわれていったのである。

新しい社会的組織化と新しいデモクラシー到来への期待

アメリカがすでに参戦し戦争の帰趨が見えた1918年，デューイは「われわれは何のために戦っているのか」（1918年6月22日）という論稿を発表しているが，このなかでかれは，この戦争によってもたらされる世界的な再編成の見通しについてすでに論じていた[27]。

まず，かれがこの論稿のなかで注意を促しているのは，今回の戦争の遂行にあたって，科学が意識的かつ広範囲に使用されたという事実である。潜水艦や飛行機といった高度なテクノロジーを応用することによって作り出された新しい兵器が，この大戦では有効性を発揮したことに，かれはまず言及している。とはいえ，かれにとって重要であるとみえたのは，科学

---

(27) ここでの議論に先立って，デューイは戦後における社会改革構想を「戦後における国際社会の組織化」（1918年）などに代表される一連の論稿のなかですでに明らかにしている。それら論稿の詳細な検討は，すでに小西氏によって試みられている。小西中和『ジョン・デューイの政治思想』（北樹出版，2003年），230－239頁。

の応用によって生み出された個々の兵器というよりもむしろ、科学のそうした応用というプロセス自体のもつ意義とそのさらなる今後の展開の可能性だった。実際にかれは、このことをつぎのように明言している。「種別的な発明に加えて、戦争はあらゆるラインで科学的専門家の集合的知識と技能を利用し、共同体の目的のためにそれらを組織化することを慣習にした」（MW11:99）。

　デューイにとって、戦争遂行のためにもたらされた科学の社会的動員は、その社会的再編成の力学によって、戦後の社会に根本的な変容をもたらすようにみえた。さらに、ここで指摘されるべきことは、新しい社会的組織化は、新しいデモクラシーの到来に連動していくものとして、デューイにとって把握されているということだった。すなわち、戦争によってもたらされた新しい社会的組織化は「広範な政治的集団化の形成」（MW11:99）をともなう、とデューイはみたのである。

　かくして、かつては旅行者や文化人に限られていた種類の知識や利害が、広範に配分されるようになり、蒸気や電気によって物理的事実としてすでにもたらされていた世界の収縮は、これからは想像力においても自然なものになるだろう。すべての民衆の相互依存性が今や発見されるだろう。それはすなわち「より高度に組織化された世界、つまりより意識的で実質的な紐帯によって編み上げられた世界の発展」である。換言するなら、「戦後の平和会議に出席する政治家たちの直接の決定が何であろうと、このことが意味しているのはインターナショナルな国家は近い」（MW11:100）ということだった。このようにデューイは、来るべき新しい社会的組織化の政治的帰結を予想していた。

　もちろんデューイもまた、闘争と移行の長い期間があるだろうことを否定しない。しかしながらかれにとって、世界の進むべき方向性に別のものがあるとは考えられなかったし、またこの進展に逸脱や揺り戻しがあることも想定されなかった。「もしわれわれがデモクラシーにとって安全な世界と同時に、そのなかでデモクラシーが安全につなぎとめられる世界をもつことになるとすれば、解決策は、連邦化された世界政府と、多様な、自

由に実験し自由に協力する自治的でローカルな，文化的あるいは産業的集団という方向にあるだろう」(MW11:105)。かれの確信は，あくまでも揺るぎないものだった。

こうした見解は，『哲学の再構成〔哲学の改造〕』(1919年)のなかでも繰り返し論じられている。よく知られているように，第一次世界大戦が終結してまだ間もない1919年2月，デューイはまず日本に滞在して東京帝国大学で講義を行ない，日本滞在中のこの講義は後に『哲学の再構成』として出版されたが，この最終章である第8章の「社会哲学に影響を与える再構成」において，同時代の状況を踏まえながら，ヘーゲル的民族国家完成以後の世界史的展開について二つの点を確認している。

第一は，国家という統一的な組織の発達にともなう慣習や階級的身分からの個人の解放は，束縛から自由になったそうした個人を孤立のうちにとどめず，多様な自発的結社の結成へと向かわせたということである。デューイは自発的結社の増加に，まず注目している。デューイにしたがえば，こうした結社の数や重要性が増すにつれて，国家は，これら結社を規制して調整する機関へと変化をとげていくことになる。国家は「オーケストラの指揮者」(MW12:196)のような位置に自らを置くようになるとかれはその見通しを述べている。

第二に，デューイが『哲学の再構成』の第8章で挙げるもう一つの具体的事実は，「領域的でナショナルな国家のための独立主権の要求と，国際的な，あるいはこう呼んでよければトランス・ナショナルな利害間の対立」(MW12:197)である。今や国際主義は願望ではなく一つの事実となったようにデューイにはみえた。それゆえ既存のナショナルな国家は，国境を越えて拡大する社会的交際にとって今や障壁となっているとかれは指摘するのだった。

極東での文化接触におけるデューイの政治的転回と思想的一貫性

デューイは日本滞在後の5月初頭，中国に渡った。かつての教え子である胡適らの歓迎を受けたデューイは，かれらの意向をうけ北京大学で「社

会-政治哲学[28]」に関する講義をうけもったが,五・四運動の只中に降り立ったデューイは,激動の中国のなかに日本にはみることのできなかった大いなる可能性を見出していた。

デューイは「中国は一つのネイションか?」(1921年)という論稿のなかで,中国は西ヨーロッパにおいて見られるような一つのネイションではないことを認めつつ,一つのネイションにその内側からなりつつあると述べている。しかしデューイにとってそれ以上に重要なことは,ヨーロッパのネイションの概念それ自体が起源の新しいものであり,それを理想的なものとして固定的に考えることそれ自体が,現在の中国の変革を通じて今まさに問われているようにみえたことだった。それゆえに,現在の中国がネイションの概念に正確にあてはまらないのは驚くべきことではないとかれは言う。なぜなら中国のみならず,ソヴィエト・ロシアをはじめとしてヨーロッパを含めた世界全体が今まさに流動の渦中にあるからである。

こうした主張のなかで,西洋のネイション概念がその内部ですら,いかにあてはまらないものであるかを,デューイは母国アメリカに言及しつつ,こう論じた。

> わたしは最近アメリカを訪問した知性あるイギリス人のつぎのような要旨の言葉を読んだ。多様な融合していない人口と伝統から成る合衆

---

(28) 人びとの自発的結社にたいするデューイの強い期待は,北京での「社会-政治哲学」講義のなかでも明示的にみることができる。かれはこの中国での講義でも,自由放任的個人主義に対置して,同時代のイギリスにおいてG・D・H・コールを理論的主唱者とするギルド社会主義を具体的に挙げ,その積極的意義を強調している。ギルド社会主義はかれにとって,「同じ職業に従事している複数の人びとの共通の利益に基づいている」ものであり,こうした人びとは,自分たち自身の経済活動を支配する自発的な結合体=結社を形成した。ここからデューイは,小西氏も指摘するように中国における伝統的な商業ギルドを積極的に評価することになるのである。小西前掲書,208-212頁。

国はヨーロッパ大陸が一つであるというもっぱらその意味で一つの国であるということである。そしてほぼ同時にH・G・ウェルズはある違う基準，すなわち自由や移動あるいは輸送の容易さという基準を用いつつ，つぎのように言った。合衆国はそれ自体の内部で完全な帝国なので，合衆国とフランスとを，世界的ネイションという同じ意味でのネイションと言うことはできないだろうと。このような雑多な引用がわれわれに警告しているのは，われわれは流動的な意味においてだけネイションという構想を用いることができるのであり，西洋の事柄においてさえ用いることはできないということである（MW13:74）。

デューイにとって，西洋，より正確に言えば西ヨーロッパ諸国のネイション概念は，すでに多様なナショナリティを内包するアメリカの挑戦を受けてきたのであり，中国はなにも特別で深刻な状況に直面していないと思われた。たしかにデューイは，中国には公共的精神（public spirit）をまだほとんど見ることができないし，極端な集権化と極端な省（state）の権利との両方の短所ばかりがみられ，それぞれの長所はほとんど見出せないことを懸念しているし，北京政府と広東政府の並立という北部と南部の分割状況にも憂慮している。しかし，デューイはヨーロッパのネイション概念にとらわれずに新しく生まれつつある中国への期待を表明していったのである。

ここで重要なことは，「中華合衆国」を建設しようというこうした動きのなかに，デューイがアメリカ合衆国建国のイメージを読み込んでいたということである[29]。実際にデューイは，「中国における連邦主義」（1921年）

---

(29) デューイが，日本をはじめとする帝国主義列強の干渉という困難のなかでも中国の状況に希望をもった理由としては，かれが中国各地の地域の力の可能性を高く評価していたという点が第一に挙げられる。デューイが湖南省などを中心に実際に運動が起きていた「連省自治」という省を単位とする独立と連携の構想に深く共鳴し，中央政府の樹立を重視する孫文よりもこの連省自治をとる陳炯明を高く評価していたことは，欧米のデュー

という論稿のなかで，中国人民にたいする共感の源泉を自らのナショナリティに求めつつ，アメリカのナショナルな固有性を本書が次章でとりわけ重視することになる政治の原像と連関させながら，こう語っている。「わたしは時々つぎのように思う，政治にたいする伝統的な軽蔑と自助的でローカルな組織にたいする自発的な信頼を有するアメリカ人たちは，中国の経過を理解するのにふさわしい唯一の者たちである，と。国家にたいする根深い依存を有する日本人は，不断に誤って判断し，誤って行動してきた。イギリス人はわれわれよりも，ローカルな自治の意義を理解した。しかしかれらは，政治にたいする自分たちの畏敬の念によって誤って導かれているので，統治が政治的な形式をとらないときには，それを容易に見出したり理解したりすることができないのである」(MW13:152)。

デューイは，内部から精神革命を実行しつつあるような，そうしたネイションが起こしている運動を高く評価した。1928年にかれが訪れたソ連にたいする当時の高い評価も，まさに同じ評価基準に立脚するものである。デューイは中国を高く評価する一方で，国家主義に傾斜し，なおかつ西洋文明を技術的なものにすぎないと考えているように見えた日本には厳しい評価をすることが多かった[30]。デューイは自らが訪れた中国のなかに第二のアメリカを読み込んでいたのであり，日本には失望せざるを得なかったものの中国にこそ，アメリカのデモクラシーを根づかせることができるという強い期待をもった。

逆照射される合衆国のスピリチュアルな独自性

デューイが，極東経験を皮切りに1920年代にはそれ以前にもまして文化的要素を自らの思想に組み込んでいくことになるのは事実だろう[31]。だが，

イ研究ではあまり論じられていないものの，小西氏がすでに詳細に論じている。小西前掲書，第五章「中国認識と非西欧型近代化」を参照のこと。
(30) こうした日本にたいする批判の背景には，西洋のなかでもとくにアメリカの文化が物質的なものでしかないと見られているのではないかという強い懸念が，垣間見られる。

革新主義期の頃にもまして多文化的要素に敏感になると同時に，デューイは他の文化にはないアメリカの文化的独自性にも，それまで以上にずっと自覚的になっていったのではないだろうか。この自覚化の過程こそ，戦間期におけるアメリカニズムの自己対象化の歩みにほかならなかった。

　デューイはこの1920年代の初頭，日本人および日本に留学していた中国人が西洋文明をもっぱら物質的なものとしてのみ考え，西洋からは科学や技術だけを取り入れれば良いと考える傾向があることにたいしてしばしば批判的な言及をしており，また，矮小な西洋理解を超えて西洋文明から示唆を受けた新しい文化が中国の地で生まれつつあるとみたときには，そうした動きにたいして賛辞を惜しまなかった[32]。しかし注目すべきことに，こうした批判と賛辞のなかで，デューイはアメリカ文明の特異性を意識するとしないとにかかわらず強調していたようにみえる。「相互のナショナルな理解のためのいくつかの要素」(1921年) という論稿を例にとって，この点を確認しておきたい。

　デューイはこの論稿のなかで，各々のネイションは他のネイションとの外交的やりとりの際に，たとえ平時であっても，文化や文学よりも貿易や商業など経済的な問題に関心をもつ傾向を避けることができないと指摘している。それゆえに，かれにしたがえば，日本や中国といった極東の諸ネイションが，西洋文明を本質的に物質的なものとまずみなしたとしてもそれは不思議ではないし，西洋文明にたいするこうした評価を東洋文明がもつと称する精神性と対比させることによって後者の優位性を唱えるに至ったとしても同様に不思議ではなかった。とりわけ機械の発明や物理学を中心とした科学の発展，さらにはその産業や貿易への応用が，東洋において

---

(31) 1908年の『倫理学』と1932年の『倫理学』とを比較対照したエイブラハム・エイデルの研究が，1920年代におけるこの変化を析出しているものとして挙げられる。Abraham Edel, *Ethical Theory and Social Change: The Evolution of John Dewey's Ethics, 1908-1932* (New Brunswick: Transaction Publishers, 2001).

(32) 小西前掲書，第五章「中国認識と非西欧型近代化」を参照のこと。

よりも西洋の生活のなかでより大きな役割を果たしている以上，こうした考え方が生じてしまうのは理由のないことではないとデューイは認めている。

ところで，この文脈のなかでとくにデューイが懸念しているのが，西洋文明のなかに位置する，否，ヨーロッパとは明確に分岐したところで成立しているアメリカの文化にたいするさしあたり低い評価であるといって差し支えない。実際に，音楽や絵画，文学，科学への——物理学は別にして——アメリカの貢献は，ヨーロッパに匹敵するものではまだないのにたいして，応用科学，産業や輸送上の発明にたいするアメリカの貢献は，ヨーロッパを相対的に凌駕していると述べることによって，かれはテクノロジーにおけるアメリカの優位とハイ・カルチャーに占めるアメリカの劣位を受け入れている。

しかしながら，勃興しつつあるアメリカの物質的文化の未成熟さをヨーロッパと比較しながら受け入れつつ，それでもなおデューイは，科学技術の優位性のなかに垣間見られるアメリカの精神的潜在性，さらに言えば精神的優越性を強調しているように思われるのである。このことは，つぎの一節から読みとることができる。

> この国は新しく，そのオリジナルな文化はそれと対応して，伝播の諸々の方法とそれらの継続的な利用のおかげで相対的に普及しているとしても深みがない。それゆえわたしは，すぐれて物質的な文明であるという非難の正当性を否定するつもりはない。しかし，こうした物質的な側面のなかにさえ，通常は見落とされてしまうが，西洋の純粋に文化的な達成と密接に結びついている理想的ないしはスピリチュアルな局面が存在しているのである（MW13:270）。

ここからデューイは，第一に自然科学のなかのスピリットと方法，すなわちその技術的な適用とは区別される「科学のスピリット (*scientific spirit*)」第二に産業と商業の「社会的フェーズ」，すなわち公共的な精神を陶冶し純

粋に社会的な奉仕を行なうにあたって，そうした自然科学を利用することという二つの点を，アメリカ固有の特異な可能性として見出している。デューイにとって，これらの点こそ「東洋が西洋からもっとも学ばなければならない」もの，すなわち中国がアメリカから学ぶべきものであると考えられたのである。

　デューイは1920年代にメキシコやソ連の他に，日本，中国，トルコを訪問し，とりわけ極東にたいして積極的な発言をしていくことになるが，東アジア地域にたいするまなざしのなかには，この地域——とりわけ中国大陸——にこそ合衆国のデモクラシーを根づかせることができるだろうという強い期待があったのではないだろうか。五・四運動に象徴される異文化体験は，かれの政治的見解に大きなインパクトをたしかに与えるものではあったが，この体験を経ることによって逆にデューイはアメリカのスピリチュアルな優越性を再確認し，そうした優越性を極東の諸ネイションが学びとり，育んでくれることを熱望していたように思われる。かくしてデューイの思考枠組みのなかでは，アメリカが西洋を代表する存在として表象されつつ，アメリカの一見した物質的文化のなかにある精神的優位性——『ドイツ哲学と政治』ですでに指摘されていた——が，異文化体験を経た後も，否，異文化と接触を果したからこそ再び想起されたのである。

第3章
デューイとアメリカの責任

戦争違法化運動へのコミットメントと「パワー・ポリティクス」の嫌悪

　「14カ条」によって戦中から理想主義的理念を内外に提示してきたアメリカ合衆国のウィルソンは，1919年1月から始まったヨーロッパ列強が各国の権益を主張しあうパリ講和会議が進展していくにつれて，その立場を急速に譲歩させざるを得なくなった。こうしたなかでなおかれは，戦後世界に国際秩序を構築するためには国際連盟が不可欠であることを確信し，アメリカが連盟に参加することの意義を説き続けた。だが，上院は1919年11月と1920年の3月の2回にわたってこの国際連盟への加盟を拒否し，ここに連盟に基づく戦間期の国際秩序は，アメリカ合衆国を欠いたまま推移していくことになる[1]。

（1）　ウィルソンの同時期の軌跡については，さしあたり以下を参照のこと。Lloyd E. Ambrosius, *Woodrow Wilson and the American Diplomatic Tradition: The Treaty Fight in Perspective* (Cambridge: Cambridge University Press, 1987); Thomas J. Knock, *To End All Wars: Woodrow Wilson and the Quest for a New World Order* (Princeton: Princeton University Press, 1992); John Milton Cooper, Jr., *Breaking the Heart of the World: Woodrow Wilson and the Fight for the League of Nations* (Cambridge: Cambridge University Press, 2001). なお，1910年のメキシコ革命，1911年の辛亥革命，1917年のロシア革命をめぐる

このような背景から，1920年代——民主党のウィルソンにかわって共和党のハーディング，クーリッジ，そしてフーヴァーが大統領となり，議会も共和党が優位を占めていた——のアメリカ合衆国の外交政策は，一見して孤立主義的な傾向をもつもののようにみえるが，当時にあって，戦争違法化という一つの理念が合衆国の知識人や連邦議会の議員のなかで一定程度の影響力を有していたということには，注意を払う必要があるだろう。デューイもまた，国際連盟に反対して，対案としての戦争違法化について積極的に再考するようになり，戦争違法化の理念に積極的にコミットしていった[2]。

国家による政策の道具としての戦争の放棄をさらに進めて，国家間の戦争を国際法の観点から違法行為として規定しようとするこの戦争違法化の理念は，一つの運動としての一貫性と影響力をアメリカ合衆国のなかで有し，1928年8月にパリで調印された不戦条約，いわゆるケロッグ・ブリアン条約の成立に大きな影響を与えるものだった[3]。

  アメリカ政府の反応と対応については，以下の研究文献に詳しい。Lloyd C. Gardner, *Safe for Democracy: The Anglo-American Response to Revolution, 1913-1923* (Oxford: Oxford University Press, 1984).

（2） 第一次世界大戦前後におけるデューイの政治的主張の変化については，日本においても加賀裕郎氏，小西中和氏，早川操氏，米澤正雄氏らによってすでに解明が進められている。加賀裕郎「デューイのポーランド人調査とアメリカ民主主義」，『同志社女子大学総合文化研究所紀要』第14号，1997年，130-148頁。早川操「第一次世界大戦前後におけるデューイの知性的平和主義思想の転回——デューイーボーン論争の意義についての検討を中心に」，『名古屋大学大学院教育発達科学研究科紀要』第48号，2001年，51-68頁。米澤正雄「デューイは何故に第一次世界大戦へのアメリカ参戦を支持したのか？」，『日本デューイ学会紀要』第40号，1999年，163-171頁。デューイと戦争違法化運動との関わりについては以下を参照のこと。小西中和「ジョン・デュウイの平和思想についての一考察」，横越英一編『政治学と現代世界』御茶の水書房，1983年，493-522頁，同「デューイ平和思想への視点」，『彦根論叢』第300号，1996年，177-194頁。

（3） ケロッグ・ブリアン条約は1938年までに当時の独立国の9割にあたる

戦争違法化にたいするデューイのコミットメントは，アメリカの参戦を支持していたかれが，1920年代に平和主義に転回した証拠であると，しばしば考えられている。デューイの戦争違法化運動へのコミットメントは，かれが自己批判を根源的に行ない，自らの思想を民主的なものに練り上げ直した結果であるとして肯定的に位置づけられることも少なくないが，この肯定的評価の前提には，第一次世界大戦の前後でデューイの国際関係思想は戦争肯定論から平和主義へと決定的に転換したという判断がある[4]。

しかしながら，実際には第一次世界大戦の前後でデューイはアメリカへの忠誠という基本的原理の点ではあくまでも一貫性を保っており，戦争違法化運動へのコミットメントは必ずしもかれの思想に決定的転換をもたらすものではなかった。少なくとも，その転換は不充分でかつ再転換の可能性を含んだ両義的なものだったのではないだろうか。デューイはたしかに，戦争システムと呼ぶ既存のパワー・ポリティクスを廃棄し，戦争を引き起こそうとする指導者をその国の民衆が訴追することのできる民主的な回路を確立する必要性を主張した。だが，それにもかかわらずデューイが戦争システムと呼ぶものはヨーロッパのシステムに由来する「かれら」のものであり，そもそも「われわれ」のものではないという確固たる判断をかれが崩そうとしなかったのも事実である。

連盟規約をめぐる攻防とウィリアム・ボラーの政治的態度

多くの歴史家がすでに指摘するように，1920年代のアメリカ合衆国の外交政策は，共和党の優位する上院の多大な影響力を無視しては考えられない。民主党議員たちはウィルソンを支持し，条約にたいする「賛成派」を

64カ国が参加したことが知られている。斉藤孝『戦間期国際政治史』（岩波書店，1978年），126-127頁。なお，戦間期の平和運動に関する近年の研究文献としては，以下を参照のこと。Cecelia Lynch, *Beyond Appeasement: Interpreting Interwar Peace Movements in World Politics* (Ithaca: Cornell University Press, 1999).

（4） Robert B. Westbrook, *John Dewey and American Democracy*, pp. 231-274.

形成したが，共和党系は反対の立場をとることになり，この反対者たちは，「留保主義者（Reservationists）」のグループと「非妥協派（Irreconcilables）」のグループにさらに大別された。

「留保主義者」は，当時の上院外交委員長だったヘンリー・カボット・ロッジを中心に多くの議員や，議会外のヒューズ，タフト，フーヴァーといった有力政治家たちを含む広範な集団を形成していた[5]。かれらは，ロッジやローズヴェルトがまさにそうであったが，ウィルソンにたいする個人的な競争心から反対を唱える場合も少なくなく，基本的な点では国際連盟へのアメリカ参加に否定的ではなかった。だが，アメリカの国益が守られることを賛成のための条件として重視していた。

たとえばローズヴェルトは最晩年のある著作のなかで，「われわれナショナリストは，将来の戦争の数と場所をなんらかの措置でもって減らす可能性を提供する，平和を強制する連盟ないしは同様の組織に参加する用意がある[6]」と述べたが，しかしながらそれは，いくつかの条件を満たしていればという限定がつけられていた。その条件とは第一には，「われわれは何を義務として履行しないかあるいはまた何をすべきでないか，つまり何をもって嘘をついたと言われる罰を負わないかについては約束しない」というものであり，第二には，われわれは自衛のために自分たち自身の戦力を準備する権利と義務を放棄しない，というものだった。

これにたいして「非妥協派」はその呼称が示すとおり，国際連盟に妥協の余地なく反対したグループである。革新主義系共和党議員（Progressive Republican）と呼ばれていたアイダホ選出のウィリアム・ボラーやカリフォルニア選出のハイラム・ジョンソンといった上院議員がその代表であり，また，ウィスコンシン選出の前州知事であるロバート・M・ラフォレット，次章で触れるネブラスカ選出のジョージ・ウィリアム・ノリスや本章で後

 (5) Walter LaFeber, *American Age: United States Foreign Policy at Home and Abroad*, Second Edition (New York: W. W. Norton, 1994), pp. 325-326.
 (6) Theodore Roosevelt, *The Great Adventure: Present-Day Studies in American Nationalism* (New York: Charles Scribner's Sons, 1918), p. 67.

述するフィランダー・ノックスもこの集団に含まれる。なかでもボラーは，のちに1924年から1933年まで上院外交委員長を務め，「大統領も国務長官も，外交政策の案件についてかれを無視することができないほど手ごわい[7]」存在だった。ボラーはラテン・アメリカにたいする合衆国の介入に徹底して反対する反帝国主義的側面をもち，ドイツとソヴィエトの潜在的な同盟を恐れて，ソヴィエト・ロシアの承認を強く求めたことでも知られている。

　他方でボラーは，極東の国際情勢にたいしてもアメリカ外交の方針に重要な方向づけを与えていった人物でもある。アメリカにとって，中国大陸の混沌，日米間での緊張の増加，さらには日英同盟の脅威は，国際連盟をめぐる問題と同様に合衆国の安全を脅かす大きな障害だった[8]。こうしてボラーは，1920年12月にアメリカ，イギリス，日本とのあいだでの海軍軍備の縮小を議会で提案し，ワシントン会議（1921–1922年）の流れを主導的に形成していくことになる[9]。ここでは，国際連盟に明確な反対を唱えたこの「非妥協派」のなかでも，とりわけボラーの主張をかれの議会演説を参照することで跡づけ，国際連盟にたいする徹底した反対派がどのような論理で何を問題としていたのかを確認しておきたい。

　上院では，ウィルソンの提案した規約草案に上述した議員たちからさまざまな留保をつける議論が出されたが，もっとも激しい批判と留保の必要が提起されたのが，加盟国による集団安全保障を規定しようとした，連盟

（7）　LeRoy Ashby, *The Spearless Leader: Senator Borah and the Progressive Movement in the 1920's* (Urbana: University of Illinois Press, 1972), p. 96. ボラーにかんする研究文献としては，その他に以下も参照のこと。John Chalmers Vinson, *William E. Borah and the Outlawry of War* (Athens: University of Georgia Press, 1957).

（8）　John Chalmers Vinson, *The Parchment Peace: The United States and the Washington Conference, 1921-1922* (Athens: The University of Georgia Press, 1955), p. 2.

（9）　Vinson, *ibid*., p. 43ff.

図4 ウィルソンの構想に立ちはだかるロッジやボラーらを描いた当時の風刺画

出典）Walter LaFeber, *American Age: U.S. Foreign Policy at Home and Abroad 1750 to the Present*, W. W. Norton, 1994.

規約の第10条だった。ボラーは講和会議で規約が示された1919年2月，平和強制連盟の会長として活動してきたタフトが連盟規約第10条はモンロー・ドクトリンを守るものであり，それを世界に拡張するものと理解していることに異議を申し立てつつ，議会で演説を行なっている。かれはまず，われわれアメリカ人はヨーロッパの事柄に介入すべきでないとしたワシントンの政策と，ヨーロッパはアメリカ大陸に干渉すべきでないと宣言したモンロー・ドクトリンとが相互補完的なものであり，先人の偉大な功績であることを確認しつつ，これらの政策をわれわれはなお堅持すべきか否かを大統領および同僚議員に問うた。

　ボラーはモンロー・ドクトリンとは何かを同僚議員の前で再確認する。かれによればこれは端的に言って，一つの民衆に適用される自衛の原則であり，この原則を実行する者以外によって左右されるものではありえないはずだった。それにたいして国際連盟の運営は，ヨーロッパ，アメリカ，アジアの「五大国」によってなされることによって，ヨーロッパの事柄とアメリカの事柄とのあいだから区別が消滅することになる。「連盟は，ヨーロッパの事柄とアメリカの事柄に同じ根拠と同じ理由で干渉するのです[10]」とは，ボラーの発言である。

---

(10) Horace Green ed., *American Problems: A Selection of Speech and Prophe-*

連盟加盟国の領土的保全が脅かされれば、それがアメリカの領土であれヨーロッパの領土であれ、連盟は同じ主題として論じるだろう。経済的圧力や軍事力の行使が必要となれば、アメリカとヨーロッパはともにそれを行なわなければならない。連盟規約第10条は、まさにこのことを明記するものだった。すなわちこれはボラーにとって、自分たちの祖先が逃れてきたヨーロッパの混乱と不和とに、再びわれわれアメリカ人がさらされることを意味するものに他ならなかった[11]。

1919年11月、平和条約批准をめぐる際の議会でも、ボラーは同じ主張を一貫して繰り返している。「われわれはあらゆるヨーロッパの事柄の只中におります。われわれはあらゆるヨーロッパの関心に自分たちを巻き込んでいるのです。われわれは、これまで連盟に参加してきたすべてのヨーロッパの国々、さらには連盟に認められるかもしれないすべての国々との同盟に加わってきています。われわれはそこに位置を占め、かれらの事柄に首を突っ込み、かれらの関心におせっかいを焼いてきています。言い換えれば――そしてこのことはわたしにとって根本的な問題になるのですが――この共和国の強さが150年間にわたって基礎を置いてきた『巻き込まれることのない同盟』という偉大な政策を、われわれは一切合財放棄し、明け渡してしまうのです[12]」。

かくしてボラー上院議員は、平和条約批准を否決し、アメリカが国際連盟に参加することを拒否するように訴えた。なお、この11月における否決のあと、ロッジを中心として共和党選出議員と民主党選出議員の双方からなる「超党派会議（Bi-partisan Conference）」がひらかれ、議論のすえに留保条項があらためて練り直された。ここでもやはり焦点は連盟規約第10条だった。実際に、ロッジはのちにこう回想している。「わたしは〔会議の〕

---

cies by William E. Borah (New York: Duffield, 1924), p. 84.

(11) ボラーはこの演説を、国際主義が浸透する時代にあって「アメリカニズム」を頑なに守り通したセオドア・ローズヴェルトへの哀悼――かれは同年に急死していた――で締めくくっている。

(12) Green ed., *ibid.*, p. 112.

最初にこう決心していた。もしも会議が合意に至らずに決裂することがあれば、それは第10条のためだろうと。第10条は国際連盟規約をめぐる激論を通して重大な論点だった[13]」。

そこで、合衆国は第10条の規定によって他国の領土的統合や政治的独立を保持したり、紛争に介入する義務は負わないという留保を含め、新たな留保条項がウィルソンにたいして提示された。だが、前年9月に強行された連盟加盟の支持を民衆に求める全国遊説の途中、脳卒中に倒れていたかれは、ロッジたちにたいする譲歩を拒否した。ヴェルサイユ条約の批准と連盟加盟を認める最後の機会であった翌年の3月、上院がふたたびウィルソンの提案を否決したことは本章の冒頭で触れたとおりである。

さて、ボラーの連盟拒否は、ヨーロッパの関心とアメリカの関心との峻別に支えられていたが、このかれの論理とつぎに見ていくようにデューイのそれとは、きわめて近いものだった。

政治の原像に埋め込まれたヨーロッパとアメリカの対比

デューイがディレンマというかたちで同時代のアメリカ外交に戦後世界の両義性を投影してみせたのが、1920年3月に発表された「われわれのナショナルなディレンマ」という論稿である。このなかでかれは、今やアメリカにとって「孤立ないしは非参加の政策が不可能であることは真実である」(MW12:4) ことを自らに言い聞かせるかのように確認している。もはやアメリカは超然とした中立に退却することはできない。世界的な規模での社会的統合は今やある程度まで現実のものとなった。だがそれは、デューイ自らが事前には予測していなかった方向でのものだった。アメリカは今や、外交という政治的営為に真剣に取り組まなければならない立場におかれるようになった。とはいえ、デューイは同時代の問題状況の力点をつぎのように把握していた。「しかし、もっとも重大なことは、われわれの孤

---

[13] Henry Cabot Lodge, *The Senate and the League of Nations* (New York: Charles Scribner's Sons, 1925), p. 194.

立の時期は過ぎ去り,今後は外交政策をもたなければならない,あるいは国際連盟でいくのかいかないのか,ということではない。今後は,われわれの対内政策,国内政治の問題は,外交問題とからみあい,外国のイシューによって脅かされるということである」(MW12:4)。

デューイがこのようにもっとも恐れたのは,望ましい方向へと展開しなかった社会的再組織化の結果として,今やアメリカは自分たちが建国以前から意識的に隔絶してきた外国,とりわけヨーロッパとの接触を外交の場で余儀なくされることで,国内で築きあげてきたデモクラシーが深刻に損なわれる危険にさらされることだった。ここにかれは,アメリカがかかえたディレンマをみてとった[14]。それでは,このディレンマにたいしてどのように対処すべきだとデューイは考えたのだろうか。

結局のところそれでもなお,かれはヴェルサイユでの講和会議におけるヨーロッパ列強によるパワー・ポリティクスの再現を前に,アメリカ合衆国が妥協のない断固たる態度を貫くことを求めた。「フランスやイギリスといったデモクラシー諸国の非民主的な外交政策を大目に見ることはできない。ヴェルサイユ会議は,不適当な例外的出来事ではない。それは,いつもの現実の暴露だった。この事実を認識することは,われわれが自分たちの無垢さ (innocence) を譲り渡すとしても,なお自分たちの統合を維持することができるかもしれない唯一の保証なのである」(MW12:5)。この事実認識から,国際連盟への参加を拒否し,アメリカはべつのかたちで国

---

(14) ライアンは戦後のアメリカ合衆国と国際関係をめぐるデューイの判断について,こうコメントしている。「ウエストブルックはデューイが1919年の初頭には希望を放棄する用意があったと考えているが,これはわたしには,すこし時期尚早に感じられる。『希望に逆らう希望 ("hope against hope")』という空気はアメリカの関わりについてのかれの諸々の論稿に広くいきわたっているが,かれは自分がとった議論の方向性に情緒的にとらわれていたので,事態はよくなるだろうと自分を納得させることに最善を尽くしたようにわたしにはみえる」。Alan Ryan, *John Dewey and the High Tide of American Liberalism*, p. 381n. 本書もライアンのこの見解に同意する。

際的な平和の促進を目指すべきであるという判断が導出されていった。

　それゆえに，べつのかたちで平和を促進する動きとしてアメリカで支持を集めていた戦争違法化運動へと，デューイは1920年代に合流していった。アメリカ的生活への希望を表明する知識人としてのデューイは，第一次世界大戦以前にはもはや自らとは無関係と思われていたものの，大戦以後に執拗にまとわりついてきたヨーロッパの影を危惧するもう一人の自分によって，暗黙に支えられていた。アメリカは，新規の政治によって旧来の政治のくびきから逃れなければならない，かれはそう信じたようにみえる。

　ここから見えてくるもの，それは『ドイツ哲学と政治』の執筆以来一貫しており第一次世界大戦を経過しても変わることのなかった，過去の学と未来の学，あるいは旧来の政治と新規の政治——この新規の政治は，その新規性ゆえにもはや政治とは呼ばれないものになるだろう——との対比にあらかじめ投影された，デューイの態度表明である。換言すれば，それは政治の原像のなかに表象的に埋め込まれたヨーロッパとアメリカとの対比である。

　デューイはしばしば，社会的紛争が社会の基本的動態であることを認めつつも，こうした紛争の存在を受け入れるだけでなく，あくまでも知性による解消の必要を選択していった。かれが執拗にこだわったのは，闘争を体現する古い政治の捉え方に代えて，知性による解決を体現する新しい政治の捉え方が必要である，さらには，必要とされなければならないという判断だった。

　だが，この判断を形成したのは，ヨーロッパとアメリカに体現された新旧それぞれの政治の原像だった。すなわちデューイにとって，自らが嫌悪を感じ続けた旧来の政治こそまさに，ヨーロッパが伝統的に体現してきたものに他ならなかった。それにたいして，新規の政治とそれを導く学である実験科学はアメリカが体現してきたものであり，第一次世界大戦を経験することによって，客観的理念を体現する大文字の歴史の破産を目の当たりにしたあとでも，それは変わることがなかった。

　このような政治の原像をめぐって，デューイは1923年に『ニュー・リパ

ブリック』誌上に,「われわれは連盟に参加するのが良いか」を著し, 国際連盟にアメリカが関与すべきでないことを読者に訴えている。「ルール地方のフランスによる占領は, 国際連盟へのアメリカの加盟を求めるプロパガンダの高まりを抑えたが, 完全には阻止していない。連盟支持者が示すように, 大義は非常に簡単である。孤立は戦争の継続を意味し, 協力は戦争の終結を意味する。国際連盟は, 協力の方法を表現しており, この方向への唯一存在する試みを表現している。この三段論法は, それ自体申し分のないものである」(MW15:78)。かれはその冒頭でこのように述べた。

しかしながらデューイにとってまさに問題は, この協力がいったい誰とともに, そして何のためになされるのかにかかっていた。すなわち, ひとくちに国際的な協力が必要であると言っても, 協力すべき国際的なものとは何なのか, そしてそれはどこにあるのか, かれには甚だ疑わしいように思われた。アメリカはイギリスと敵対しているフランスと提携するというのか, それともフランスとの政治的紛争にかかわっているイギリスと手を組むというのか。こうした関係のどこに国際的な協力の余地があるのか。「なぜ, 戦時の興奮という言い訳を越えて, われわれが当時それにたいして無垢という経験の発する警告を越えて, なぜ実験を繰り返すべきなのか」(MW15:81)。デューイは試みの根本的な意味のなさを訴えた。

しかも協力という問題は, ヨーロッパの誰とともに, そして何のために協力すべきなのかという問題であると同時に, 合衆国内世論の根本的な分裂を引き起こしかねない, すぐれて国内的な問題でもあるとデューイにはみてとれた。すなわち, ヨーロッパにおける葛藤や混乱とはまたべつに, アメリカ合衆国のヨーロッパへの関与は, 今日的な表現を用いれば国内のエスニック集団間の潜在的葛藤を顕在化させる危険をもたらすようにみえた。第一次世界大戦勃発後に生じた反アメリカ的なものにたいする憎悪の再燃を, つまり非合理的な感情の噴出をデューイは怖れた。「われわれがヨーロッパの事柄に巻き込まれるや, われわれのあいだでのこうした感情の違いは, 感情的な事柄であることをやめ, 公共政策あるいは国内政治の事柄となる」(MW15:81)。デューイは, ヨーロッパに出自をもつ多くの移

民たちからなるアメリカにあって，ヨーロッパ内の軋轢との接触は合衆国のなかの言わば内なるヨーロッパの葛藤を引き起こすことに深刻な懸念を表明した。

かくして，国際連盟にたいするアメリカの参加は，アメリカ国内に苦い軋轢を生じさせることになるか，在外の代表が，議会や民衆の望まないものにかれらをコミットさせることになるかのどちらかになるとデューイは考える。まさに，「ヴェルサイユにおけるウィルソン大統領の歴史が繰り返されるだろう」(MW15:81) というのが，かれの見通しだった。ここからかれは，つぎのような悲観的結論を最終的に導き出す。「われわれがヨーロッパの状況をみても，国内の状況をみても，いかなる明確で体系的な仕方でも，協力を容易にする証拠を発見することは困難である。いわんや世界をその現在の経過へと連れ出したすべての力を体現する，政府間のこの連盟と自分たちとを結び合わせることは困難である」(MW15:81-82)。ヨーロッパ人は，かれら自身の観点からしか，われわれアメリカ人との協力を考えないだろう。それゆえに「われわれは普遍的な裁定者——さらには会計係——として自分たちを提供しさえすればよい，そしてすべてはうまくいくだろうという観念は，極度に子供じみている」(MW15:82)。ヨーロッパとの距離の維持について，デューイはボラーと同様に決して妥協しないことを求めたのである。

ラヴジョイのデューイ批判とデューイの反論

ところで，アメリカの知識人がみな，デューイのように国際連盟への加盟を否定していたわけではない。アメリカの加盟を支持し，デューイにたいして批判を試みた代表的人物として，ジョサイア・ロイスの弟子にあたる哲学者，アーサー・ラヴジョイが挙げられる。ラヴジョイは「われわれは国際連盟に参加すべきか」(1923年) という論稿のなかで，デューイ批判を試みている。

ラヴジョイは，国際連盟は旧来のパワー・ポリティクスの延長線上にあるものにすぎず，その傾向は今後も改善の見込みがないというデューイの

観察が正しことを認めたうえで,それでもなお重要なのは以下の三つの問いであると言う。「(1)連盟の存在は,ヨーロッパにおける戦争の見込みを減少させる傾向があるのだろうか,あるいはそうした傾向をもつようにさせることができるだろうか。(2)連盟へのアメリカの参加は,そのような傾向を強めるものなのか。(3)もしそうだとすれば,こうした傾向は,ヨーロッパの平和より重要な諸々の利益(実際により重要な諸利益があればであるが)に付随する危険によって,相殺される以上のものなのだろうか」(MW15:378)。

それにたいして,微妙な情勢判断を要請されるこうした問いに答えようとすることなく,デューイは国際連盟とその連盟のなかでアメリカが果たせるかもしれない役割について,頭ごなしにその不完全さを指摘することで満足してしまっているというのが,ラヴジョイの批判だった。

ラヴジョイは,つぎのように問う。もしわれわれが「協力」しなければならないのであれば,誰とともにそして何の目的のために,そうしなければならないのか。この答えはごく簡単に,国際連盟規約のなかに定式化された目的のために,そしてその目的のためだけに,他の加盟国と行なわなければならない,というかたちになるだろう。しかし実際には,加盟国それぞれは相異なる見解を有しており,しばしば相互に衝突しあう目的を追求している。それゆえにたとえわれわれが協力するといっても,ある集団に対抗するためにべつの集団と協力するという可能性があることをラヴジョイは指摘する。

ここからラヴジョイは,デューイへの批判をこめて政治的リアリズムに依拠した見解をこう述べている。「時に応じて立場をとることの必要は,これまでに発明されたいかなる人間組織においても,避けることのできない付随物であるというのは正しい。しかし,誰か他の者の見解に反対して投票することを強いられないよう,すべての組織に加わらない個人は,出来事を形作るに際して多くの役割を果たす見込みはない」(MW15:380-381)。

立場をとるという一見してドグマティックな態度が,状況にはたらきかける自由を付与するという政治的領域における逆説を,ラヴジョイはここ

でデューイにたいして突き付けているようにみえる。こうして結びとしてラヴジョイは,「真の問いは,こうした特定の組織によって述べられる諸々の問題が,われわれの責任の内にあるのかどうか,そしてわれわれの利益にかかわっているのかどうか」(MW15:381) と述べつつ,もしも,われわれの責任のうちにあり利益にかかわることであれば,国際連盟には参加すべきであるという結論を提示している。

これにたいしてデューイは,「ラヴジョイの『われわれは国際連盟に参加すべきか』への応答」(1923年) を書くことで,ラヴジョイに応答している。だが,この応答はその冒頭から奇妙な食い違いをみせていた。デューイは冒頭,きわめて激しい調子でラヴジョイを非難しつつ,つぎのように述べている。「わたしが主に議論していた事柄は,われわれが連盟に参加することを支持する最近の議論のなかにある,道徳的あるいは知的な調子や気質だった。その他の点は,連盟の客観的な利点である。この二つをいっしょくたにすることで,わたしのみるかぎり,かれは私の論稿が有していたかもしれない力を獲得していないし,したがってその論旨を論駁していない」(MW15:83)。

ラヴジョイが論稿の大半を割いて論じた,政治的な情勢判断に基づくコミットメントの不可避性は,デューイにとっては「連盟の客観的な利点」という主要な論点ではないとして,冒頭から一蹴されてしまう。こうしてデューイは,ラヴジョイを内在的に論駁していくというよりも,自らの主張が有している重要性をふたたび強調する機会として,自らの応答論文を位置づけるのである。それゆえにデューイの応答は,ラヴジョイの議論にたいする反証とは言い難いものであるが,逆にそうであるがゆえに,デューイの論理が前提としている主張を明確に読みとることができる。

デューイもまた,ヨーロッパの政治家たちが必ずしも戦争を望んでいないことは認める。しかしデューイの判断にしたがうなら,かれらは,軍備を減少させたりその予算を均衡させたりすることによって,安定した友好的なヨーロッパを創造しようとするほどにはけっして戦争を避けることを望んではいない。デューイはここでも再度,ヨーロッパのパワー・ポリテ

ィクスにたいする断固たる拒否の姿勢を貫徹している。「こうした状況のもとでわたしが提案するのは，われわれを自分たちの政治へとひき入れようと心を砕いているヨーロッパ人たちの動機を信用すべきでない，ということである」（MW15:83-84）。

この一節には，ヨーロッパの伝統的な「政治」にたいする根深い不信感と，そこにアメリカ人がとりこまれることにたいする警戒感があらためて表出していると言える。これら不信感や警戒感を前提にして，デューイは結論としてあらためて国際連盟へのアメリカの加盟を再び批判する。重要なことは，この批判のなかにはボラーの議会演説においてと同様に，ヨーロッパとアメリカとの明確な対比が姿をあらわしていることである。「いずれの場合においても，かれらは自然に——そしてきわめて適切にも——物事をヨーロッパの観点から見ている。われわれの参入が事柄をより良くしない場合にわれわれに起きることは，かれらの事柄ではない。しかしそれは，わ̇れ̇わ̇れ̇の̇事柄なのである（MW15:84）」。

「われわれ」であるアメリカの連盟加盟のリスクは，「われわれ」のものであってヨーロッパたる「かれら」のものではない。ラヴジョイの言うわれわれが，かれらヨーロッパと今や利害を不可避的に共有してしまっており，より少ない悪を選択しなければならない境遇に置かれている存在であるのにたいして，デューイの言うわれわれは，国際的な社会的統合が進んだ1920年代の今日であってもなお，かれらとの絶対的な隔絶を生きている，少なくとも生きなければならない存在だった。ヨーロッパとアメリカとのこうした絶対的な隔絶は，デューイのなかで一貫して保持されていたのであり，まさにこの隔絶に合致する政策が，戦争違法化に他ならなかった。

伏在するアメリカ合衆国の超然性にたいする信念

アメリカにおける戦争違法化の世論形成は，シカゴの弁護士サロモン・O・レヴィンソンとその友人であり『クリスチャン・センチュリー』の編集者チャールズ・クレイトン・モリソンによって開始された[15]。この戦争違法化は，国家間の戦争を国際法上違法なものであると規定しようという

運動であり,多くの平和主義者を取り込んで広範なアメリカ世論を獲得した[16]。レヴィンソンたちは精力的に政界の人間と接触して自分たちの見解の普及に努めたが,なかでもかれらのプランに共鳴したのが前述のボラーだった。ボラーは1919年12月のある晩にレヴィンソンと会談し,提示された戦争違法化の構想を絶賛している[17]。ボラーは,同時代の外交史家であり,リップマンとともにウィルソン外交にもコミットしたジェームズ・ショットウェルが指摘するように,1922年にレヴィンソンの作成したパンフレットを上院の資料として印刷し,戦争違法化の熱心な支持者として活動していった[18]。

---

(15) James T. Shotwell, *War as an Instrument of National Policy, and Its Renunciation in the Pact of Paris* with a new introduction for the Garland Edition by Gerald E. Markowitz (1929; reprint, New York: Garland Publishing, 1974), pp. 46-47. なお,レヴィンソンにかんする研究文献としては以下のものがある。John E. Stoner, *S. O. Levinson and the Pact of Paris: A Study in the Techniques of Influence* (Chicago: The University of Chicago Press, 1943).

(16) アメリカ合衆国における平和運動の歴史については以下を参照のこと。Charles DeBenedetti, *The Peace Reform in American History* (Bloomington: Indiana University Press, 1980). また,第一次世界大戦後の国際法廷にかんする議論として以下を参照のこと。Denna Frank Fleming, *The United States and the World Court, 1920-1966* (1945; reprint, New York: Russell and Russell, 1968).

(17) Robert James Maddox, *William E. Borah and American Foreign Policy* (Baton Rouge: Louisiana State University Press, 1969), pp. 136-137.

(18) Shotwell, *ibid*., p. 107. なお,ケロッグ・ブリアン条約の成立を歓迎したこのショットウェルのなかにも西洋中心主義的傾向があったことを,編者のジェラルド・マルコヴィッツがつぎのように序文で指摘している。「ショットウェルもまた,平和は普遍的でありうる,あるいはあるべきであるとは思っていなかった。ほとんどすべての仲間の平和擁護者と同様に,もっぱら白人が支配的な西洋諸国のみが,少なくとも近い将来に平和と世界共同体という祝福を達成することを実際に期待できるだろうと,かれは思っていたのである」。Shotwell, *ibid*., pp. 8-9.

第3章　デューイとアメリカの責任　117

　レヴィンソンを長とする「戦争違法化のためのアメリカ委員会」は1921年にパンフレットを発行し，このなかでレヴィンソンは，先に名前を挙げたペンシルヴァニア選出のノックス上院議員と練り上げたプランを提示している。ノックスはタフト大統領のときの国務長官であり，ボラーとともに有力な上院議員の一人だった。レヴィンソンのパンフレットに，デューイは序文を寄せ，戦争違法化の論旨に賛意を表明している。

　レヴィンソンやノックスは，国際紛争を調停するための制度として戦争を使用することは，放棄されなければならないと訴える。さらに国家間の戦争は，それぞれの国家の法律によって罰せられる「公的犯罪（public crime）」であると宣言されなければならない。当然のことながら彼らにとって，武力によるすべての併合は無効であり，法的拘束力をもたない。かくして国際紛争にたいして積極的な裁判権をもつ国際法廷の創設が提案されるが，この国際法廷は，「州間の紛争にたいする連邦最高裁の裁判権を可能な限りモデルとして[19]」創設されなければならない，とかれらは提案している。

　『クリスチャン・センチュリー』の編集者をしていたモリソンもまた，1927年に『戦争違法化——世界平和のための建設的政策』を著しており，デューイは後書きというかたちでこの著作にも論稿を提供している。モリソンの議論もまた，その全編が二項対立的な図式で貫かれていることに注目する必要がある。たとえばかれは，二つの組織を対置する。一方は戦争違法化を実現する新たな組織，つまり国際法廷であり，他方は政治的－軍事的同盟にすぎない国際連盟である。前者の諸国家の契約によって設立される法廷は，すべての国際紛争にたいして積極的な裁判権を行使する常設の判事団からなり，その裁判権は明確な法律の条文によって規定され，その基本的規則は戦争を犯罪とみなす。

　モリソンによるこうした二項対立的な組織の対比，それはアメリカとヨ

（19）　Salmon O. Levinson, *Outlawry of War* (1921; reprint, New York: Garland Publishing, 1972), p. 11.

ーロッパという対比をやはりその背後に前提とするものだった。モリソンによれば、アメリカは、ヨーロッパの政治的問題に巻き込まれてはならない。アメリカは旧世界の諍いや軍事的遺産のパートナーとして行動した場合よりも、世界の平和のためにより多くのことを成し遂げることができる。すなわち、アメリカの役割は「ヨーロッパのシステム」の一部になることではなく、アメリカの主導のもとでアメリカとヨーロッパ双方がこのシステムの災厄から救われるように手助けすることなのである。

そもそもヨーロッパは戦争を憎むと言いながら、不可避的な悪として戦争の存在を認めていると、モリソンは批判する。かれに言わせれば、それは憎しみではまったくなく恐怖である。あたかもそれは地震や台風をわれわれは憎まず、もっぱら恐れて怖気づくのと似ている。ヨーロッパ人の理念は、もし充分な軍隊をもっていれば平和は得られるというものであり、もし軍隊ではうまくいかないのならそれは充分な軍隊がないからであって、さらなる軍隊を増強しなければならないというものであると、モリソンにはみえた。

それにたいして、アメリカ固有の平和政策は、政治的機構や軍事的関与を通じた平和の強制にあるのではなく、国際法と国際法廷を通じた戦争放棄の方向にある。アメリカは「戦争システム」内部の道具としての国際連盟のなかに場所を占めるべきではなく、「アメリカのヨーロッパとの政治的関係は、アメリカの利害が明らかに関係しておりアメリカの義務を間違えることがありえない場合にのみ限定されなければならない[20]」のである。もしもわれわれが国際連盟に加盟し、ヨーロッパの政治的利害にかかわるようになったとしたら、われわれは特別な遺産を浪費してしまうだろう。したがって、「ヨーロッパおよび世界の残りの部分にたいするアメリカの契約的な関係は、司法的な基礎にもっぱら依拠すべき」である。ヨーロッ

---

(20) Charles Clayton Morrison, *The Outlawry of War: A Constructive Policy for World Peace* with an afterword by John Dewey (1927; reprint, New York: Garland Publishing, 1972), p. 272.

パが体現する政治とアメリカが体現する法という対比が，ここには浮かび上がってくる。

　モリソンの主張は，キリスト教に立脚した宗教的確信によって締めくくられる。戦争違法化の旗とともに，戦争のない世界を目指す世界的な民衆の声の高まりが確実に起こるだろう。平和への衝動はもはや止めることができない。「戦争は継続されるべきかそれとも放棄されるべきかを最終的に決めようとする機会を与えられたなら，人びとは語るだろうが，かれらの声はまさに神の声になるだろう[21]」。ヨーロッパをはじめとする世界全体を平和へと回心させる，アメリカのミッションという位置づけがまさに戦争違法化には与えられていくのである。

　デューイもまた，1920年代にこの戦争違法化運動に積極的にコミットし，熱烈な支持を与えていったが，「もし戦争が違法化されたなら」（1923年）のなかでかれが指摘しているのは，われわれはこれまで「道徳的確信と感情が有効であるためのチャンネルをもっていない」（MW15:111）ということだった。戦争には一般的にほとんどの人が反対であると言ってよいが，一たび開戦の気運が醸成され戦争が勃発するや，人びとは特定の戦争に同意しなければならないか，自分自身の国の行為や法律に敵対する反戦的な場所に身を置かなければならないかのどちらかという，悲劇的な道徳的苦境に立たされることになるとデューイは言う。しかし，もし戦争がそれぞれのネイションの法律によって犯罪であると規定されれば，良心の側に法を置くことができるようになる。その時，同意や協力は不安や恐れから解放される。デューイにとって「非妥協派」と呼ばれた人びととは，既存の会議や協力といった考えに妥協できない者たちに他ならなかった。「彼らは実現可能なプランを待っていたにすぎない。戦争違法化は道筋をはっきりさせ，そのようなプランの考察と発達を実現可能なものにするだろう」（MW15:113）。

　デューイはさらに「戦争と法律のコード」（1923年）のなかで，自らが戦

---

(21) Morrison, *ibid.*, p. 281.

争違法化にこめた独自のねらいを明らかにしている。「重要な近代戦争の本当の原因が、そうした戦争のために明言された理由とは異なっているということ、さらには大半の戦争にたいする民衆の支持の獲得が、この両者を混同させる諸々の外交職のもつ権力あるいは報道に依拠していることを、誰もが否定するとはわたしには想定できない」(MW15:125)。戦争に代わる法的代替物の創造によってデューイが期待したのは、各国の戦争指導者やマスメディアが公表する開戦のファナティックな理由の背後にある実際の利害が、その国の民衆の眼前に白日のもとにさらされることだった。社会に貫徹している実際の諸力が民衆に開示され、その諸力に法的手続きの網を被せることができるかどうかに、デューイは戦争違法化の焦点をみていた。

デューイにとって戦争違法化は「政治的手段への代替物としてではなく、法的機関と政治的機関とがもっぱら効果的に機能することができるような、両者の分業を獲得する方法」(MW15:127)だった。状況にはりめぐらされている利害関係を白日のもとにさらし、かつ、この関係を規制する法に基づいた政治的交渉ないしは調整をはかるメカニズムの確立こそが、デューイが戦争違法化運動を媒介として求めたものだった。

だが、法と政治の分業とはいえ、法にたいする優越的地位の付与のみならず、政治にたいする不信感は依然としてデューイのなかで残存し続けていることは指摘しなければならない。「政治的カルテルか、それとも法的協力か？」(1923年)で明言するように、「戦争廃棄にたいする政治的なアプローチ」にはまったく希望を見出せないとデューイは断定している。というのも、そうしたアプローチは、戦争を生み出してきた力に依存しているからだった。大戦中の政治的同盟は真の統一という幻想をもたらしたにすぎないし、自らそうした幻想にだまされた一人と明言しつつ、政治が含む敵対関係への不信感を再びこう表明する。「戦時の条件は、歴史的に根深い、政策をめぐる諸々の敵対関係を当座のところ隠蔽したにすぎず、戦争の圧力が取り除かれるや、そうした敵対関係は不可避的に表に出てきたのである」(MW15:106)。

デューイは「戦争違法化は何ではないのか」(1923年) のなかでも，戦争の合法性を前提としたうえでの現在の国際政治の状態と，戦争が犯罪になった際の国際政治とのあいだの根源的な差異を強調しているが，現在のヨーロッパの政治システムが戦争を排除すると期待するのは「悲劇的に無益」であることをあらためて力説している。なぜなら，ヨーロッパのシステムは，「戦争という茨」のなかから生まれて育まれてきたものだからである。デューイは一貫して，このようなトートロジーを繰り返すことを決して躊躇しなかった。

ここからデューイは，アメリカが現状でヨーロッパと関係をもつことを，繰返し拒否する。「戦争が違法化され，それに法的に代わるものが提供されるまで，このシステムへのアメリカの参加を提案することは希望のないことである。アメリカの人びとは国際問題に非常に無知かもしれない。しかしかれらは，このシステムに巻き込まれることは戦争システムに巻き込まれることを意味することを充分に知っている」(MW15:121)。この一節から明らかなように，デューイが戦争違法化運動へのコミットのなかで盛んに批判の対象として取り上げている戦争システムは，あくまでもヨーロッパのシステムであって，アメリカはそもそもそのなかには含まれていないことが予め想定されている。こうした想定が，アメリカこそが戦争違法化のイニシアティヴを握っているというデューイの確信を支え続けていた。

デューイにとって，アメリカ合衆国は戦争システムの外部に立って，超然とした位置から批判できる存在であり続けていた。デューイの国際連盟批判と戦争違法化運動を媒介とした平和主義へのコミットメントとの背後には，アメリカとヨーロッパとの絶対的な隔絶の感覚があった。それはたとえば「アメリカの責任」(1926年) といった論稿に準拠することでも，あらためて確認が可能である。この論稿のなかで，かれはアメリカがヨーロッパの災厄から自らを切り離そうと努力してきた歴史的経緯を，手短にあらためて確認している。

ヨーロッパの闘争や問題からの超然というわれわれの態度には，明ら

> かな原因がある。われわれの祖先の大部分がここに移民してきたのは，かれらが海の向こうで苦しんでいた何らかの苦難から逃れるためだった。かれらは物理的にと同様に，精神的にも道徳的にも離脱したかった。かれらはさらに忘却したかった。ピンチのときに，かれらは自分たちの古い故郷を応援し他の国に反対したが，一般的にかれらは反ヨーロッパ的だった（LW2:167）。

しかもヨーロッパからアメリカに渡った移民の母体は多様であり，しばしばヨーロッパでは相互に敵対関係にあった場合も少なくない。それゆえ，ヨーロッパでの争いを繰り返さないためにも，ヨーロッパを忘却することは不可欠だった。このような歴史的背景を踏まえたうえで，デューイはヨーロッパとアメリカとの根源的な懸隔をこう表明する。

> 根本的に超然という態度は，ヨーロッパの諍い，陰謀，相互背信の複雑なからまりあいにたいする断固たる嫌悪に拠っている。そのような状況に巻き込まれることに付随するトラブルを経験することにたいしては自然な嫌悪がある。しかしそれ以上のことがここにはある。国際的な事柄におけるアメリカの状況と伝統の総体は，ヨーロッパのシステムとは根源的に異なっているという堅固な信念があるのである（LW2:169）。

旧来の「政治」に拘泥しつづける，われわれとは根源的に異なったヨーロッパの人々にたいして，われわれアメリカ人は戦争違法化という新規プロジェクトの利点を指し示し，その実現に向けて率先して努力していかなければならない。すべてのイニシアティヴはわれわれの側にあるというのが，デューイの変わらない信念だった。

戦間期の合衆国における大衆社会化と知識人

デューイのヨーロッパにたいする恐れがどれほどであろうと，あるいは

図5　サッコとヴァンゼッティ

出典）Richard G. Powers, *op. cit.*

　また，合衆国にたいして抱いていた超然としたイメージがどのようなものであろうと，第一次世界大戦後の合衆国は，実際には，異質な集団の排除と宗教的な純潔の回復を，民衆の多くが熱心に受け入れた陰鬱な時期だった。すなわち本章においてこれまで確認してきた外部の「かれら」にたいする不安は，内部の「かれら」にたいする恐怖に即座に転化していったのである。

　レッド・スケアや禁酒法の制定などとともに，この時期を象徴する出来事としてしばしば挙げられるのは，サッコ＝ヴァンゼッティ事件である。イタリア系移民のアナーキストだったニコラ・サッコとバルトロメオ・ヴァンゼッティが強盗殺人の容疑で逮捕されたのは，1920年5月だった。当初から冤罪の疑いが強く指摘されていたものの，この事件の背後には，犯罪それ自体ではなく，むしろアナーキズムという合衆国にとって異質な

——多数派の人びとにそう思われた——思想にコミットしているという事実そのものにたいして,処罰をくだそうとする動きが見え隠れしていた。しかも,この事件には抜きがたく人種主義が影を落としていた。すなわち,かれらがイタリア系の「外国人」であるということが,事件にたいして一定の偏向をあらかじめ付与していった[22]。

まさにこのサッコ=ヴァンゼッティ事件が象徴するように,1920年代はアメリカ国内で大規模な人種的バックラッシュが生じた時期だった。アジア人,とりわけ日本人を暗黙には対象とした移民制限法(1924年)が施行され,クー・クラックス・クランが支持者を急速に拡大していくのもこの時期であるのは,周知の事実である。

白人至上主義の高まりが思想的にもふたたび見られたこの1920年代を代表する知識人として,マディソン・グラントらの人種主義思想を継承するロスロップ・スタッダードを挙げることができる[23]。1920年に出版された『白人の世界的優越性に対抗する有色人種の勃興』のなかで,スタッダードは白人による世界支配という現状を確認するなかで,領土拡張という点からみれば白人の支配地はむしろ今回の大戦を通じて拡大したものの,白人の支配が磐石であるなどとけっして油断してはならないと警告を発している[24]。

---

(22) サッコ・ヴァンゼッティ事件についてはさしあたり,以下の研究文献を参照されたい。Paul Avrich, *Sacco and Vanzetti: The Anrchist Bckground* (Princeton: Princeton University Press, 1991). この事件の概要を整理した邦語の研究としては,以下を参照のこと。松本悠子「サッコとヴァンゼッティ裁判をめぐって」,津晃,横山良,紀平英作編『市民的自由の探究——両大戦間のアメリカ』(世界思想社,1985年)所収。

(23) Lothrop Stoddard, *The Rising Tide of Color against White World-Supremacy* (New York: Charles Scribner's Sons, 1920). なお,この文献については早くも大正10年に長瀬鳳輔氏の手によって政教社から翻訳が出ている。長瀬鳳輔訳『有色人の勃興』(政教社,1921年)。マディソン・グラントの著作には以下のものがある。Madison Grant, *The Passing of the Great Race: Or, The Racial Basis of European History* (New York: C. Scribner's Sons, 1916).

スタッダードは白人の直面している有色人種の脅威を，外部の堤防と内部の堤防という表現で区分し，白人の諸国の外部にあって影響力を行使できる地域，つまり植民地での脅威と，白人の本拠地内部に迫っている危機とにわけて情勢分析をしている。外部の堤防にかんして，スタッダードは日本や中国といった国々の台頭を事実として認めつつ，かれらが自分たちの勢力圏を越えて，白人の土地に，あるいは非白人の地域であるアフリカやラテンアメリカに侵出しようとする動きを見せた際には，断固としてそうした動きを認めるべきではないと主張した。

他方で，内部の堤防にかんする問題はスタッダードにとって，白人の土地，とりわけ合衆国に非白人が流入してくることによって生じる白人の純血の喪失だった。スタッダードは『アメリカを鍛えなおす』（1927年）のなかで，全ての人種にアメリカを開放することは政治的にも社会的にも混沌をもたらすと主張した。かれにとって，アメリカはあくまでも「われわれ」白人のものであり，「調和的でナショナルな進歩が可能なのは，ネイションの血が北ヨーロッパ起源のままの場合のみ[25]」だった。スタッダードが移

---

(24) スタッダードにしたがえば，1500年以来400年続いた白人の世界的優越を脅かす有色人種の台頭の端緒は，日露戦争による日本の勝利だった。この日露戦争を重要な転回点として，一方で有色人たちは自信を獲得し，まだ充分なものではないとはいえ団結の機運が盛り上がり，他方で白人諸国の団結は汎ゲルマン主義や汎スラブ主義，あるいは第二次日英同盟などによって損なわれ，ついには白人同士がお互いに戦うまでに至った。それが近時の大戦であったとスタッダードは位置づけている。第一次大戦をスタッダードは「新しいペロポネソス戦争」であると表現している。言わば，アテナイとスパルタを中心にギリシアを二分して行なわれたペロポネソス戦争は双方を疲弊させ，栄華を極めたポリスの衰退の引き鉄となった。その結果として，ギリシア人たちはペルシア，さらにはマケドニアといった外部勢力によるその後の侵入を許し，隷属的存在にまで成り下がった。まさに第一次世界大戦は現代の白人にとって，古代ギリシアのペロポネソス戦争の再現になりかねないものとして，スタッダードには理解された。

(25) Lothrop Stoddard, *Re-Forging America* (London: Charles Scribner's Sons,

民にたいする厳しい制限措置を提言したのは言うまでもない。

さて、もちろんデューイは排外主義や白人至上主義の高まる1920年代の合衆国の現状にたいして、何らの疑問も抱かなかったわけでは決してない。第一次世界大戦への参戦にともなう国家統制、あるいは戦後のレッド・スケアや不寛容な排外主義の高まりに、デューイは合衆国の文化にたいする懐疑の念をかなりの程度まで有するようになった。実際にデューイは、サッコとヴァンゼッティの救援の動きに積極的に関わってもいた。あるいはまた、「アメリカの知的フロンティア」（1922年）といった論稿に依拠することでも、そのことは確認できるだろう。

デューイはこの論稿のなかで、中産階級を「大部分が教会に通う階級であり、福音主義的なキリスト教の影響下にある人びと」として規定しつつ、アメリカの伝統的なリベラリズムが、異質性を受け入れることのできない狭隘なものにすぎなかったことを深く反省している。「われわれは、自分たちの隣人の信念を尊重するようにと教えられてきたが、隣人の信念が、まっとうな隣人的生活へのあこがれと結びつくようになった形式から逸脱するときには、そうした信念を尊重するものはほとんどいないのである。これこそ、われわれのリベラリズムのなかに深く根づいている反リベラリズムである」(MW13:395)。こうしたかれの反省は、さらに合衆国のナショナルな枠組みそのものへの懐疑へと、この1920年代初頭につながっていくことになる。

ただし、デューイの反応のなかには、自国の現状にたいする深刻な憂慮の念と同時に、それでもなおアメリカ文化の固有性にたいする一貫した信頼がよみとれる。たとえば「子供たちのなかに、社会的意識と社会的理想を発達させる手段としての学校」(1923年)という論稿のなかでデューイは、「アメリカ化」という同時代の大合唱にたいする恥じらいの気持ちを表明している。この理念はかれにとって、他の人びとにたいしてアメリカ的生活様式という自分たち自身の構想を強制する手段として、特定の集団によっ

1927), p. 102.

て用いられてきたように思われていた。

　デューイは画一化を強制するような動きにたいして一貫して反対の立場を堅持しつつ26，クー・クラックス・クランを例にとりながら高まる排外主義にたいして憂慮の念を述べている。「宗教的あるいは人種的不寛容の成長について述べるまでもない。その証拠はこの国において，クー・クラックス・クランの運動のような形式でみることができる。これはわれわれがかたわらで笑って，かけ離れた運動として単に述べることのできないものである」(MW15:152)。デューイは合衆国で力を持ちつつある排外主義を，深刻な徴候として考えた。デューイがアメリカ化という名の下で行なわれる同化の試みにきわめて批判的だったことは，かれが狂信的なアメリカ100パーセント主義から冷静に距離をとったことのなによりの証拠としてみえるかもしれない。

　しかしながら，そうしたクー・クラックス・クランが脅かしているとデューイにみえたものが，合衆国のナショナルな生活に固有の統合の形式そのものであるという点に，アメリカのナショナリズムの固有性，すなわち自らがナショナリズムの欠陥を免れた例外的な存在と考えるアメリカ例外論の逆説が立ち現われていることを見落とすことはやはりできない。実際にデューイは，この論稿の後段で同時代の経済格差の広がりを論じるなかで，アメリカ社会の例外性をつぎのように自覚的に明言している。「経済的ないしは産業的諸力から生じる社会的分割の原因に関して，何か言っておくこともまた，わたしには必要であるようにみえる。ここでもまた，大きくはわれわれの地理的位置と未使用の領野というわれわれの富によって，われわれは最近まで，階級分割や闘争を有してこなかった」(MW15:155)。デューイが1894年のプルマン・ストライキからデモクラシーにかんする重

---

(26)　たとえばデューイは，トルコの教育制度改革についての報告書のなかでもつぎのように述べている。「トルコには教育システムにおいて統合（unity）が必要ではあるが，統合と画一（uniformity）とのあいだには大きな違いがあるということ，機械的な画一の体系は真の統合にとって有害であるということを思い起こさなければならない」(MW15:281)。

要な示唆を得たということがたとえ事実だとしても[27]，アメリカにはヨーロッパのような階級闘争が存在してこなかったというかれのこうした理解のなかには，アメリカ例外論的思考が抜き難く読みとれるのではないだろうか。

公衆の待望と合衆国への信頼のあいだで

前節で述べたように，戦中から戦後にかけての国内体制の反動化，あるいはまたレッド・スケアや排外主義の高まりは，戦争にたいして楽観的かつ愛国的な態度をとりつづけた革新主義知識人たちの確信を打ち砕いてしまったが，合衆国における大衆社会化あるいは消費社会化の進行もまた，かれらの啓蒙主義を掘り崩していった[28]。アメリカ合衆国の1920年代は，テクノロジーの急激な発達と広範な普及が人々にまったく新しい生活様式を提供しはじめた時期であり，マス・メディアの飛躍的発展，とりわけ広告産業の確立およびラジオの急激な浸透は，人びとのコミュニケーションのあり様を一変させつつあった[29]。この時期を，同時代の小説家スコット・フィッツジェラルドが「ジャズ・エイジ」と名づけたことはあまりにも有

---

(27) ウェストブルックはこう主張している。「プルマン・ストライキはデューイにとって急進化の契機となった経験であるだけでなく，自らのデモクラシー理論において鍵となる点を明らかにした。というのもそれは，労働者たちが社会的生活に自発的に参加する能力を陶冶しない『福祉資本主義（welfare capitalism）』という家父長的な論調の道徳的欠点を見るようにさせたからである」。Westbrook, *John Dewey and American Democracy*, p. 88.

(28) クリストファー・ラッシュもまたこう述べている。「戦争はアメリカのラディカリズムを破壊しなかったが，それが完全に回復することが絶対にできない傷を残した」。Christopher Lasch, *The New Radicalism in America: The Intellectual as a Social Type*, p. 182.

(29) アメリカの1920年代にかんする研究書としては以下を参照のこと。David J. Goldberg, *Discontented America: The United States in the 1920s* (Baltimore: The Johns Hopkins University Press, 1999); Gerald Leinwand, *1927: High Tide of the 1920s* (New York: Four Walls Eight Windows, 2001).

名であるが，まさにある歴史家が述べているように「技術発展とそうした発展を管理する方法の不確実さにおいて1920年代と同じくらい革命的な時期を，アメリカ史の他の時期に見出すことは困難[30]」だった。

新しいテクノロジーは，中産階級を中心とした都市住民たちに華やかで便利な近代的生活をもたらした。電気，水道がひろく一般家庭に普及しはじめ，大衆乗用車であるT型フォードをはじめ，さまざまな大衆消費財が，勃興しつつあった中産階級に新しい生活様式を与え，消費と娯楽のための経済的あるいは文化的活動が花開きつつあった。その一方で，合衆国から世界に広がっていったこの大衆社会化のインパクトは，次章で触れるようにヨーロッパの知識人たちにとって物質主義と画一化の支配そのものであり，アメリカニズムという新しい文化的脅威に映った。

テクノロジーの進歩によるコミュニケーションの変容がデモクラシーにもたらす影響を，もっとも深刻かつ悲観的に受けとめた者の一人が，かつての若き革新主義知識人，ウォルター・リップマンだった[31]。リップマンは早くも戦後，戦時中のプロパガンダや講和会議の経験を随所に織り込んだ『世論』(1922年)のなかで，一般的な人びとは政治的な判断をステレオタイプに依拠して形成するにすぎないことを明らかにし，世論形成過程の不確実さを描き出していたが，『幻の公衆』(1925年)のなかでもリップマンは，今や日々を普通に生きている人々は，たとえ自らの周囲の不可解さに注意を払おうとしても，その原因にたどり着くことが絶望的に困難であると主張した。

リップマンが重視したのは，内部者(insider)と外部者(outsider)の区別だった[32]。とりわけ行政活動の領域では，公衆一人一人は常に外部者で

---

(30) Barry D. Karl, *The Uneasy State: The United States from 1915 to 1945* (Chicago: The University of Chicago Press, 1983), p. 99.

(31) 1920年代のリップマンについては，以下を参照のこと。内田満「一九二〇年代リップマンの政治学」，『早稲田政治経済学雑誌』第330号，1997年。

(32) Walter Lippmann, *The Phantom Public* (1927; reprint, New Brunswick: Transaction Publishers, 1993). 河崎吉紀訳『幻の公衆』(柏書房，2007年)。

あり続け，それゆえに世論は常に，「外部から他者をコントロールする試み」に終始して結局のところ無力なままにとどまってしまう。リップマンにしたがえば，民衆の自己統治という観念はいまさらながら放棄されなければならないのであり，われわれが採用すべきは，多数派としての動員によって，民衆は実際に統治している諸個人を時々に応じて支持したり，反対したりするという控えめな見解だった。

理性的な議論を通じて政治的決定に到達する公衆という，政治学における伝統的な範型に疑義が突きつけられた1920年代において，大衆の非合理性という社会的事実の受容とそうした非合理性のコントロールというイシューとが，政治学の科学化への志向という枠組みのなかで，結びついていったのは，それゆえにけっして偶然ではない。たとえば1927年に，若き日のハロルド・ラスウェルがプロパガンダにかんする政治科学的研究を公刊していることは，こうした歴史的文脈のなかで指摘されなければならないだろう[33]。

そうしたなかでデューイは，リップマンの『世論』の書評末尾において，自らの信念をこう述べている。

> リップマン氏は，ほかのどんな著述家よりも明晰に，デモクラシーの有している根本的な困難を浮き彫りにしている。しかしこの困難はあまりにも根本的なもので，かれがあえて与えているよりもより根本的な解決策によってしか，対処し得ないようにわたしには思われる。必要性が生じるとき，発明と達成は不思議なかたちで応答することがある。デモクラシーは，公職者や行政官，産業管理者の教育以上の，徹底した教育を要請するのである (MW13:344)。

すでに指摘されているように，ここでデューイが言う徹底した教育が何

---

(33) Harold D. Lasswell, *Propaganda Technique in the World War* (New York : A. A. Knopf, 1927).

であるのか，明らかになっているとは言い難い[34]。おそらくデューイ自身もまた，この書評を執筆した時点では，自らの反論を具体的なかたちに練り上げるには至っていなかったのかもしれないが，かれはその後，『公衆とその問題』(1927年) のなかで，蚕食された公衆の再構築の必要とその可能性の条件をより具体的に提示しようと試みることになる。

デューイは，トランザクション (transaction) という概念を『公衆とその問題』で用いている。デューイによればこのトランザクションは，「結合された行動 (associated behavior) の一形式であり，その結果がさらなる諸々の結合 (association) に影響を及ぼす」行為として定義された。あるトランザクションに直接関わる人々に影響を及ぼす結果と，関係する人々を越えてさらなる他者に間接的に影響を及ぼす結果という相違が，私的領域と公的領域の区別を生じさせ，このトランザクションの間接的な結果にたいしてなんらかの規制がなされるときこそ，国家が設立される契機であると捉えられた。なお，デューイは一方でトランザクションの間接的結果に必要な組織的配慮の影響を被る人々を公衆として，他方でそうした影響を被るという利害に注意を払う人々を公職者としてそれぞれ定義し，公職者からなる政府によって組織された総体的な公衆を国家と定義づけている。

もちろんリップマンもべつのかたちで指摘したように，1920年代にあって公衆の「蚕食」は今や決定的なものであるとデューイにも思われていた。デューイにしたがえば，かつての合衆国にあってはタウンミーティングを媒介としたタウンシップが政治的単位であり，連邦国家はこうした単位の合計だった。しかし各種のテクノロジーの発達による複雑な相互作用の増大にともなってこれまでにない統一が創出された。このような過程を経て同時代を貫徹しつつあった社会的画一性を，デューイは大社会 (Great Society) と名づけ，そのなかで生じた公衆の没落の帰結として，代表制および政党に対する不信がこれまで以上に噴出しているとかれはみた。

---

(34) Michael Eldridge, *Transforming Experience: John Dewey's Cultural Instrumentalism* (Nashville: Vanderbilt University Press, 1998), p. 77.

だが，社会問題への対処を専門家集団に全面的に任せるというエリート主義的な選択肢にたいして，デューイは「そのような考え方は行政活動にとっては適切なものであるかもしれないが，私は個人的にはそうした考え方が政治的領域全体を覆うものだとはけっして考えない」(LW2:313) と反論した。そうした考えは，専門的かつ技術的活動が役割を果たすまえに調整されたり解決されたりする必要のある「諸力 (forces)」を無視しているようにデューイにはみえた。

　たしかに公衆に提示されているイシューはいまやきわめて複雑で，関連する技術的な事柄も外部者には理解不可能なほどに専門化している。それゆえに，公衆がそうしたイシューと自らを関係させることができないでいるのは，リップマンの指摘する通りであることをデューイも認めているし，専門家の役割を必ずしも否定しているわけでもない。しかし，より重要なことは，たとえば各国の政治や法の制度を横断していく「非政治的な諸力 (the non-political forces)」(LW2:315)，つまり相互依存的な経済的関係のような共通の経験をコミュニケーションによってどのように変容していけるかだった。

　リップマンの表現にしたがえば内部者と外部者とを架橋する意味の共有，これこそがデューイには今こそ必要だと思われたのであり，それを可能にするコミュニケーションの社会全体での新たな確立こそが求められていると思われた。公衆間でのコミュニケーションによって転換された大社会，それをデューイは大共同体 (Great Community) という名称で構想したのである。

　とはいえ，かれがコミュニケーションを強調したとしても，公的な意見の交換という意味でそれを求めていたわけではなかった。意見がもっともそうであるように，思考を含めて人間の行為は習慣によって規定されている。「習慣は思考の使用を締め出さないが，それがはたらくチャンネルを決定する」(LW2:335)。それゆえに，「より重要なことは，知識の非常に多くは通常の意味における知識ではなくて，『科学』だということである」(LW2:337)。すなわち，テクノロジーとしての科学は，すでに組織的なか

たちで社会に適用され，様々な社会的諸条件に大規模な変化をもたらしはしたものの，そうした変化がいかにして生じたのかを解明することによって，自覚的な変化を社会的規模において促す知識は，いまだ圧倒的に欠如しており，その必要性すら人びとは理解していないということだった。「民主的に組織された公衆の第一義的な条件とは，いまだ存在していないある種の知識と洞察である」(LW2:339) という一節に，かれの主張の一つの核心がこめられている。求められているのは社会的探求 (social inquiry) の自由であり，その結論を分配する自由だった。こうした科学的知識を，コミュニケーションのなかで影響力あるものにさせることこそ，人々と社会的諸条件との失われた結合を再構築する可能性そのものだった[35]。

---

(35) 科学的知識の優位をデューイが暗示していることにたいしては，もちろん批判も少なくない。たとえばレオン・フィンクは，革新主義期のソーシャル・コントロールの理念とも関連させながら，このようにデューイ批判を行なっている。「デューイの暗示しているのは，民衆に正しいタガがはめられるなら，デモクラシーは救われるだろうということである。啓蒙された社会政策と合理的な諸制度 (つまり，大共同体にとってのインフラ) は，かれが示唆するように，機能するデモクラシーに必須のものだった。しかしそうなるとかれの議論のなかで，目的と手段は結果的に逆転した場所に置かれてしまったのである。民主的公衆は，科学的ヴィジョンの運び手ないしは究極的な容器ではなくて，その受取人，最善の場合でもその助言者であることを希望できるにすぎないだろう」。Leon Fink, *Progressive Intellectuals and the Dilemmas of Democratic Commitment* (Cambridge: Harvard University Press, 1997), p. 37. それにたいしてフランク・フィッシャーは，社会的ないしは技術的複雑さの増大という時代状況に直面していたデューイが公衆と専門家との役割上の分担を構想しようとしていた点について，バランスの良い評価を提示している。「デューイにとっての解答は，市民と専門家との分業だった。技術的な最前線にいる専門家は，基本的な社会のニーズと問題を分析的に特定するだろう。政治的な最前線にいる市民たちはこのニーズやトラブルを追求するための民主的なアジェンダを設定することができるだろう。この二つのプロセスを統合するために，デューイは討論，議論，説得の方法と条件の改善を要求した。実際にかれの見解

ただし、そうであるがゆえに、まさにこのコミュニケーションのプロセスこそが問題になることを、デューイは決して無視していたわけではなかった。デューイは、そのような知識それ自体と同じく、その普及というプロセスが、決定的な問題になるだろうことを理解していた。『公衆とその問題』においてかれ自身、「読書公衆の大部分は、精密な研究の成果を学習したり吸収したりすることには関心を寄せていない」(LW2:349) と明言していることからも、それは明らかだろう。──「プレゼンテーションは根本的に重要であり、プレゼンテーションはアートの問題である」(LW2:349) とデューイは述べている。

かくしてデューイは、『公衆とその問題』の末尾において、「討論、議論、説得の諸々の条件と方法の改善」(LW2:365) を要請する。この点を抜きにして、専門家と民衆との民主的な協力の可能性を構想することが困難であることは、デューイにおいて理解されていた。いまだ存在していない知識とパブリシティにともなう条件や方法という二つの側面の重要性を、デューイは『幻の公衆』の書評のなかでもつぎのように記述している。

によれば、そのような改善の必要こそ、公衆の問題それ自体だったのである」。Frank Fisher, *Citizenship, Experts, and the Environment: The Politics of Local Knowledge* (Durham: Duke University Press, 2003), p. 7. なお、ケヴィン・マットソンは、革新主義期のソーシャル・センター運動を重視する立場から、1920年代のデューイを批判している。「デューイがリップマンの議論にたいする反駁を書いた1922年までに、デューイの議論は抽象的になったようにみえた。疑いなくデューイはかつて、民主的公衆を鍛え上げる共同体を育む一つの方法として、ソーシャル・センター運動に希望をもった。しかし1920年代におけるデューイの議論は、真剣な制度的オールタナティヴに欠けた単なる希望に思われた。共同体に基盤をおいた民主的教育への希望以外に、デューイは一体なにを提案したのだろうか」。Kevin Mattson, *Creating a Democratic Public: The Struggle for Urban Participatory Democracy during the Progressive Era* (University Park: The Pennsylvania State University Press, 1998), p. 120.

究極的な問題は，科学的かつアート的（artistic）なものなのである。すなわち報道をして，内部者の様々な集団の欲望や意図を含めた社会運動を，継続的で体系的で効果的に表にださせるものにすることである。これは，知的であると同時にアート的な問題である。というのもそれが示唆しているのは，公的な意義を有するあら振舞いを発見し記録し解釈するための科学的組織化だけでなく，探究の結果のプレゼンテーションを，人目を引くものにし重みのあるものにする方法でもあるからである（LW2:219-220）[36]。

---

(36) 1920年代に練り上げられたデューイの政治理論がもつ潜在力を高く評価している論者でさえ，大社会と名づけられた社会の全般的な組織化に対置して，大共同体へと至る具体的な過程をかれが『公衆とその問題』のなかでどのように構想しているのか，充分に示していないことを批判している。ラスティーグもまた，このように指摘している。「一方で，デューイはこのうえなく民主的にきこえる。かれはデモクラシーの『共有された文化』への『個人的参加』の重要性を，計画されただけではなく計画しつつある社会を創造するための手段としてだけでなく目的として強調した。他方でかれは，『議論や対話術』を『包括的なプランの体系的な創出にとって依拠するのには弱い葦』であると批判したのである」。R. Jeffrey Lustig, *Corporate Liberalism: The Origins of Modern American Political Theory, 1890-1920* (Berkeley: University of California Press, 1982), p. 171. デューイの論理学にしたがえば，不確定な状況をコントロールできるかどうかによって知識の正しさは測られるが，「誰がその実験を請け負うのか。どの実験が試みられるのか。どのようにして相争う結果の評価が測られるのか」，こうした政治的な問いの存在をそれは認めないだろうとラスティーグは批判している。他方で，科学とアートの普及に依拠して，長期間を経て社会的ないしは文化的変容を達成するという戦略とそのための政治的交渉の可能性が，デューイの議論のなかには潜在的に含まれていることを指摘する論者もいる。ハンス・ヨアスは『公衆とその問題』を，集合的行為の帰結による社会の構造的変容について論じた理論的著作として読むという，示唆に富む提案をしている。「そのなか〔『公衆とその問題』〕でデューイは，集合的行為のプロセスを出発点として理解する理論の擁護を論じている。この行為が問題に遭遇すると意図されないあるいは予期されない帰結に導かれる

だが，それにもかかわらずデューイ自身には，対外的な危機の高まり——高まっているという自己判断——のなかで，同時代の社会分析から練

のだが，この帰結は，集合的に行為することによって反省的に『処理』されなければならない。共通基準という枠組みのなかで，行為の帰結はこれからやってくる行為を準備するために，知覚され，解釈され，検討され，考察されるのだが，それはこうした仕事を種別的に割り振られている諸々の制度によってだけでなく，この帰結によって影響を被るすべての諸個人や集合体によってなされる。集合的行為の帰結を解釈し検討するこうしたプロセスのなかで，すべての関係者のあいだでのコミュニケーションが本質的な役割を果たす」。Hans Joas, "Pragmatic Foundations and Theoretical Tradition," in Ken Plummer ed., *The Chicago School: Critical Assessments* (London: Routledge, 1997), vol. 2, p. 127. マイケル・エルドリッジは，デューイの政治理論の核心を「文化変容」に求めている。Eldridge, *ibid.*, p. 80. ただし，エルドリッジはデューイの政治理論にふくまれる自発的結社の重要性を評価しているが，デューイの自発的結社にたいする議論には，多くの理論的空白があることを否定できない。なおエルドリッジはより最近の論稿で，デューイの政治理論の有効性をきわめて限定的に考えることを求める立場に移行している。Michael Eldridge, "Dewey's Limited Shelf Life: A Consumer Warning," in William J. Gavin ed., *In Dewey's Wake: Unfinished Work of Pragmatic Reconstruction*, pp. 25-39. ジェイムス・リヴィングストンも，国家装置ではなく市民社会を政治的闘争の舞台とみなすデューイと同時代のイタリアのマルクス主義者アントニオ・グラムシの「陣地戦」の考え方に引きつけて，『公衆とその問題』をデューイによる文化の政治（cultural politics）を要請する著作として位置づけている。「われわれはまたアメリカの世紀の終わりを考慮して，つぎのように言えるだろう。デューイの文化の政治は，リップマンやかれの後継者たちの政策志向的な政治よりも，潜在力と予言的価値を有していると。それゆえにわれわれはさらにこう言えるだろう。プラグマティズムは『陣地戦』の哲学，つまりヘゲモニーというテーマについてのアメリカ的変種なのである」。James Livingston, *Pragmatism, Feminism and Democracy: Rethinking The Politics of American History* (London: Routledge, 2001), p. 56.

り上げようとしていたコミュニケーションの確立という課題を忘れ，アメリカ合衆国の例外性というネイションの神話に依拠してしまう傾向があったと言わなければならない。

　アメリカ例外論にふたたび，さらに今度はより自覚的に依拠する傾向は，『公衆とその問題』を書いた直後の1920年代の後半にすでに垣間見えていた。なお，1927年はデューイによって『公衆とその問題』が発表された年であるが，この年はまた，サッコ＝ヴァンゼッティ事件の二人の被告が死刑執行された年でもあり，再審の必要を検討した結果としてその必要を却下したフラー諮問委員会のやりとりを詳細に検討しつつ，デューイは死刑を支持した支配的世論にたいして激しい批判をくわえていた。

　死刑執行のなされた直後，デューイは「心理と正義」という短い論稿を書いているが，そのなかでかれは珍しくも強い調子で自らの決意を述べていた。「サッコとヴァンゼッティは死んだ。かれらの無罪ないしは有罪についてのどんな議論も，かれらの命を回復することはできない。このイシューは今や，より大きなそれ，すなわち正義を保証するわれわれの方法というイシューに組み込まれたし，ひるがえって言えば，それは，人種の分割と階級利益がかかわるあらゆる社会問題にたいする判断や行為に影響を及ぼす，アメリカ世論や感情におけるトーンや気質という包括的なイシューに組み込まれた。こうしたより大きなイシューは，この男たちの処刑では終わらない」(LW3:186)。「われわれ」の内部に口を開ける亀裂にたいして，合衆国の世論がしばしば感情的な画一性をみせてしまうのは何故なのか。「トーンや気質」という表現を用いながら，デューイは合衆国のナショナリズムが示す矛盾に分け入ろうとする決意を示していたようにみえる。

　それにもかかわらずデューイは，ヨーロッパという外部からの合衆国批判を前にするや否や，こうした決意，あるいは『公衆とその問題』で提起していた「討論，議論，説得の諸々の条件と方法の改善」という課題を忘れ去ってしまう。より控え目に言っても，1920年代の合衆国社会のなかから見出された諸々の課題は，外部――とりわけヨーロッパ――から投げかけられた合衆国批判との潜在的な比較を通じて，デューイのなかで結果的

にその姿を薄くしてしまうのである。戦争違法化運動へのコミットメントと同様に、「かれら」からの批判は「われわれ」の擁護に、しかも過剰なまでの弁護にデューイを向かわせてしまったと言わざるを得ない。

「アメリカ文明への一つの批判」(1928年) という論稿を、その典型例として挙げることができる。アメリカを訪れ、この国は素晴らしいと評するヨーロッパ人もいれば、苛烈に批判する者も一方ではいる。デューイは、そうした相反するアメリカ批評を前にしてアメリカ人は一喜一憂すると述べつつ、まさにその一喜一憂は自分自身のものであることを明らかにする。「このどちらかは、表面をなぞっているだけなのだろうか。わたしは、アメリカ文明についての利得と損失のバランスシートを思いつくまでは、安心できない」(LW3:133)。デューイは自らに問いかけるかのようにこう述べながら、自国にたいする同時代の文明論的批判を検討していく。

ヨーロッパ人による同時代のアメリカ批判として必ず持ち出されてくるのは、アメリカの文化は質を犠牲にして量を追い求めているというものである。このことはもっとも批判にさらされる点であることをデューイも認める。しかしながらこれはかれにとって、大衆のレヴェルを向上させようという他に例を見ないアメリカの社会的実験と切り離すことができないものだった。

デューイは建国の父たちにさかのぼる。かれらはこう考えた。すなわち、民衆の望ましい向上は、特定の政治的機関が制度化されるなら自動的に生じるだろう。だが、1920年代の現状は、こうした予想から程遠いものであることをデューイははっきりと認める。「歴史の皮肉の一つによって、こうした政治的諸機関は、究極的な経済的権力を保持している少数者による流用と操作に、直接にというよりも間接にではあれ屈するものにまさになっている」(LW3:143)。

それでもなお、デューイにとって強調されるべきだと思われたのは、この間にアメリカの産業力は、人びとにたいして新しい機会の拡散をもたらすよう機能するメカニズムを前例のない規模で創造してきたのではなかったのか、ということだった。この美点は衰退しつつあるヨーロッパと比較

して，アメリカの未来に永続的な可能性を圧倒的に付与するもののようにデューイにはみえた。

> われわれの文化にたいするヨーロッパの批判者たちは，自分たちが批判する物事の多くは，ヨーロッパがなまけた仕事を引き受けるためにやむを得ず強いられてきた事実に拠るものであるという事実を，しばしば無視している。われわれが高次の文化を欠如させているというかれらの酷評のなかにかれらは，数百万のヨーロッパからの移民が，母国では持つことのできなかった機会をここでは有している，あるいは実現しつつあるという事実を見落としている。われわれの文明が有している，マスのないしは量的な側面にはかくして，特異に積極的な意義があるのである（LW3:143）。

デューイは1920年代の末に，ヨーロッパとの比較のなかでアメリカニズムの可能性を再び自信をもってながめていく。いま必要なことは批判ではなく，希望であるとデューイには思われた。それゆえに，なお未完成ながら豊かな展開の可能性を胚胎させていた公衆をめぐる批判的考察は，またたく間に自覚的なアメリカ合衆国への信頼の回帰に道を譲り渡すことになった。

『公衆とその問題』によって分析の端緒が開かれた合衆国における大衆デモクラシーの抱える諸々の課題，とりわけ「われわれ」の内実をめぐるコンフリクトの持続は，ヨーロッパと合衆国との政治の原像の懸隔が強く意識されればされるほど，未来にたいする希望，あるいはまた，知性にたいする信頼によって置き換え可能なものとしてみなされていく。かくしてアメリカに端を発する世界大恐慌以後，1930年代における国内外の危機，とりわけヨーロッパにおけるファシズムの台頭と文化的自由の危機に直面していくなかで，デモクラシーという生活様式を体現する——そうデューイが確信する——合衆国への回帰あるいはまた，その優位性にたいする確信は，かれのなかでますます顕著なものになっていったのである。

第4章

知性にたいする信仰を生きる

個人主義の理解をめぐって

　デューイはかつて，革新主義の時期に「社会センターとしての学校」(1902年)という論稿を書いていた。デューイが社会センターとしての学校に当時求めたもの，それは新移民たちを中心とする都市住民たちの多様なアイデンティティをつなぎとめる「共通の感情や共通の理解」の確立だった。デューイにとって社会センターとしての学校は，協力のための生活条件を作り出すことによって合衆国の都市に新たな共同性をもたらすための場の構想であり，それはシカゴ時代のかれの教育学的試行の核をなしていたといえる[1]。デューイはこうした自らの構想が「知性とスピリットについての社会主義」(MW2:93) をもたらすものだとも述べていた。物質的な

　（1）　かれはこの「社会センターとしての学校」のなかで，生きられた経験がもつ潜在力への信頼をきわめて宗教的にこう述べている。「勉強のための講座はいろいろあるかもしれないが，それらはみな，人々を一堂に集める様式であり，人びとをお互いの真のコミュニオン（communion）から遠ざけるカースト，階級，人種，経験のタイプといった障壁を取り除く様式としてみなされる」(MW2:91)。社会センターはまさにデューイにとって，社会的な福音がもたらされる場所にほかならず，あるべきアメリカ合衆国の姿ないしは縮図だったと言える。

資源分配のみを問題にするヨーロッパの社会主義にはこうした点が決定的に欠けていると，デューイには思われた。

なお，ソーシャル・ゴスペラーの一人でありアメリカにおけるキリスト教社会主義者と言って良いワシントン・グラッデンもまた，合衆国に適合的な社会主義のあり方を『キリスト教と社会主義』（1905年）のなかでつぎのように言明していた。

> わたしにはつぎのことは非常に確実である。すなわち，個人主義も社会主義も社会の組織化のための安全な原理を提供することはできないということであり，われわれにとって必要なことはこの二つの原理の協力であり，ここから政治家の問題は両方の原理を完全な力を保ったまま維持することであり，両者の均衡を保持することである[2]。

グラッデンもまた，生産と分配の機構についてのみ議論する社会主義は真の社会主義ではないと主張していた。かれにとって真の社会主義は，スピリットに配慮しなければならないものだった。かれによればそうしたスピリットは，われわれが自分たちの仕事を一つの「社会的役割（social function）」として把握する習慣のなかにあらわれ出る。社会主義は個人主義と車の両輪をなし，人間の魂に働きかけなければならない。これこそが真の社会主義であり，アメリカン・スピリットに根をもつ合衆国に本来的な社会主義である。デューイもまた，問われればグラッデンの主張を支持したであろうことは，容易に予想できる。

だが，ヨーロッパの知識人たちは，第一次世界大戦後のヨーロッパにたいする合衆国の圧倒的な経済的影響力のなかで，デューイやグラッデンの抱いた魂やスピリットではなく，アメリカの物量こそが，合衆国の本性そのものであるとそれまで以上にみなすようになっていった。第一次世界大

（2） Washington Gladden, *Christianity and Socialism* (1905; reprint, Amsterdam: Fredonia Books, 2002), p. 122.

戦後，アメリカの経済力がヨーロッパ中を席巻するにつれて，ヨーロッパの知識人たちは，アメリカニズムという名称のもとで，物質主義というレッテルを合衆国にはりつけ批判を強めていった。

たとえば同時代のフランスの政治学者アンドレ・シークフリートは，『今日の合衆国』（1927年）のなかで，合衆国の豊かさの源泉である大量生産がヨーロッパの育んできた個人の権利を犠牲にしていると警鐘を鳴らしている。シークフリートによれば，大量生産という新しい方法によってもたらされた革命的変化の結果，アメリカはふたたびヨーロッパにとって新世界となったのであり，それゆえにヨーロッパ人はアメリカを今まさに再発見しなければならなかった[3]。というのも，ヨーロッパ諸国と合衆国は宗教や倫理の点で同一の起源に立脚しているにもかかわらず，いまや両者のあいだで追求する価値は大きく分岐し，その懸隔は先の戦争によって頂点に達していると思われたからである。

その広大な自然資源を駆使して，アメリカの繁栄は他所では見ることのできない高みに到達している。だが，それは同時に，アメリカ人すべてが生産という単一のゴールに向って突き進み，生産物によって支配される物質主義の社会に囲い込まれる結果となっている。「機械，画一化，極度の分業と組織化を用いた結果として，ヨーロッパ人たちがほとんど夢想してこなかったような程度にまで，生産手段は活気づいた。しかしながら，この超集産主義の根底にあるのは，個人に及ぼす多大なリスクである[4]」。シークフリートはそのように結論づけている。

アメリカの産業を象徴する「フォーディズム」は，労働者それ自身の画一化をもたらし，職人気質（artisanship）は，時代遅れの遺物となって新世界では居場所がなくなっている。だが，新世界たる合衆国では失われた個人の創造性こそ，旧世界たるヨーロッパの「われわれ」は文明の基盤そ

---

(3) Andre Siegfried, *America Comes of Age* (New York: Harcourt, 1927), p. 347.

(4) Siegfried, *ibid*., p. 348.

のものであるとみなしてきたのであり、これからも画一化の暴力から守らなければならない。「自らの創造的な努力を通じて自身の人格を表出することは、すべてのフランス人の野心であるが、それは大量生産とは両立不可能である[5]」。たとえばこうしたシークフリートの議論が前提としているヨーロッパと合衆国との対比のなかで、機械の支配による画一化や個性の喪失を実質的に意味するものとしてのアメリカニズムという用語は、1920年代から1930年代にかけて浮上してきたと言えるだろう。

1931年にはシークフリートと同じくフランス人であるジョルジュ・デュアメルの『アメリカという脅威（America the Menace）』の翻訳も出版されている。デュアメルはこのなかで、われわれの未来を示す極西の土地である合衆国をみて衝撃を受けるのは、人間の生活が次第に虫の生き方に似てきていることだと記している[6]。「かれら〔アメリカ人〕は、画一化の要請、不愉快で匿名的な労働、鉄の規律を受け入れている」と、デュアメルは書いている。では、アメリカ人たちはそうした犠牲と引きかえに、なにを手に入れているのか。「産業の独裁」がもたらしたもの、それは「新しい欲望」、すなわち一冬で着古されてしまう既製品のオーバーコートにデュアメルが代表させているような消費の欲望にほかならなかった[7]。

ヨーロッパの知識人たちによって負の意味を付与され、自覚的に練り上げられたこの言葉は合衆国にも逆輸入されていくことになるが、アメリカの知識人たちの反発を当然ながら引き起こすことになる。そうしたなかでデューイもまた、アメリカニズムの自覚的な弁証を請け負った。かれの手によるアメリカニズムの肯定的なとらえ返し、いわばアメリカ的な価値の再発見は、アメリカニズムの意識的な意味反転の試みの代表的な例として位置づけることができるかもしれない。

『ニュー・リパブリック』誌上での連載というかたちで生み出された『古

---

(5) Siegfried, *ibid*., p. 349.
(6) Georges Duhamel, *America the Menace: Scenes from the Life of Future* (New York: Houghton Mifflin, 1931), p. 194.
(7) Duhamel, *ibid*., p. 200.

い個人主義と新しい個人主義』(1930年) のなかでデューイは，今や史的唯物論は理論ではなく一つの事実になったという大恐慌直後の率直な見解を表明しながら，アメリカニズムという言葉を取り上げていく。かれはアメリカニズムの肯定的な意味付与を試みつつ，合衆国においてこれまで支持されてきた旧来の個人主義を，新しい社会的条件に即した個人主義へと再構成する「公共的社会主義 (public socialism)」を確立する必要を説いていく。

　デューイは，ヨーロッパ人にとってのアメリカニズムの認識とその意味づけを，こう語ることからはじめている。「文化の一形式としてのアメリカニズムは，ヨーロッパ人にとっては戦争の前まで存在しなかった。いまやそれは実際に存在する，しかも脅威 (menace) として存在している[8]」(LW5:50)。なお，ここでデューイが例として依拠しているのは，ミューラー・フライアンフェルス (Mueller Freienfels) という同時代のドイツ知識人のアメリカ論であるが，いずれにしてもデューイのみるところ，ヨーロッパ人がアメリカニズムの特徴として挙げているのは，万物の数量化，機械化，規格化だった。しかし，これは本来のアメリカニズムからすれば，途方もない誤解であると思われた。

　デューイにしたがえば，「機会の平等という理想と，この平等を効果的に実現するための条件としての生まれや地位にかかわりない万人にとっての自由という理想」(LW5:48) こそが，われわれの本質的なアメリカニズムであり，新世界の特徴として称賛されてきたものだった。平等な機会，自

---

(8)「大半の社会的統合は，外的圧力の反応としてたちあらわれる。これと同じことはヨーロッパ合衆国 (a United States of Europe) にもあてはまりそうである。もしこの理想が現実に近づいているなら，それはアメリカ合衆国(the United States of America)の経済的および金融的ヘゲモニー (hegemony) にたいする防御的反応として，おそらくはあるのだろう。その結果は，ヨーロッパにとっておそらく良いことだろうし，われわれは国際的に言っても，知らず知らずのうちに一つの善き目的に奉仕するはずである」(LW5:50-51)。

由な結合，相互のコミュニケーションは純粋に，われわれの伝統の「スピリチュアルな要素」(LW5:497) であり続けた。だが，たしかにそうしたスピリチュアルな要素は，今や「貨幣文化（money culture）」ないしは「金銭文化（pecuniary culture）」によって追いやられ，個人主義はそうした文化に従属させられている。経済構造への古い個人主義のこの従属が明らかである以上，古きよき信条を言葉のうえで繰り返しても現在の状況下の問題を糊塗する以外のことはもはやできない。

　それにもかかわらずヨーロッパ人にとっては，貨幣文化こそがそもそも最初からアメリカニズムの本質であり，合衆国から発する新しいかたちの野蛮主義であると受けとめられている，とデューイは批判している。アメリカの文化は生の量化と生の質の軽視をもたらしているだけでなく，その文化に内在している非人格性は人格と個性という理念を決定的に欠いている，とヨーロッパの知識人たちの多くはみなしていた。かれらにとっては数量化，機械化，規格化こそが，世界を征服しつつあるアメリカ化のしるしそのものだった。

　それにたいして，デューイはヨーロッパ人が言う個性をむしろ問題視する。「アメリカ的なタイプの平準化する規格化と画一性によっておびやかされているヨーロッパの文化のなかで称賛され自慢されてきた『個性』は，非常に限定された事柄だった」(LW5:54)。ヨーロッパにあるとされる個性が，農民やプロレタリアートによってどれほど共有されてきたというのか。むしろ技術（technique）は，すでに人びとの生活水準を疑いなく改善してきたように，過去に――とりわけヨーロッパで――達成された以上の個性の広範な解放をもたらす潜在能力がある，とデューイは強調するのである。それゆえに今こそ求められているのは，現にわれわれが生きている客体的条件と調和する新しい個性の構築，つまり新しい個人主義の創造だった。

　ここからデューイは，合衆国の現状分析へとたちかえっていく。「合衆国は初期開拓時代の個人主義から団体性（corporateness）の支配という条件に着実に移ってきたと言うことができる」(LW5:58)。今や合衆国における製造，輸送，流通，金融のすべてを法人企業が担い，この動きに政治的

コントロールは必要だとしても、立法によってその成長に根本的な歯止めをかけることなど、もはやできない。しかし、いまなお集合的なものと個人的なものとを対比させる習慣が残っていることこそがデューイにとっては問題と思われた。かれによれば悲劇の原因は、諸個人は今や広範で複雑な「結合 (association)」のなかにからめとられているのに、「こうしたつながりの意義が生についての想像的で情緒的な見通しに調和をもって首尾一貫して反映されていない」(LW5:81) ことにあった。

デューイによれば、規格化や画一性がなげかわしいのは、むしろ社会のなかでそれが表面的なものにとどまり、コミュニケーションの積極的な条件へと転化されるところまで進んでいないからである。すなわち、社会は相互作用であり、そうした相互作用はデューイにしたがえば参加によるギブ・アンド・テイクをうちに含んでいる。順応がもしもコミュニケーションの停止や麻痺を意味するなら、それは否定されるべきであるが、そうではなくて順応が純粋に共同的生活から生じる同意の自発的表明であるならば、それは永続的かつ効果的になるとかれは擁護するのである。社会の大規模な統合それ自体を否定するのではなく、そうした統合の潜在的可能性を積極的に拡大していこうとすることこそ、デューイが訴えたことだった。

デューイにとって今や社会の全般的な法人企業化をうけて、経済決定論は理論ではなく一つの事実であり、アメリカ合衆国はある種の社会主義に入りつつあるように思われた。ここから重要なことは、産業活動の規制の計画を政府の強制によって行なうのか、それとも——アメリカ的生活のスピリットと調和する——民衆の自発的同意によって行なうのかということだった。これはまさに、アメリカにおける来るべき新しい文化の創造の問題と密接に結びついているとデューイには思われた。同意の自発的表明としての順応という見通しは、たとえどれほどそれが楽観的にみえたとしても、デューイにあっては真剣なまなざしによって貫かれていたのである。

独立政治行動連盟の思想と行動

新しい文化の創造にたいする確信を背景として、1930年代前半という合

衆国にとって未曾有の経済的危機のなかで，デューイはそれまでになく政治的コミットメントを深めていった。かれの政治的コミットメントの具体的な足場となっていくのが，独立政治行動連盟 (the League for Independent Political Action) だった。独立政治行動連盟は，1928年の大統領選後の12月にシカゴ大学の経済学者だったポール・H・ダグラスら二大政党制に失望を感じる知識人たちによって結成された政治組織であり，イギリスの労働党の線に沿った第三党の確立を目指した[9]。

　デューイは1929年にこう述べている。「革新的 (progressive) と呼ばれるかもしれない，この国のひとかたまりの感情はつねに存在してきたし，われわれの経済的生活のなかでの社会的敗者 (underdog) にたいする相当な量の社会的同情も存在している」(LW5:346)。デューイがみるところ，このような感情と同情こそが，合衆国の歴史のなかで繰返し散発的に起きてきた政治的運動の基盤であった。

　しかしかれが懸念するのは，こうした情緒にのみ依存することは，統合に束の間の紐帯しか提供してこなかったということである。少なくとも20世紀にはいってからの30年間，合衆国のリベラルな政治運動は，束の間の熱狂の後でお決まりの停滞に飲み込まれてきたとかれは言う。それゆえに，独立政治行動連盟の結成を知ったデューイは，長年の懸案を根本的に解決する好機の到来と考え，この連盟に合流し，ほどなくして総裁の職に就くことになる。1929年の5月末のことだった。連盟の副総裁には，前述のダグラスをはじめ，すでに本書で名前を挙げているデュボイス，さらにゾーナ・ゲイル，ジェイムズ・H・マウラーが就任し，ノーマン・トーマスにくわえてニーバーも連盟に参加した。

　時代はまさに，世界大恐慌の波が襲うなか，ソ連が何ら影響を受けずに着実な経済発展を遂げているとみえた1930年代前半だった。なお，ソ連の計画経済にたいするデューイの好意的評価は，「社会科学と社会的コント

---

　(9) Eugene M. Tobin, *Organize or Perish: America's Independent Progressives, 1913-1933* (Westport: Greenwood Press, 1986), pp. 196-197, 203.

ロール」(1931年)といった論稿のなかにみることができる。このなかでデューイは,1920年代の合衆国で実施された禁酒法とソ連の五ヵ年計画とを対置させて,後者のソ連の試みを——欧米における同時代の多くの知識人たちと同様に——高く評価していた。

デューイによれば,禁酒法はそれが道徳的に高潔なものであろうとなかろうと,社会的実験とは呼べないものだった。なぜなら,この禁酒法には実験にとっても本質的な,コントロールの条件を獲得しようという努力がまったくなかったからである。それにたいして,ソ連の五カ年計画は,社会的実験の名にふさわしい特徴を有しているようにみえた。というのもそれは,完全ではないにしてもかなりの程度まで,明確な指標を用いながらある特定の社会的結果を獲得しようとする社会的コントロールの試みであるとみえたからである。新しい政治のモデルと期待を,多くの知識人たちと同じように,デューイもまたソ連に見出していた。

ロシア革命後のソ連には欧米から多くの知識人が視察に訪れたが,デューイもまた,かつて1928年に,教育家の視察団とともにレニングラードおよびモスクワを訪れてソ連を実際に見聞していた。1920年代にデューイは,ソ連の未来に可能性をみていた。デューイにとってかれが実際の見聞から獲得したロシア革命の意義は,それが単に政治的革命であったということだけではなく,そこで新しい文明を創造しようという努力がなされていることであった[10]。デューイのソ連にたいする高い評価は,この点にかかっていた。それゆえに新しい文化の創造のために,合衆国においても今まさに政治的刷新が不可欠であるとかれには思われた。

独立政治行動連盟の総裁としてデューイは,共和党全国委員会の委員長であるロバート・H・ルーカスらと反目していたネブラスカ選出の共和党上院議員,ジョージ・ウィリアム・ノリスに書簡を送り,既存の政党とのつながりを金輪際断ち切って,独立政治行動連盟や他のリベラルなグループと一緒に新党結成に動き,新しい第三の政党を率いるように懇請した。

---

(10) Alan Ryan, *John Dewey and The High Tide of American Liberalism*, p. 227.

このデューイの要請にたいして，ノリスはつぎのように新党結成の要請を断ることになる。ノリスは，実質的に政治的革命が起きている危急存亡の場合を除けば，民衆が新しい政党への求めに応じることはないだろうと指摘したうえで，今われわれがなすべきことは，大政党のどちらからも独立した大統領候補の指名を容易にすることだと，デューイに返答している。ノリスはその後1931年に，ボラー上院議員らとともに「革新主義者会議」を開いて，二大政党制の枠組みのなかで超党派のフーヴァー批判を行なっていくことになる[11]。ノリスは共和党員でありながらローズヴェルトを応援し，この1930年代に無所属で選挙を戦って当選している。

デューイの反応は，きわめて冷静だった。「わたしはノリス上院議員から即座に積極的な返答があるとはほとんど期待していなかった。わたしが望んだのは，こうした抑えることのできない紛争を強調することである。そうした紛争がわたしの判断では，この新しい政治的同盟を必然のものにするのである」(LW5:448)。デューイは過去の歴史的経験に照らしても，大物政治家の引き抜きによる政治的転換は長期的にみて運動の広がりにプラスに作用しないだろうと言う。かれにとって新しい政党は「草の根から」やってこなければならないのであり，ノリスの返答はデューイのこの確信

---

(11) 紀平英作『ニューディール政治秩序の形成過程の研究──20世紀アメリカ合衆国政治社会史研究序説』(京都大学学術出版会，1993年)，136－142頁。紀平氏はつぎのように指摘している。「ノリスらの議会進歩派は，現状における二大政党の力が法的な規定からも突き破り難い強固なものであることを認め，リベラルが第三政党結成に走ることは，彼らの政治的影響力を分散させることになることを危惧した。積極的に理解すれば彼らの反第三政党論はそのような意味を含んでいた。しかし，同時に，彼らの反第三政党論は，この時点でのリベラルの行動を二大政党の枠内，それもとくに，上院の進歩派議員の指導下に係留するという明確な政治的制約として機能するものでもあった」，紀平前掲書，142頁。なお，デューイもまたこの1931年にフーヴァー大統領を批判している。デューイにとって，フーヴァーの重視する「エンジニアリング・マインド」は健全な再生に効果を発揮するとは思えなかった。

をさらに強めるものだった。既成政党の議員たちにたいするかれの批判は激しさを増していくことになる。

デューイのアメリカ社会党批判とローズヴェルト批判

　デューイの思惑とはべつに1932年の大統領選挙で勝利をおさめたのは，民主党のフランクリン・ローズヴェルトだった。デューイは自らにとって望ましくないこの選挙結果を，自分の展望に引きつけて解釈しようと試みていた。「投票者たちはニューディールを欲した。多くは嫌々の投票だった。しかし投票者たちの変化は，遺恨による投票以上のものだった。それはまた，抗議の投票以上のものだった。それは大きく見積もって，新しい政党のための同盟とまではいわないにしても，新しい政治的措置のための同盟に賛成する投票だった」(LW6:253)。

　こうした投票の変化を，単に共和党から民主党への政権移動としてしか分析しない新聞メディアを，デューイは厳しく批判した。今回の投票結果は，大企業を支援する反動的な現状維持から，普通の民衆の支援へと転換することを求める期待表明だったというのがデューイの判断であり，大手メディアはこの事実を隠したがっているとみえた。それゆえに，独立政治行動連盟の受ける試練とともに真の機会は，この選挙のあとにやってくるだろうとデューイは確信した。すなわち，ローズヴェルトへの投票が多くなればなるほど，大多数の投票者たちは避けがたい失望に陥る羽目になるだろうというのが，かれの読みだった。

　翌年の「ラディカルな政治的アクションの未来」(1933年)のなかで，デューイはあらためて現下の課題とローズヴェルトにたいする不満を表明している。「一般的潮流はあきらかに，産業と金融を社会的にコントロールするために政府の諸機関を用いるような政策を支持している。民主党は，そのようなコントロールをもたらすことができると信頼するには程遠い」(LW9:66)。

　この時期，レックスフォード・タグウェルに代表されるようにローズヴェルトの「ブレイン・トラスト」や，あるいは政府機関にかかわる学者た

ちも経済学者を中心に少なくなかった[12]。だが他方で、合衆国の知識人たちのまた少なからざる部分は、ラディカリズムへの一層の傾斜を強めていた。そうした知識人たちの一人であるアルフレッド・ビンガムは、セルデン・ロッドマンとともに『ニューディールへの挑戦』(1934年) というローズヴェルト政権に批判的な論稿からなる論文集を編集して出版している。この論文集には、ジョン・ドス・パソスやルイス・マンフォード、あるいはジェームズ・ローティやマックス・イーストマンといった多くの知識人たちが寄稿しており、その序文はデューイによって書かれた[13]。

この序文のなかでデューイは、「知識人たちは左派に転向しつつある」(LW9:297) という議論はもはや過去のものであると宣言する。今や知識人たちは事実として左派なのであり、唯一われわれが問うことができるのは「どの程度の左にまで自分たちが進んだか」(LW9:297) だった。

ただし、デューイはラディカリズムへの共鳴を隠さない一方で、共産主義からは自覚的に距離をとり続けていた。かれは、シドニー・フックらの強い勧めにもかかわらず、同時代の多くの知識人が傾斜していったマルクス主義に批判的姿勢を崩さなかった。「何故わたしは共産主義者でないのか」(1934年) のなかで、デューイはソ連の公式な共産主義にたいしていくつかの批判点を示しながら、こう述べている。「わたしは階級闘争の存在を今日の社会生活における根本的な事実として承認するが、そのような闘争が排除され真の社会的前進が作りだされるような唯一の手段としての階

---

(12) Elliot A. Rosen, *Hoover, Roosevelt, and the Brains Trust: From Depression to New Deal* (New York: Columbia University Press, 1977).

(13) Alfred M. Bingham and Selden Rodman eds., *Challenge to the New Deal* (New York: Falcon Press, 1934). ビンガムとロッドマンはともにこの時期デューイもしばしば寄稿した『コモン・センス』の編集者をしていた。ビンガムを含めた同時代の非マルクス主義的な急進的知識人の社会的軌跡については以下の研究文献を参照のこと。Donald L. Miller, *The New American Radicalism: Alfred M. Bingham and Non-Marxian Insurgency in the New Deal Era* (Port Washington: Kennikat Press, 1979).

級戦争には，著しく懐疑的である」(LW9:93)。デューイはドイツおよびイタリアの事例を引きつつ，内戦の脅威はファシズムを伸張させることにしか結果しないことを主張した。また，ロシアとは異なり，産業化が高度に進展し中産階級の強力なアメリカにおいては，暴力を主とする革命では混沌をもたらす以上のことは何も結果しないとも警告している[14]。

他方でかれは，ニューディールを厳しく批判しつつもリベラリズムへのコミットメントを放棄せず，むしろそれをある面では強調しさえしていた。かれがリベラリズムという旗の下にこめた政治的含意，それは社会変化の方法における知性の強調に尽きる。「現在，社会変化をもたらすのに集積された力を使うことに依存するのが流行しているのを見るにつけても，重大な変化がもたらされる手段ないしは方法の重要性を，リベラルは強調しなければならない」(LW11:259)。同時代にあって，カール・マルクスやムッソリーニの名前でもって教条主義が流布しているが，こうした議論の多くは手段と目的を分離している。分離をすることの得策さや道徳性が問題なのではなかった。デューイによれば，こうした分離はそもそも不可能なのであり，用いられる手段の種類こそが，実際に到達される帰結の種類を決定するのである。

したがって，「社会的リベラリズム」にとっておそらくもっとも重大なことは，目的と手段とのこうした分離不可能性を強調することだった。「達成のために用いられる手段についてもっとも重要なことは，そうした手段を特徴づけている力と知性との比率（ratio）である」(LW11:259)。本質的に望ましいという目的を単独で設定することが，体系的な理論のうえではおそらくできるかもしれないが，実際にわれわれが社会的文脈で獲得しう

---

(14) この論稿は『モダン・マンスリー』の4月号に掲載されたが，同名のタイトルでバートランド・ラッセルとモーリス・コーエンも寄稿している。それにたいして次章にて詳述するシドニー・フックは，「何故わたしは共産主義者なのか」と題した論稿を寄稿している。Christopher Phelps, *Young Sidney Hook: Marxism & Pragmatism* (Ann Arbor: The University of Michigan Press, 2005), p. 101.

るものは，それを達成するのに用いることのできる手段に決定的に依拠することになる。かくして，デューイはつぎのことを確認する。

> リベラリズムは，政策とアクションにおいて知性に基づく（intelligent）ラディカリズムに反対しない。それが反対するのは，革命的な社会変化に影響をおよぼす際の主要因である純然たる力と戦争を自暴自棄に作り出す，知性に基づかないラディカリズムである（LW11:259）。

それゆえにデューイにしたがえば，もしラディカリズムが漸進的ではなく劇的な社会変化をもたらす政策の採用を意味するのなら，社会哲学としてのリベラリズムとアクションにおけるラディカリズムとのあいだには，原理的に対立はなかったのである。

ニーバーのデューイ批判と集合的エゴイズムの分析

デューイの自称したラディカリズムを痛烈に批判したのは，ニーバーだった。ニーバーは1928年にベテル福音教会からニューヨークのユニオン神学校に移ったが，かれはこの1928年にユニオン神学校を訪れたエミール・ブルンナーのセミナーを聴講し，セミナー終了後のブルンナーとの個人的な対話を通して，リベラルな神学が忘却してきた罪──特に高慢（pride）の罪──と恩寵の重要性を認識していった[15]。こうしたブルンナーとの出会いやカール・バルトの著作への接近が，ニーバーをソーシャル・ゴスペル的なリベラル神学から徐々に離脱させていくことになった。それと同時に，ニーバーはデトロイトの労働者の過酷な実態を経験し，その終末論的な論理に拠りどころを探ることによってラディカルな社会改革を求めてマルクス主義へ傾斜していった。実際にかれは1929年に社会党へ入党していた。

---

(15) Charles C. Brown, *Niebuhr and His Age: Reinhold Niebuhr's Prophetic Role and Legacy* foreword by Arthur M. Schlesinger, Jr. (Harrisburg: Trinity Press International, 2002), p. 38.

ニーバーは，デューイとその後継者たちが主張しているようにみえた，実験的方法の社会への導入による無知の解消と社会的正義の実現という展望は，諸々の利害に基づく社会的闘争が貫徹する政治的領域では妥当性をもたないことを激しく批判した[16]。ニーバーが1932年に刊行した『道徳的人間と非道徳的社会』のなかで展開しているのは，諸個人の集合体である社会的集団が，個人のように理性的にあるいは道徳的に行為をすることはありえず，その意味で集団の道徳性は個人の道徳性に比して決定的に劣っているという主張だった。

　ニーバーにとって，自然の統制に大きな役割を果たした技術は，社会的協力もまたより強固かつ広範なものにしたが，それは社会的正義の確立を容易にしたというよりもむしろ，より複雑で困難なものにしたようにみえた。諸々の社会的集団とそうした集団各々の個別的利害の多様化は，相互作用の複雑性を増大させ，公正な基準の確立を部分的なものにとどめて強制力の——大半の場合は公正でない——使用を不可避的なものにしていく。説得に基づく紛争の調停にはつねに致命的な限界がつきまとい，機会があればたやすく多数を占める集団は少数者を抑圧しようとする。

　それゆえに，社会の規模で知性を適用していくことには，つぎの一節にみるように決定的な限界があるとニーバーには思われた。「もしも政治的な諸々のイシューが，偏見のない市民たちが参与することを求められている本当に抽象的な社会政策の問題であるなら，投票や選挙前の討論は，たしかにある社会集団がその共通の精神を発見する教育的プログラムとみなされるかもしれない。しかし，政治的意見は必然的になんらかの経済的利害にその根をもっており，相対的に少数の市民だけが，自らの利害を考慮せずに社会政策の問題を考えることができるにすぎないというのが事実なのである[17]」。

（16）　Reinhold Niebuhr, *Moral Man and Immoral Society: A Study in Ethics and Politics* (1932; reprint, Louisville: Westminster John Knox Press, 2001). 大木英夫訳『道徳的人間と非道徳的社会』（白水社，1998年）。

（17）　Niebuhr, *ibid.*, p. 5. 前掲書，24−25頁。

この事実を踏み越えて，社会のなかで調和のとれた道徳的解決が可能であると夢想することは，支配層が歴史上しばしば陥ってきた偽善を生み出すことにしか結果しない。というのも，ニーバーにしたがえば他者にたいする倫理は，個人的な接触や直接的な関係性に依存するものである以上，個人的接触が減少した社会にあってそれを求めることは混乱を助長することにしかつながらないからである。

こうした限界はまた，宗教にもあてはまるものである。ニーバーによれば宗教がもたらす絶対的なものにたいする感覚が，神の人格を媒介として道徳原理を絶対的なものとし，絶対的な無私の態度を可能にし，さらには他者の生に超越的価値を与えることによって愛を促進する。しかし，人間の精神や想像力の決定的な限界のために，宗教が説く愛の射程は，個人や小さな集団が保持しうる倫理性を超えて社会全体の改革をなし遂げるには，あまりにも短いものである。このため「宗教は，生という弓をあまりに強くひいてしまうので，それは弦を切ってしまう（敗北主義）か，それとも的を外してしまう（熱狂主義と禁欲主義)[18]」という極端な二項対立に陥りがちである。

それゆえにニーバーは，正義の展望には宗教的要素が不可欠であることを強調しつつも，社会には愛に代えて正義の感覚が要請されると述べる。とはいえ，ニーバーが繰り返し論じるように，知性による社会的正義の実現にはつねに限界がつきまとい，さらには不正義な社会を改革しようという試みそれ自体が，あらたな不正義を導入することさえある。たとえば同時代の共産主義者たちは，資本主義の階級的不平等とそこに貫徹する権力を適切に見抜くにもかかわらず，革命政府が樹立されたあかつきにはこの地上からそうした不平等は一掃されると考える。こうした想定はニーバーにとってあまりにもユートピア的であり，あらたな不正義の温床となりうるようにみえたのである。

ニーバーは，集合的エゴイズムの不可避性とその根絶不可能性とを見据

---

(18) Niebuhr, *ibid*., p. 71. 前掲書，88頁。

えつつ,なおそのなかでの個人の倫理的行動の可能性を追究していた。たとえばニーバーにとって,ネイション間の関係もまた,当然にそうした集合的エゴイズムが貫徹する場だった。かれは,国際関係における知性の役割の限界をこう述べている。「国際貿易の発達,諸ネイション間の経済的相互依存の増大,そして技術文明の装置全体は,諸ネイション間の問題やイシューを,それらを解決する知性が創造されるよりもずっと速く増大させていく[19]」。国際関係の場においても,政治的問題にたいする理性的な理解と解決は,きわめて小さな力しかもつことができない。結局のところ,国家がとる対外的行動は,政府に排他的な影響力を行使しうる支配的諸集団の利害によって立案され,さまざまなプロパガンダやシンボルの操作によって動員される民衆の感情やヒステリーによって支持されることになる。

さらにニーバーは,一見して高貴なものにみえる愛国心には,致命的なパラドックスや欺瞞が内在せざるを得ないことを指摘している。すなわち,あるネイションのために自己を捨てて挺身するという個人のアンセルフィッシュネスが,逆説的にもそのネイションのセルフィッシュネスを助長するのであり,また,ネイションと自己とを同一化させることによって代理的に自らのセルフィッシュネスを満足させるという自己中心主義を隠し持っている場合さえある。

ニーバーは愛国心のこうした逆説や欺瞞について多くの歴史的事例に言及しているが,かれにしたがえば,アメリカ人が経験した米西戦争以上に知識人や政治家たちが偽善とセンチメンタリズムを身にまとった時期はなかった。というのも,すでに本書でみたストロングやアボットの正当化のなかに端的に見出されるように,米西戦争とそれに引き続くフィリピン領有はアメリカにとって,「若く,政治的に未熟な国家が,子供のときの反帝国主義的無垢さ(innocency)と,たいそうな若者になったときの帝国主義的衝動とを調和させようとした[20]」偽善的な試みに他ならなかったからで

---

(19) Niebuhr, *ibid.*, p. 85. 前掲書,103頁。
(20) Niebuhr, *ibid.*, p. 99. 前掲書,117頁。

こうしてニーバーは、『道徳的人間と非道徳的社会』のなかで、一つの結論に到達している。すなわち、「適切な政治的道徳性は、モラリストと政治的リアリスト両方の洞察を正しく扱わなければならない[21]」ということである。集合的な人間の営みから強制力をなくすことはできないし、そうできると夢想することは致命的な欺瞞を政治という領域に持ち込むことにしか結果しない。それゆえに、われわれにできることは、強制力の存在を白日の下にさらしつつその行使をできるだけ少なくし、そうした強制力が理性にもっともよく沿うかたちで用いられるようにすることであり、また、避けられず強制力が用いられる場合にはその目的や目標を特定化し、社会が「不毛な紛争という終わりなき循環」に陥らないようにしなければならないということである。

　ニーバーがとくに重視したのは、ガンジーらが実践していたボイコットといった非暴力による抵抗である。もちろん、非暴力は無抵抗と同一視されるものではないし、直接的な危害を物理的に加えないという意味で非暴力と称されつつも、それが抵抗として純然たる暴力を発動する以上、無垢の人を深刻なかたちで犠牲にする可能性から逃れられるものではない。それでもなおニーバーによれば、非暴力による抵抗は、抵抗にしばしば含まれている怒りが避けがたく発するエゴイスティックな要素を可能なかぎり取り除くことで、支配的で抑圧的な層の被抑圧者にたいする機械的反応としての憎悪を抑えることができるし、また、理不尽な要求を突きつけて抵抗されているといった、支配層の道徳的思い上がりを抑えることもできる。ニーバーにとって非暴力による抵抗は、集合的エゴイズムを発動させる偽善や虚栄心を抑制しつつ、理性の制限された活動範囲を保持する政治的選択肢と考えられたのであり、深刻な社会的闘争の只中で、闘争の双方に理性と宗教的な想像力に基づいた和解の余地を残すものであるように思われた。

---

　(21)　Niebuhr, *ibid*., p. 233. 前掲書, 247頁。

デューイの反論と社会的知性のもとでの人間

『道徳的人間と非道徳的社会』におけるニーバーの批判にたいしてデューイは,「統合と進歩」(1933年3月)あるいは「知性と権力」(1934年4月)といった論稿で,応答を試みている。デューイがそれら一連の論稿のなかで強調したことは,思考とアクションの統合の可能性と条件に尽きる。

かれは,自分への批判者たちが「知識がまずあり,そのつぎに知識からアクションが生じたり生じなかったりする」(LW9:110)と仮定したうえで,知性の有効性を疑問視していると反発している。この一節の意味するところは,「統合と進歩」や「知性と権力」と同時期に書かれたかれのより実践的な論稿,すなわち独立政治行動連盟にかかわるかれの論稿との対照により明確にできるだろう。

「統合と進歩」を書く直前,デューイは「ラディカルな政治的アクションの未来」(1933年1月)のなかで1932年の大統領選挙の敗北を受けとめつつ,独立政治行動連盟の果たすべき役割を再確認していた。このなかでかれがあらためて強調していたのは,アメリカの政治に実際的な影響力を行使できるような第三勢力の幅広い結集の必要だった。デューイは,労働者にかぎらない幅広い社会階層,とりわけ中産階級を構成する人びとに結集を訴え,ノーマン・トーマスの社会党にたいして第三党運動への統合の呼びかけを行なっていた。社会主義者たちが教義にこりかたまっていると非難するつもりはないと,かれは言う。ただしデューイにとって,かれらに言わなければならないことは「われわれは諸勢力(forces)の統合を望んでいるのであり,そうした統合に社会主義者たちは寄与することができるし,寄与すべきである」(LW9:68)ということだった。

デューイは中産階級の政治的重要性をくりかえし強調する。「われわれは,過去においてリベラルとラディカルの力をあれほどまで弱めた孤立と分裂のかわりに,諸勢力の統合を望むがゆえに,軽蔑される中産階級を構成している,農民,エンジニア,教師,ソーシャル・ワーカー,小商店主,店員,新聞人,つまりホワイトカラーの労働者たちにたいする嘲りと嘲笑に

強く反対する」(LW9:68-69)。デューイにとって，人口の大多数が「プロレタリアート」へと落ち込むまで，効果的でラディカルな政治的アクションはありえないと仮定することは，敗北主義にほかならなかった。かれが求めたのは，長期的には理念を同じくする社会的構成員たちが，短期的な利害の不一致を乗り越えて共同の政治的アクションを採る可能性とその条件だった。まさにそれは，コモン・マンの結集にほかならず，その核をなすのは中産階級をおいて他には考えられなかった。

コモン・マンにたいするデューイの信頼は，この時期の他の論稿のなかにも強く浮き出ている。たとえば「緊急の必要——ラディカルな新政党」(1933年) の冒頭で，デューイは自らの主張の要点をこう述べている。

> デモクラシーを再興するために，本質的なのは一つのこと，たった一つのことである。民衆が権力を有するとき，民衆は支配する。かれらは土地，銀行，ネイションの生産と分配の機構を所持し，コントロールする程度に応じて権力を有するだろう。ボルシェヴィズム，共産主義，社会主義について夢想することは，この言明についての公理的真理と関連はない (LW9:76-77)。

ここから読みとることができるように，デューイにとって合衆国のポピュリズムの伝統に立脚したデモクラシーこそが今まさに回復されなければならないものだったのであり，『古い個人主義と新しい個人主義』のなかで「公共的社会主義」の必要性をかれが唱え，ソ連に希望をみていたからといって，共産主義それ自体を，実現すべき教義として優先させていたのではまったくなかった。

デューイはまた，ローズヴェルトとかれのブレインたちの施策を全否定してもいなかった。かれらが行なっていることは，生産や分配の国有化，さらに言えば「民衆化 (popularization)」を準備するのに必要であるとデューイはみていたし，また，緊急の措置として一定の評価さえしていた。だが問題は，合衆国を今後どのような方向へと導いていくのかについて，か

れらの考えは誤っているということだった。「ローズヴェルトの措置は急の場合は良かった。われわれは喜んで，そして愛国的に（patriotically）かれの措置を支持した。しかし急は過ぎ去った。政府はビジネスから手を離し，ビジネスのリーダーたちの慣性的なエネルギーや賢明さが，かれら自身の賢明で成功した仕方で——真に『アメリカ的な』仕方で自分たちの事柄をするように——しなければならない」（LW9:78）。アメリカ的な仕方，つまり民衆の力の自発的な結集こそが，この危機の時代には要請されるし，また，要請されなければならないとデューイは考えていた。

　それでは，短期的な利害の不一致をどのように乗り越えて，当事者たちは社会的知性と呼びうる協力的プロセスにコミットしていくのだろうか。ニーバーは理性と理性によって確立される社会的正義とをけっして全面的に否定しているわけではなく，個人を超えて集合的に理性を社会に適用する——デューイにとっての社会的知性——その際の不可避的な限界について指摘をしていた。ニーバーが示すように，人びとが私的利害に基づく不一致を乗り越え，公的な目的のために社会的協力へ参加するという知識人の描く展望が，実際の政治的生活においていかに困難な課題であるかを，少なくとも歴史は明らかにしてきたのではなかったろうか。

　『リベラリズムと社会的アクション』（1935年）の末尾で，デューイは自らそう呼びまた批判者からもそう規定される実験主義にたいしてなされる批判に反論を行なっている。しばしばなされるそうした批判とはこうである。すなわち，実験的な知性という方法が自然科学において適用可能なのは，物理的な性質が階級的利益を表象していないからであるのにたいして，社会は両立不可能な諸利益によって特徴づけられているがゆえに，そうした実験的方法を適用することは不可能であり，あえて適用を試みる実験主義者たちは，闘争関係にある諸利益を無視しているという批判である。

　さもなければ社会的問題は生じないであろうがゆえに，闘争関係にある諸利益が存在することをデューイもまた認めている。だがデューイの応答は，つぎのような一節に最終的には集約される。「暴力的な不和を生じさせるのは，そこにおいて相互に対立している諸利益が最大多数の利益にか

なうかたちで裁定されうるような知性でもって，紛争を処理しないからである」(LW11:56)。社会に存在する秩序が強制力の使用によって条件づけられていることは事実である。しかしそれでもなお，否，そうであるからこそ，実験科学に象徴される新しい方法，すなわち知性という方法を獲得するにいたったわれわれは，それを断固として社会に適用しなければならない。文明をはかる基準は，協力的知性が野蛮な紛争にとってかわっているその程度にあると言っても誇張ではない，とデューイは力強く断定してもいる。知性の拡張，とりわけ政治的生活における知性のさらなる組織的拡張は，あたかもわれわれの約束された道であるかのように，デューイは信じ続けていた。まさにそれは信仰と呼ぶにふさわしい態度表明だった。

デューイは，最終的には人々は社会的知性のもとで協力するし，また協力しなければならないという理念を歴史的現実に対置し続けることを選んだ。ニーバーの批判にたいするデューイの回答は，まさにここに見出される。おそらくこの言明が論理的には同義反復的であることは否定できないだろうし，かれの希望をあまりにも楽観的であると批判することも容易である。だが，ここで確認をしておかなければならないことは，1930年代における一見して世俗的なデューイの議論は，なんらかの神学的前提をなおも受け入れたうえで成立しているのではないか，すなわち，デューイにおいて知性は，その外部にあってその可能性を保障している，言わば知性にたいする信仰を前提としたものではないのか，ということである。

デューイが知性にかんして行なう議論に通底しているある種の神学的な前提を検証するうえで，かれが人間の実存的条件について手短ではあるが言及している『経験と自然』のなかの一節は示唆的である。というのも，デューイはそこで人間の条件についてこう述べているからである。

> 存在論的に言えば，人間個人は，柔軟でひろく浸透したニーズや嗜好と結びついた，偏向や選好を有する特異に不透明なものである (LW1: 186)。

人間のこうした特質は，自然な出来事がもつ「気まぐれな偶然性と法則的な画一性」の結果として生ずるものとして理解される。デューイはこの特質を人間の本性として理解しているわけではないが，有機体として個体的画一性をもちながら，それを逸脱する個別性をもってしまうという両義性によって，人間個人は，「盲目的孤独（solitariness）」（LW1:186）を運命づけられていることを認めている。デューイは，こうした特異性がもたらす危うい傾向をさらにこう指摘する。「そうした特異性の感覚はそれ自体から逃避するために，外的な忙しさや気晴らしのあらゆる機会に，休みなく貪欲に，自我を投げ込むことに導くかもしれない。この特異性の感覚は大切にされ，育てられ，人生の出来事からの切り離された教養ある慰めに発展し，他のすべてにたいする私的な内面生活の優越という妄想か，世界や社会とのつながりから，自らの純粋な内面性を解放することに真に成功しうるという幻想にいきつくのである」（LW1:187）。

　さらにデューイは，つづけてロマン主義に言及するなかで，あきらかにヘーゲルを念頭に置きつつ自我のもつ承認の欲求について述べている。「人は自分の私的な，主観的自我を確立するや否や，他者によって承認され（recognized），認められることを要求する。たとえこの要求を満足させるために，想像的聴衆や大文字の絶対的自我を発明しなければならないとしても，そうするのである」（LW1:187）。だが，デューイはここから承認をかけた闘争と主人と奴隷との分岐という議論には進まない。実際にかれは，この相克をそれ以上詳細に論じることはせずに，つぎのような解消の方途を示すのである。「今獲得した対象を作り直すことと一体化するときにのみ，われわれは自己満足的な客観主義から救われるのである。前に進んで新しい対象の形成や新しい自己の成長にともなうリスクを冒せない人は，自分自身が作り上げた，安定して閉ざされた世界が不可避的に変化するのに，否応なしに従わせられる」（LW1:189）。

　デューイにとって，承認という欲望は世界史を動かすような基底的なものとも，そのはけ口を真剣に考察すべき危険なものとも映らなかった。より控えめにみても，デューイは社会と個人との亀裂という危険性を，深刻

なものとしてとらえることはなかった[22]。むしろかれは、人は自らの閉鎖的な自尊心や自己利益から出て、他者との社会的な協力にかかわっていくし、かかわっていかなければならないという信念を隠さなかった。

　デューイのこうした立論をより整合的に理解するための見通しは、かれが初期の有神論的な絶対的理想主義に傾斜したスピリチュアルなヒューマニズムから自然主義へと移行した後でさえ、知性やデモクラシーについて語る際には、ソーシャル・ゴスペルに通じる世界観を継承し続けた、というものである。ドグマにたいする懐疑とヒューマニズムおよび知性にたいする確信は、かれのなかでなんら矛盾なく並存し続けていた。

　したがってデューイとニーバーとの対立もまた、世俗的合理主義とキリスト教政治神学との衝突という枠組みではなく、合衆国のプロテスタンティズムのリベラルな一形態であるソーシャル・ゴスペルと、そうしたソーシャル・ゴスペルから分岐した別の一形態であるクリスチャン・リアリズムとの相互批判的な競合のなかでとらえる必要があるだろう。とりわけ両者の対立のなかで浮かび上がってくるエゴイズムやセルフィッシュネスをめぐって、神学的前提の尖鋭な相克を等閑視することは困難だと言わざるを得ない。

　ソーシャル・ゴスペル的な理解において、そもそも利己心と動物的欲求とのあいだに差があるとは想定されない一方で、人間の魂は善を志向する

---

(22)　この点についてホーフスタッターはフロイトと対比させるかたちでつぎのように指摘している。「デューイにとって、世界は子供にとって苦難の源泉であるとしても教育的プロセスを通じて大部分は救済可能である。フロイトにとって、この二つは分離されたまま固定されており、こうした分離は変更可能で、ある程度まではその詳細も改良できるとしても、実質的には克服不可能なのである」。Richard Hofstadter, *Anti-Intellectualism in American Life*, p. 389. 前掲書、340頁。1920年代におけるデューイとフロイトをめぐる知的状況については、以下で詳細に検討されている。Thomas C. Dalton, *Becoming John Dewey: Dilemmas of a Philosopher and Naturalist* (Bloomington: Indiana University Press, 2002).

ことがあらかじめ担保されている。たとえば第1章でしばしば言及したライマン・アボットは、人間が罪深いのはまさに進化論がわれわれに教えるように人間が動物であることの証拠であると解釈している[23]。さまざまな欲望に溺れているとき、われわれは低級な動物へと退行しているに等しい。しかしアボットによれば、「あらゆる人間は二つの人間」である。すなわち人間は低次の獣としての側面を有していると同時に、高次な、これから向いつつある神的な側面をも併せて有している。イエス・キリストは歴史のなかでの神の最高の顕現ではある[24]。だが、人間のなかの神性はキリストのなかの神性と種類において異ならない、なぜならそれは「神のなかの神性と種類において異なるものではない[25]」からである。アボットにとって、神は人間性のなかに自らを啓示し、贖罪の力は魂のなかの神の力だった[26]。

ソーシャル・ゴスペルの神学的解釈を理解するために、ウォルター・ラウシェンブッシュ――リチャード・ローティの祖父にあたる――の議論にも触れておきたい。ラウシェンブッシュは『ソーシャル・ゴスペルのための神学』(1917年)のなかで、人間の罪は本質的にセルフィッシュネスであるとの理解を示す一方で、ソーシャル・ゴスペルは、罪の社会化にも貢献できることを力説していた。ラウシェンブッシュにとって、罪ある精神とは非社会的ないしは反社会的精神と同義であり、したがって、社会性を確立することによって罪の克服される道が開かれる。実際にかれは、「罪の社会的自覚を獲得するより良いキリスト教的方法は、キリストの人格、ないしは神の王国のなかにこめられた社会的正しさの積極的理想をわれわれの精神の前にもってくること[27]」であると指摘していた。

それゆえに、人が利己的に行動するのは、その者がいまだ社会化されて

---

(23) Abbott, *Theology of an Evolutionist*, p. 48.
(24) Abbott, *ibid.*, p. 73.
(25) Abbott, *ibid.*, p. 77.
(26) Abbott, *ibid.*, p. 84.
(27) Walter Rauschenbusch, *A Theology for the Social Gospel* (1917; reprint, Eugene: Wipf and Stock, 1996), p. 51.

いないからか，あるいは社会それ自体が，正しさという理想を充分に達成していないからということになる。いずれにしても，ソーシャル・ゴスペルの神学にしたがえば，原罪は社会を前にして原罪であることを実質的に無効化される。

また，神についての意識は，社会についてのわれわれの意識であり，神についての構想は現在の社会秩序を代理しているとみるラウシェンブッシュにとって，セルフィッシュネスと反比例的に浮上してくるのはデモクラシーであり連帯だった。すなわち，神は高みにあり，われわれ人間の生活とはかけ離れているという古くからの構想は暴君政治の反映であり，神は人間性のなかに内在するという構想は，まさにデモクラシーの自然な基礎である。ここから，人間の最大の罪はむしろ，「略奪的な社会を改革することに抵抗すること[28]」であるという議論が導き出されてくるのである。

ニーバーとデューイの政治神学的相克

神はわれわれ万人の社会生活の共通基盤そのものであると主張するこうしたラウシェンブッシュの主張に，1934年にデューイが書いた『共通の信仰』はきわめて共鳴する内容になっている。デューイは，宗教にたいする同時代の態度が極端な二つの陣営に分割されてしまっていることを憂慮することから始めている。すなわち，一方には聖書に書かれた言葉を文字通りに解釈し，デューイの表現に即せば宗教的なものと超自然的なものとを同一視するキリスト教ファンダメンタリズムの動きがある。この陣営は，リベラルな潮流を押しのけるかたちで，第一次世界大戦後に勢力を拡大していた。公教育でダーウィンの進化論を教えたことを罰するスコープス裁判のような動きは，まさにこの陣営の拡大と切り離せない同時代の出来事だった。

他方に存在するのは，宗教的なものすべてを放逐しようとする唯物論的な立場であり，これは当然のことながらマルクス主義を中心とするラディ

---

(28) Rauschenbusch, *ibid*., p. 184.

カルな左派陣営として，当時の合衆国のなかで知識人たちを中心に幅広く存在した。この陣営にとってみれば，どのような宗教であれそれはイデオロギーであり，いわゆる民衆のアヘンとして追放されるべきものにすぎなかった。ここには自然のなかにいかなる宗教的なものも認められる余地はない。

このような両極端へと分岐していく宗教をめぐる同時代の知的状況のもとで，デューイは何らかの特定の宗教と，形容詞として表現される「宗教的なもの」とを区別しようと試みている。かれによれば，後者の宗教的なものは人間の経験のなかにひろく見出せるのであり，特定の宗教の教義や組織に還元されない。結論を先どりすれば，「宗教的なもの」とはデューイにとって，自己と宇宙との調和の感覚，さらにはこの調和に立脚した，知性を行使することそのものにたいする信頼の念にほかならなかった。

人間の経験のなかにはっきりと見出せる宗教的な部分，それをデューイは「生きるというプロセスに，深いそして継続的な支えを与える態度」(LW9:12)のなかにみている。デューイにしたがえば，われわれは自然から何らかの条件を課されつつ，こちらからもはたらきかけを行なって条件を変えるべく努力する。服従的な側面とともに自発的な側面をあわせもつこうした両義的プロセスこそ，デューイ自身がこれまで知性と呼んできたものだったが，この知性というプロセスの渦中にあって，詩のなかに表出されるのと同じイマジネイションを通じて，自己と大文字の宇宙との調和という観念がはたらく。デューイはこの『共通の信仰』のなかでそう述べている。

自分たちがその一部である全体としての自然にたいする正しき感覚。それこそが「自然な敬虔 (natural piety)」の源であり，デューイによれば「方向づけられた協力的な人間の努力を通じた，真理の絶えざる開示を信仰することは，完成された啓示を信仰することよりも，質においてより宗教的」(LW9:18)なのだった。各人の協力を通じた真理の絶えざる開示。まさにこうした宗教的なものへのスタンスは，デューイがかつて「キリスト教とデモクラシー」(1892年)のなかで表明していたそれとどれほどの距離

があったのだろうか。いずれにしても全体性としての宇宙と自己との調和への信仰こそが，知性の行使を支える源泉であり，恐怖は，誰の生にも安定したパースペクティヴを与えない。

　一つの革命と言えるまでに科学的方法が事実と真理を確証するための唯一の方法であることが明らかになった現在，「宗教的なもの」は探究の可能性にたいする信仰であり，知性にたいする信仰にほかならない，とデューイは断定している。そうだとすれば，知性にたいする信仰のもとで個々人は「われわれ」という名の調和を獲得し，不和や不信は各人のあいだから消え去ることにもなるだろう。各自が知性を行使することは，大文字の知性のもとで，われわれが多様性と自由を保持しつつも一つになることを意味する。

　「神」という概念もまた，デューイによって通常とは異なる意味づけをともなってとらえ返される。すなわちかれによれば，神とは理想的なものと顕在化しているものとの統一を意味し，しかもその統一は「統一しつつある状態（uniting）であり，所与のなにかではない」（LW9:35）。まさにこの統一こそ，デューイにとっては経験としての世界そのものである。神は超越的な存在ではなく，経験と同一化し，経験のもとにある人間をしっかりと包み込んでいる。理想的なものと顕在的なものとの統一としての神という理解，つまり神の世界内在性の認識は，人間と世界との根本的調和の約束を意味し，また，人間の実存的孤独の解消を意味すると言える。

　そうであるがゆえに，無神論と超自然主義は，どちらも自然からの人間の孤立に加担しているとデューイには思われた。無神論にはそもそも自然な敬虔が欠けており，「超自然主義は，孤立して孤独な人間の魂内部で演じられる罪と贖罪のドラマを，究極的な重要性をもつものとみなしている」（LW9:36）。当然ながら，このどちらの立場からも知性にたいする信仰は生じない。

　『共通の信仰』のなかでデューイは，以前と同様にソーシャル・ゴスペルというタイトルをどこにも掲げてはいない。だが，かれの示す「宗教的なもの」，とりわけ知性にたいする信仰は，真理の世界内在的な自己表出とそ

の伝播にスピリチュアルなデモクラシーの発現を見たかつての立場と，あるいはまた，ラウシェンブッシュが明示的に展開するソーシャル・ゴスペルの神学的立場と，自然主義へのより強いコミットメントという点を除いて著しい違いはないのではないだろうか。

デューイのこうした知性にたいする信仰は，しかしながらニーバーにとっては激しい批判の対象だった。ニーバーからすれば，デューイは自己愛のもつ危険にたいしてあまりにも無自覚であるようにみえた。実際にニーバーは，「ジョン・デューイほど完璧に，社会についての近代人の不安と一人よがり（complacency）を表現しているものはいない[29]」とまで断言している。

ニーバーのまとめにしたがえば，デューイの思想は，神学において人間の被造物性と呼ばれているもの，すなわち人間の自然的ないしは社会的過程へのかかわりあいを強調することにささげられている。この過程はそもそも不安定さを内包するはずのものであるが，それにもかかわらずデューイはそのうえに，私心のない知性の安全な場所を求めようとしている。まさにその場所こそ，「組織化された協力的探究」であり，それは利害をめぐるコンフリクトから自由であると想定される。

しかしニーバーは言う，「法廷が，いかに党派のコンフリクトから自由であるという古くからの伝統によって支えられているとしても，その法廷が養われている社会の基礎そのものに触れる深刻なイシューについて論じるときには必ず，党派のバイアスから自由ではない[30]」。むしろ不正義やコンフリクトは，バイアスのかかった党派的な手段が自らの普遍性を声高に主張することによって歴史的には逆に生じてきたことをニーバーは指摘する。したがって，ニーバーにとってデューイの主張は，あまりにも無邪気な答えとみるよりほかになかった。もしもデューイの思想が現実性を獲得するこ

---

(29) Reinhold Niebuhr, *The Nature and Destiny of Man: A Christian Interpretation* (1941; reprint, Louisville: Westminster John Knox Press, 1996), vol. 1, p. 111.

(30) Niebuhr, *ibid*., p. 111.

とがあれば，それはよほどの例外的な事態だろう。ニーバーもまた，そうした例外的事態がありうるとすれば，それはどのようなものかをこう付記している。

　そうした解決策の生起が可能なのは，相対的に社会が安定していて安全な時代に，地理的孤立がネイション間のコンフリクトをあいまいにし，大きな富がそのネイション内部の社会的コンフリクトを緩和している場合だけだろう[31]。

後述するように，まさにこうした例外的な事態は合衆国にとってはなお常態でありうるという確信が，デューイにはつねにあったのではないかという疑いは払拭できない。いずれにしても，ニーバーはそのような例外性を自らのものとして顧慮するのではなく，デューイとは異なる思想的道程をさらに精緻なものへと練り上げていく方向へと進んでいった。

　人間は不安定で自然の偶然性に巻き込まれていることを，ニーバーもまた自らの議論の出発点に置く。したがってこの点では，ニーバーとデューイはそれほど違わない立論から出発していると言えるだろう。だがニーバーは，デューイがそうしたように自然に内在した人間の自己成長を説くのではなく，同時代におけるヨーロッパの哲学者たちに呼応して，人間は被創造物であるという限界を，力への意志によって乗り越え，それによって自らの不安定さを克服しようとすると主張する。したがってニーバーにしたがえば，有限性という限界に拘束された人間は，他者との協力へと一歩踏み出すのではなく，自らに限界はないという思い上がった独我的幻想をひたすらに深めていく。

　人間は，自らの精神が普遍的精神と一体化するに至るまで，有限な限界を自らは徐々に超越することができると仮定する。それゆえに，か

---

　(31)　Niebuhr, *ibid*., pp. 111-112.

れの知的ないしは文化的追求のすべては，高慢という罪を犯すのである。人間の高慢と力への意志は，創造の調和を撹乱する[32]。

かくして，高慢さによって自らを存在の中心とみなすようになる利己心は，不可避的にその意志に他者の生を従属させ，それによって他者に不正義をなすことになる。なお，ニーバーによれば，人間が己の有限性を隠すために自分のなかに世界それ自体を包摂しようとするのではなく，世界の活力のある側面へと逆に自らを喪失させようとする場合，そうした人間の罪は高慢ではなく肉欲として定義されると指摘している。それゆえに肉欲は，先にみたアボットのようなソーシャル・ゴスペラーたちが規定する人間のなかの自然な衝動の単なる表出ではなく，それもまた人間固有の有限性と密接に結びついたものであることをニーバーは強調している。

そもそも，人間に降りかかる誘惑は何故に生じるのか。ニーバーによれば，人間は自己超越を果たそうという意志をもつと同時に，自らの弱さ，すなわち自らの存在と知識の有限性に無意識ではいられないということである。「誘惑の発生は，人間の偉大さと弱さ，人間の無限の知識と有限の知識という二つの事実が一緒にあるところに存する[33]」。したがって，人間の罪は人間の存在上の二重性から不可避的に生じてしまう以上，それは単なる無知ではない。ニーバーにとって，罪を何らかの知的誤りに還元することは不可能である。

人間の存在の二重性。その二重性が人間の内面にもたらすものを一言で記述するとすれば，それは一体何か。不安である。「要するに，自由であると同時に拘束されており，有限であると同時に無限である人間は不安である（anxious）。不安こそ，人間がそこに巻きこまれている自由と有限性との矛盾の不可避的な付随物である[34]」。ただし，不安を罪と同一視してはなら

---

(32) Niebuhr, *ibid*., p. 179.
(33) Niebuhr, *ibid*., p. 181.
(34) Niebuhr, *ibid*., p. 182.

ないとニーバーは言う。なぜなら，信仰が不安を罪から遠ざける可能性はつねに存在するからである。無意味さの恐怖から人間を救うのは，信仰においてほかにはない。だが，人間が不安なのは，存在の無意味さと隣り合わせだからというだけではない。人間が不安なのは，自らの可能性の限界を知らないからでもある。したがって，不安は自由ともつねに踵を接している。かくしてニーバーは，「自由の恒常的な付随物としての不安は，創造性の源であると同時に罪への誘惑でもある[35]」と，不安が惹起させるその二重性を指摘している。

有機体として個体的画一性をもちながら，それを逸脱するあるいは超越する個別性をもつ人間の両義性。人はその両義性を踏まえて，自然との調和の確信とともに知性にたいする信念をもつのか，それとも自らの有限性を乗り越えることができるという高慢さの罪に身を委ねるのか。この二つの道のうちで，どちらを人間性として思想的出発点に設定するかは神学的選択である。

ニーバーが先に指摘していたように，デューイの選択が自足した理想主義の体系であることを超えて自他ともに認める現実性を帯びようとするためには，例外的な事態においてのみ自らの選択は効力を発することを認める必要があるかもしれないが，まさにデューイは，この例外性を充分に自覚していたと言わなければならない。さらには，その例外性はアメリカ合衆国によってもっぱら担保されることを，かれは自らの信念にあらかじめ組み込んでいたと言わなければならない。たとえば，このことを端的に示すかれの発言を「デモクラシーはラディカルである」という1937年のある論稿のなかに見出すことができる。このなかでかれは，合衆国においてデモクラシーの渇望が秘めているスピリチュアルな力への確信を，ある一節のなかでこう雄弁に表明している。

　　デモクラシーは，産業ないしは商業階級の利益のなかで歴史的に生起

---

(35) Niebuhr, *ibid.*, p. 185.

したという言明にたいする合衆国は傑出した例外（outstanding exception）である。ただし，連邦憲法の形成にあたって，この階級は革命の果実のうちで公平な取り分以上を得たというのは，なお事実であるが。しかも，この集団が経済的権力に昇り詰めていくにつれて，だんだんと政治的権力をも奪取したこともまた事実である。しかしこの国が政治的にでさえ，単に資本主義的デモクラシーであるというのはまったく誤っている。この国での現在の闘争は，それをプロレタリアートと呼ぼうといかなる他の名前で呼ぼうと，既存の産業貴族政にたいするある新しい階級による抵抗以上のなにかである。それは，デモクラシーにとって異質な諸力の破壊的な浸食に抗する，ネイションの生来のそして持続的なスピリットの顕示なのである（LW11:297）。

　ここでは明確に，例外という言葉がデューイ自身の口から語られているのが見てとれるだろう。なおこの一節は，その当時，共和党の政治家たちを中心として，リベラリズムを「アカの脅威」として攻撃する論調が根強く存在することにたいする反論のなかで書かれた。リベラリズムが一見してヨーロッパからの外来思想にみえるとしても，あくまでもそれは合衆国がこれまでに追い求めてきたデモクラシーという目標を実現するための試みの一つであり，「リベラル」という言葉に特別に反応すべきでないことをデューイは指摘している。

　むしろ重要なことは，今やデモクラシーがヨーロッパの独裁的な指導者でさえ公言する目標になっている時代にあって，合衆国で育まれてきたデモクラシーの原理とはいったい何だったのかを，あらためてここで再確認することだった。デューイにしたがえば，デモクラシーは，その目的を達成するための手段への第一義的な強調をも意味している。すなわち，デモクラシーにささげられる手段とは，強制と対置される諸個人の自発的活動であり，暴力と対置される合意と同意である。それゆえにデモクラシーの根本的な原理として，「万人にとっての自由と個性という目的は，そうした目的と調和する手段によってのみ達成されうる」（LW11:298）という主張

が導き出されてくる。

　したがって，ヨーロッパにおけるリベラリズムの伝統とは対比されるかたちで，合衆国にとってのリベラリズム固有の意味，つまり知性の強調が浮き彫りになってくると，デューイは主張するのである。「ヨーロッパにおいてそれが何を意味しようと，この国においてリベラリズムの旗を掲げる価値は，信念，探究，議論，合議，教育の自由にたいする強調である。すなわち，すべての個人の究極的自由のために行使されると主張する強制にさえも対置される，公共的な知性という方法への強調である」(LW11:298)。

　個人とネイション全体との知性のもとでの調和。ここからあらためて，デモクラシーという目的はラディカルな目的であるとデューイは言う。なぜならそれは，いかなる国においてもいかなる時代においても充分に実現されたことのない目的であるとともに，既存の社会的制度の変化をつねに要請するものでもあるからである。社会的にラディカルな目的とリベラルな手段が結びつくことに対立や矛盾はない。むしろ，社会的にラディカルな目的はリベラルな手段以外によって達成可能であるという主張のほうが，デューイにとっては支持し難いことだった。かれにとって，ラディカルな社会変化がもたらされる手段としての民主的方法を強調すること以上に，ラディカルであることはありえなかった。

　リベラリズムという概念のなかにこめられた，社会変化の方法としての知性を守らなければならないというデューイの使命感は，1930年代後半の対外的な政治的情勢の緊迫化のなかで，さらに強まっていくことになる。それとともに，そうした使命感のさらなる高まりはなかば必然的に，合衆国の対外的使命感をデューイに再認識させることに連動していくのである。

　ニーバーが無邪気であると断じたヴィジョンを徹底的に追求することは，むしろデューイにとっては緊迫の度を強めつつある世界のなかにあってきわめて現実的なコミットメントであると映っていた。だが，かれの知性にたいする信仰が合衆国の例外性に支えられていればこそ，そうした例外性がいかに神話的なものだったとしても，このコミットメントは現実的なものとしてデューイによって生きられたのである。

第5章

デモクラシーを防衛しなければならない

人民戦線の成立とモスクワ裁判

　1935年，ムッソリーニのエチオピア侵攻以降，二分された合衆国の国内世論は中立法の制定を選択していったが，緊迫の度を強めつつあった国際情勢のなかで合衆国の外交スタンスが浮き彫りにされたこの年はまた，アメリカの知識人たちにとっても大きな転換点と言えた[1]。というのもこの年の夏，コミンテルン第7回大会は人民戦線を打ち出し，共産主義者たちとリベラルたちとの共闘，いわゆる人民戦線が成立したからである。そもそも合衆国においてフランクリン・ローズヴェルトが大統領に就任した1933年，ドイツではヒトラーが政権を掌握したが，作家のジェームズ・ファレルが記しているように，ドイツにおけるヒトラーのこの台頭は，リベラルたちをソ連により一層ひきつけていった。リベラルな知識人たちの多

（1）　中立法は1936年，1937年と段階的に強化されていた。ウォルター・ラフィーバーによれば，1934年から1935年にかけてジェラルド・ナイ上院議員による議会の調査委員会は，銀行家と武器商人たちが自分たちの利益のために合衆国をヨーロッパの争いごとに巻き込んだという結論をだすなど，ヨーロッパへの軍事的介入反対論が議会では再び高まり，ローズヴェルトの外交政策に足枷をはめていた。Walter LaFeber, *The American Age*, pp. 382-385.

くは，ナチズムが勢力を伸張していった理由を，自分たちと志を近くする社会民主主義者たちの「臆病さ」のためであったと考え，そうした社会民主主義者たちの失敗を，まさに自分たちリベラル自身の失敗のように感じ，また自分のことのように恥じた。

それゆえに，かれらは良心の呵責から，ファシズムに対抗する平和の最後の砦にみえたソ連を，今や国際的な指導者として両手をあげて崇めるようになっていた。リベラルな知識人たちは，「共産主義者との同盟のおかげで，自分たちは命拾いをしつつあると感じ始めた[2]」のである。まさに1935年，合衆国ではアメリカ作家連盟が設立され，文学者の左翼陣営への取り込みと組織化も急速に進みつつあった。ユージン・ライアンズが名づけたように，合衆国の1930年代は知識人たちにとって，「赤い10年（The Red Decade）」と呼ぶにふさわしかった[3]。

しかし，合衆国におけるリベラルな知識人たちが外から仰ぎ見ていたソ連の国内状況は，かれらの想像とはすでに大きくかけ離れたものになっていた。1934年12月1日，ソ連において当地の指導者の一人であるキーロフが暗殺された。この暗殺はスターリンによる粛清の始まりを告げるものになったが，すでにレーニン以後の政治的主導権争いは水面下で活発化していた。

たとえば，1920年代の前半にロシアに滞在したマックス・イーストマンは1925年に『レーニン死後』を書き，レーニンが病によって指導的立場から身を引かざるを得なくなった後の革命指導層内の苛烈な権力闘争を暴露している[4]。このなかでイーストマンは，1923年から1924年の時期にトロ

---

(2) James T. Farrell, "Dewey in Mexico," in *John Dewey: Philosopher of Science and Freedom*, ed., Sidney Hook (New York: The Dial Press, 1950), p. 352.

(3) リチャード・ペルズによれば，コーリス・ラモントは，その他者への影響力の大きさゆえにデューイを熱心に人民戦線へと加入させようとした。Richard H. Pells, *Radical Vision & American Dreams: Culture and Social Thought in the Depression Year* (1973; reprint, Chicago: University of Illinois Press, 1998), p. 312.

ツキーが，スターリン，ジノヴィエフ，カーメネフによる「反トロツキー・ブロック」にたいして，有効な対抗策を立てることができていないことを憂慮していた。

　10月革命から10周年にあたる1927年，トロツキーはかつての政敵だったジノヴィエフやカーメネフと左翼反対派を組んだが，時すでに遅く，かれらはすでにスターリンとの政治闘争に敗北を喫しつつあった。トロツキーは，スターリンの絶妙な多数派工作の前に，政治的な足場を失っていった。赤軍のかつての英雄だったトロツキーは，政治局，コミンテルン執行委員会に引き続き，党中央委員会，中央統制委員会からも順次除名されていく。失脚したトロツキーは，1927年の末に下された国内追放の決定により，1928年の1月に妻とともに中央アジアのアルマアタへと移送されたが，追放地からも精力的に反スターリン的活動を続けるかれにたいして，スターリンはさらなる措置を講じ，1929年にトルコ領のプリンキポ島へ，最終的には国外追放する[5]。トルコへの国外追放後，トロツキーはフランスからノルウェーを転々とする不安定な流浪生活を余儀なくされていった。

　キーロフ暗殺以降，ソ連指導者内の政治闘争はそのピークに達しつつあった。1936年，ヨーロッパでは7月にスペイン内戦が勃発するなか，ソ連では8月に最初のモスクワ裁判が開かれた。ジノヴィエフとカーメネフが

（4）　Max Eastman, *Since Lenin Died* (London: The Labour Publishing Company Limited, 1925). 茂田東子訳『レーニン死後』（風媒社，1970年）。イーストマンは後にマルクス主義を放棄し，反共の立場に転向する。イーストマンをふくめ，合衆国の同時代の知識人の転向については以下を参照。John Patrick Diggins, *Up from Communism* (New York: Harper and Row Publishers, 1975).

（5）　国外追放後のトロツキーの足跡については，トロツキーの側近として活動した後，左翼運動から退きアメリカで数学者となったフランス人のジャン・ヴァン・エジュノールによる回想録に詳しい。Jean van Heijenoort, *With Trotsky in Exile: From Prinkipo to Coyoacan* (Cambridge: Harvard University Press, 1978). 小笠原豊樹訳『トロツキーとの七年間——プリンキポからコヨアカンまで』（草思社，1984年）。

公開裁判によって処刑され、トロツキーもまた、スターリン暗殺謀議の嫌疑によって欠席裁判のなか告発がなされたが、突如として起きたこの裁判は、欧米の知識人たちを激しく動揺させた。だが、いまや合衆国のリベラルな知識人たちの多くは、この裁判の正当性を受け入れ、トロツキーを反革命分子として断罪するか、優先されるべき反ファシズムの大同団結のため、当座の思考停止によってやり過ごそうとしていた。

そうした知的状況に抗するかたちで、一部のリベラルとラディカルな知識人のなかから、モスクワ裁判の正当性、トロツキーの有罪を疑問視する声があがることになる。「レオン・トロツキー擁護のためのアメリカ委員会〔以下、アメリカ委員会〕」は1936年の10月に設立されたが、このアメリカ委員会はノルウェー政府によるトロツキーの過酷な取り扱いにたいして抗議し、メキシコにトロツキーに避難の地を提供するとともに、モスクワ裁判の調査委員会設置を求めた。アメリカ委員会の働きかけなどが功を奏し、トロツキーは1936年の年末にメキシコのコヨアカンへと逃れ、1939年に刺客によって命を落とすまでこの地で活動を続けることになる。

デューイもまたアメリカ委員会の設立に参加し、その国際調査委員会の委員長に推薦される。委員長になることを最終的に決心したのは、デューイ自身の判断だったとはいえ、調査委員会へのデューイの参加を説得によってとりつけたのは、そもそも弟子のシドニー・フックだった。

1902年にブルックリンのユダヤ人ゲットーに生まれたフックは、コロンビア大学でデューイの教えを受けて博士号を取得した後、1927年にニューヨーク大学のワシントン・スクエア校の講師となった。以後40年あまりにわたって同校で教鞭を執ったかれだが、着任当時は同校にとってはじめてのユダヤ系教師だった。1924年、アメリカ共産党の党員であったキャリー・カッツとの結婚を契機にマルクス主義への接近が始まり、すでに1927年には弁証法の理解をめぐって前述のイーストマンとのあいだで論争も行っている[6]。また、1928年にはグッゲンハイムのフェローシップを得て、

（6） イーストマンは、フックと同様にコロンビア大学でデューイの指導を

妻とともにドイツに渡り、さらに翌年には、マルクス＝エンゲルス研究所のリャザノフの招聘を受けて、ベルリンからモスクワへ渡航している[7]。こうした経験を辿って、フックは同時代の合衆国の知識人のなかで群を抜いたマルクス主義にかんする知識を獲得していった。

図6　1930年代のシドニー・フック

出典）Richard G. Powers, *op. cit.*

しかしながら、かれはデューイの弟子として独自のマルクス主義受容を合衆国において試みていったこともまた事実である。1933年に出版した『カール・マルクスの理解にむけて』のなかでフックはマルクスの弁証法が、デューイの言う探究の論理と「科学的な方法」という点で同じ基盤に立脚していることを暗示し、両者の統合を実質的に試みようとしていた。

師への番犬のような知的忠実さから「デューイのブルドック」とまで揶揄されたフックは、具体的な政治的行動の場面においても、アメリカ委員

　　　受け、プラトンについての論文で博士号を取得、1912年に『マッシズ』の編集者として知識人としての経歴を出発させている——なお、この雑誌は戦時中の雑誌統制によって廃刊に追い込まれている。その後イーストマンは1922-24年にソ連に滞在し、帰国した1925年に『レーニン死後』を執筆した。1930年代前半には、トロツキーの『ロシア革命史』の翻訳も行なっていた。

（7）　Christopher Phelps, *Young Sidney Hook*, pp. 45-49.

会に端的に見られるように師につき従い，場合によってはこの時期における師の政治的急進化を積極的に促しさえした。だが，逆にフック自身もまた，師との政治的行動のなかで，社会主義と一口に言っても，そこには全体主義的なそれと民主的なそれとがあり，ソ連がとっているものは前者にほかならないとみなすようになっていった[8]。実際にかれは，モスクワ裁判が自分自身の知的ないしは政治的発達にとって決定的転回点となったことを，このように回想している。

> わたしはスターリンの下でのソ連の政治綱領にきわめて批判的ではあったものの，かれとソヴィエトの体制が，文明生活という布地に織り込まれてきた人間のまっとうさ (decency) という根本的な規範を侵そうとしているなどと疑ったことはなかった。それ〔モスクワ裁判〕は，道徳的価値が中心にあることを拒否する社会主義の構想は全体主義がイデオロギー的に偽装したものにすぎないということをわたしに教えたのである[9]。

フックのこの教訓は，のちの合衆国における反共左派知識人の共通認識を形成していったと言って良いだろう。なお，フックはマルクス主義に造詣の深い年長の知識人としてユダヤ系がほとんどを占めるニューヨーク知

---

(8) Phelps, *ibid*., pp. 161. なお，「全体主義」という用語それ自体は，戦間期の1920年代の半ば頃にイタリアでまず出現した。この用語は，ファシズムの運動に影響を与えたジョヴァンニ・ジェンティーレやアルフレド・ロッコといった知識人によって創られ，ムッソリーニによって広められた。英語圏にも1920年代の終わりにはこの用語は入っていたが，広範に使われるようになるのは1930年代の後半になってからである。ヨーロッパからの亡命知識人たちによって合衆国でこの用語が広まる経緯については以下の文献に詳しい。Thomas E. Lifka, *The Concept "Totalitarianism" and American Foreign Policy, 1933-1949* (New York: Garland Publishing, 1988).

(9) Sidney Hook, *Out of Step: An Unquiet Life in the 20th Century* (New York: Carroll & Graf, 1987), p. 218.

識人のなかで影響力と尊敬を勝ち得た人物であるとともに，戦闘的な反共主義の代表的知識人の一人としてその名を知られるようになる[10]。冷戦の時代にあって反共左派の立場を明確にし，合衆国におけるデモクラシーを熱烈に擁護していったかれの思想の基盤は，1930年代におけるデューイとの行動のなかで培われていくことになる。

トロツキー裁判の調査をめぐる
デューイと人民戦線派知識人たちとの攻防

デューイとともにメキシコに同行した前述のファレルも記しているように，アメリカ委員会のメンバーには，さまざまな圧力や脅迫が加えられた[11]。委員会に加わったメンバーにたいして，共産主義者とその同伴者たちは「トロツキー主義者（Trotskyites）」というレッテルのもとで激しい非難と憎悪をぶつけた。さらに，デューイに協力しないようリベラルたちに呼びかける公開書簡すら出された[12]。

轟々たる批判や非難に屈して委員会から身を退く者が出るなか，デューイは，翌年の1937年2月17日のニューヨーク・タイムズに，同じくメンバーであるホレース・カレンと共同署名で声明を発表している。そのなかでかれらは，自分たちがトロツキーと政治的見解を同じくするものでも，かれに課せられた告発の真偽をあらかじめ憶断するものでもないと断りを入

---

(10) フックは晩年の1985年，当時のレーガン大統領からその長年の知的功績を称えられて自由勲章（medal of freedom）を授与されることになる。

(11) Farrell, *ibid.*, pp. 356-7.

(12) ユージン・ライアンズはこの公開書簡について，こう記している。「この書簡は赤い10年の珍本（curiosa）のなかでも名誉ある位置を占めるにたいする。署名者たちのいく人かがそれ以降スターリンのユートピアについて学んだことに照らして，粛清の真実を隠蔽することになった自分たちの役割についてどのように感じているか，かれらに尋ねてみたとしたら興味深いだろう」。Eugene Lyons, *The Red Decade* (1941; reprint, Safety Harbor: Simon Publication, 2001), p. 252.

れつつ，こう宣言している。「われわれの唯一の関心は，古くからのリベラルな伝統にしたがえば，すべての人々が同様な状況においてその権利を付与されている，世論という法廷とその土地の法のもとでの公平な人権をかれに与えることである」(LW11:598)。

1937年の1月，二度目のモスクワ裁判が開かれるなか，3月にはデューイを委員長とした国際調査委員会が組織され，その予備委員会を別に構成するメンバー5名が，トロツキーから直接に弁明を聴取するためメキシコのコヨアカンに派遣された。デューイは長らく構想を温めてきた論理学研究の集大成である『論理学——探究の理論』(LW12)の執筆を中断して，危険をともなう列車での長旅に赴いた。

車中，デューイはモスクワ裁判関係の資料に目を通しつつ，静かに時を過ごした。メキシコに向かったこの小さなグループの誰もがこの旅のもつ意味を自覚していた，とファレルは回想している。すなわち世界史的に言えば，まさに反革命の名のもとで処刑されたロベスピエールができなかったことを，トロツキーはできることになるというのがかれらの見解だった[13]。しかしデューイにとって事の核心は，カレンとの共同声明文にこめられていたように「真理とフェアプレイ」の問題に尽きていた。デューイの反応は，かれの仲間のリベラルたちのそれよりも端的であり勇敢だったとファレルは述べている。

国際調査委員会の予備委員会は，4月10日から17日のあいだ，トロツキーのパトロン的立場にあったディエゴ・リベラの邸宅である「青い家」——トロツキーたちはここに身を寄せていた——で行なわれた。トロツキーの側近たち，あるいはまた地元の警察によって邸宅の内外は厳重な警備下に置かれ，物々しい雰囲気のなかでの調査が開始された。トロツキーの傍らには，側近たちとともにトロツキー夫人も席に着いたが，彼女は英語を解さなかった。委員会側からは，デューイのほか，スザンヌ・ラフォレット，カールトン・ビールス，オットー・ルールらが着席し，トロツキー側の弁

---

(13) Farrell, *ibid*., p. 358.

護士としてアルバート・ゴールドマンが，委員会側の弁護士としてジョン・フィナティが着席した[14]。アイザック・ドイッチャーが記述しているように，デューイはメキシコのソ連大使館，メキシコおよびアメリカ共産党にたいして，この調査への参加を要請したが，その要請は無視された[15]。

図7　調査に先立って握手を交わすデューイとトロツキー

出典）John P. Diggins, *Up from Communism*, Columbia University Press, 1994.

まず会議の冒頭，デューイが立ち上がり，委員会の役割と今回の聞き取り調査の理由を説明した。何人も自己弁護の機会なしに非難されるべきでないこと，われわれ委員がここに来たという事実は，世界の良心がモスクワ裁判という歴史的問題についてまだ満足していない証拠であると，デューイは語った。そして最後に，自分の事柄に引きつけてかれはこうまとめている。

> わたしは教育という仕事に人生を捧げてきました。教育とは，社会のなかのさまざまな利害のなかで公衆の啓蒙をすることだと理解してきました。いま自分が就いているこの責任あるポストを最終的に承知し

---

(14) Farrell, *ibid*., p. 362.
(15) Isaac Deutscher, *The Prophet Outcast: Trotsky 1929-1940* (1963; reprint, London: Verso, 2003), p. 303. 山西英一訳『追放された予言者・トロツキー』（新潮社，1964年），414頁。

図8 デューイら調査委員会とトロツキーおよび彼の側近たち

出典) Suzanne LaFollette, *The Case of Leon Trotsky*, Pathfinder, 2006.

たのは，他の仕方で振舞うことは自分のライフワークにとって正しくないだろうと感じたからです」(LW11:309)[16]。

調査はこうして始められた。ファレルの回想によれば，デューイら委員たちは判事としてではなく，あくまでも歴史の調査者としてふるまった。トロツキーは慣れないながらも明晰な英語を駆使して自らの主張を展開し，また，委員たちからの質問に答えた。モスクワ裁判においてトロツキーにかけられた嫌疑を明らかにすることが，デューイら委員の第一義的な使命であるとはいえ，この調査のやりとりをとおして，両者の思想的な相違はおのずから表出していった。ファレルにしたがえば，デューイはトロツキーの代表的著作の一つである『裏切られた革命』を引用しながら，独裁はその初期の段階において「鉄の必然性という問題」であるかどうかトロツキーに尋ねた。トロツキーの答えは，「絶対的ではないが，ある程度までは。そう，ある程度までは歴史的必然だ」というものだったという[17]。

のちにデューイ90歳の誕生日のすぐ後，ファレルがデューイとトロツキーのやりとりについて語った際，デューイはこう言ったといわれる。「あれほどまでに聡明な生来の知性が絶対的なものに縛りつけられているのをみるにつけても，かれは悲劇的だった[18]」。デューイがトロツキーと対面することによってあらためて確認したこと，それは後述するように，マルクス主義が手段と目的についてあまりにも硬直した見解に陥っているということであり，したがって合衆国において適用されるべき知的方法にはなりえないということに尽きた。

---

(16) Suzanne LaFollette, *The Case of Leon Trotsky* (1937; reprint, New York: Pathfinder, 2006), p. 33.
(17) Farrell, *ibid*., p. 373.
(18) Farrell, *ibid*., p. 374. トロツキーもまたデューイの人格を評価しこそすれ，哲学的立場を認めることはなかった。デューイのプラグマティズムをイギリス経験論哲学となんら違いのないものとみなし，観念論として一顧だにしなかった。

さて、デューイたちの調査の動きにたいして、人民戦線に与する合衆国の多くの知識人たちは、きわめて冷淡な態度を保っていた。たとえば、1937年5月19日付の『ニュー・リパブリック』に、「モスクワ裁判にたいする不可知論」と題されたマルカム・カウリーら編集者たちの記事が掲載されている。

カウリーら当時の『ニュー・リパブリック』の編集者たちは、モスクワ裁判で告発された者の有罪と無罪に関して、とりわけトロツキーの共犯容疑に関して、判断の根拠とすべきどれほどの証拠が利用可能であるかを見極めるべく、この裁判の公式記録をトロツキー側から出された資料とともに、イエール大学法学部のフレッド・ロデルという教授に送り、証言を評価する訓練をうけた法律の専門家としてそれらを読んで得た結論を教えてほしいと依頼している。ロデルの結論はこういうものだった。

> すべての材料を読んだ後にわたしが感じたことは、読み始める前と同じくらい本当には何が起きたのかについてほとんどわからないということである。『不思議の国のアリス』を読んで、裁判についてまとめようとするようなものだろう。手短に言うと、これらの記録は、どの方向へもわたしを納得させるものではなかった[19]。

このような結論は、一見して公平中立なものにみえるかもしれない。だが、当時の政治的文脈においてモスクワ裁判を積極的に肯定しないことは、場合によってはスターリンを暗に批判することにもつながりかねない。ロデルもまたそのことを理解していた。カウリーらによると、ロデルは当初、この結論を活字にしないことを望み、裁判にかんして、自分はいまなお不可知論者であると書き送っている。

ロデルのこうした見解を紹介したうえで、カウリーらは、有罪か無罪か、

---

(19) "Agnosticism in the Moscow Trials," in *The New Republic* (May 19, 1937), p. 33.

スターリンが正しいのかトロツキーたちが正しいのか，現段階ではいずれかの側に立つことがわれわれに求められているのではないことを力説している。

> 統合は合衆国においてわれわれが直面している課題にとって必要であるという事実をとくに考慮しつつ，不充分な証拠にもとづく暴力的な論争に，なぜアメリカのリベラルたちは参加すべきなのだろうか。このことは，判断は永遠に留保されなければならないということを意味しない。事実はいつか明らかになるだろうと思う。しかしそれまでのあいだ，一つの結論に到達するよりも，一つの結論は不可能であるということを認めるほうが，より勇気がある[20]。

一見してリベラルな判断にもみえるこの言明は，デューイらによるトロツキー裁判への調査が実施された直後であるというタイミングからも，明白な政治的意味を帯びていた。すなわち，モスクワ裁判にたいする判断の保留を読者に促すということは，デューイら国際調査委員会がどのような判断を下しても，その判断を考慮すべきではないというメッセージを発信していることにほかならなかった。カウリーらはデューイの政治的アクションを黙殺せよと『ニュー・リパブリック』の読者に訴えていると言っても誇張ではなかった。

　カウリーらの記事は当然ながら，かれらとデューイとのあいだに容易には修復し難い亀裂を作り出すことになった。『ニュー・リパブリック』のこの号の奥付からは，長年にわたって協力編集者（contributing editor）として連ねてきたデューイの名前は消えていた。『ニュー・リパブリック』が人民戦線擁護へと傾くなかで，革新主義期の創刊以来保たれてきたデューイとこの雑誌との緊密な関係に終止符がうたれたのである。

　1937年9月，国際調査委員会はトロツキーにたいする直接の聞き取りを

---

(20) *ibid*, p. 34.

含めた数カ月にわたる調査報告をまとめあげ，モスクワ裁判は「でっち上げ（frame-ups）」であること，トロツキーとその長男セドフは無罪であることを結論とする調査結果にデューイ委員長以下，委員は署名した。最終報告書の概要は同年の12月12日にニューヨークで発表され，翌日に新聞やラジオなどマスメディアが報じた。400ページにものぼる長大な報告書『無罪』は翌年に出版された。だが，前述のドイッチャーにしたがえば，デューイらによる調査結果の報告はアメリカでこそある程度の反響を呼び起こしたものの，ヨーロッパでは無視された[21]。

なお，この1937年の11月には，新生『パルチザン・レビュー』が，ウィリアム・フィリップス，フィリップ・ラーヴ，ドワイト・マクドナルド，フレッド・デュピー，ジョージ・モリスを編集員として創刊されたことも，記しておく必要があるだろう。人民戦線に結集するするラディカルとリベラル，それにたいしてスターリン批判を強める知識人たちとのコンフリクトは，日増しに高まっていた。

デューイは国際調査委員会が公式声明を発表した後，アグネス・メイヤーの求めに応じて「トロツキー調査の意義」（1937年12月19日）というインタビュー記事を残している。このなかでかれは，調査の過程で明るみに出たスターリン体制の問題から，いくつかの教訓を引き出そうと試みている。デューイによれば，自分たちが証明したモスクワ裁判の欺瞞性から引き出された教訓は，革命的マルクス主義の挫折であり，1930年代の経済的困難を解決するためのモデルとして，あるいはファシズムにたいするデモクラシー擁護の源泉として，ソ連をみることをもはや止めなければならないということだった。マルクス主義者が権力の移行期において不可欠とみなすプロレタリアート独裁は「プロレタリアートと党にたいする独裁を導いたし，わたしは確信していますが，常に導くにちがいありません」と，かれは断定する。

デューイはこう警告するにあたり，独裁の危険性を漠然と考えていたわ

---

(21) Deutscher, *ibid.*, p. 319. 前掲書，434頁。

けではなく，マルクス主義から導出される政治戦略のなかにはきわめて問題をはらんだ戦術的要素があると考えていた。それこそが「目的は重要なので，それはいかなる手段の使用も正当化する」という命題にほかならない。これにたいしてデューイは，実際に到達される諸々の目的や帰結を決定するのは，行使される手段の側であるという見解を対置する。「わたしたちの民主的な目的を達成するために，民主的な手段を得るための自分たちの状況を調査する必要を創造するのは，まさにこうした諸々の手段の重要性という問いなのです」(LW11:332)。こうしたかれの見解は，1930年代の社会的リベラリズムに関する議論から一貫したものであることは前章の考察からも明らかであるが，トロツキー裁判の調査以後，その確信をトロツキーへの理論的批判のなかでさらに深めていったと言える。デューイの理論的なトロツキー批判については後述する。

　デューイは，マルクス主義が内包している危険性を批判する一方，ひるがえって末尾ではそこから自己批判にも転じる。すなわちかれは，自らがかつて革命後のロシアを「意義深い実験がなされるだろう社会的実験室」として尊敬していたことを認めながら，現在のソ連の状況についてなされた諸々の暴露は，「苦い幻想からの目覚め」にほかならないと述べている。

　デューイは，学校におけるプロパガンダの過度な普及にもかかわらず，若い人々の希望ある，そして当時は相対的に自由な態度に純粋に感銘をうけたことを告白する。「わたしはロシアの民衆の潜在能力にたいして，多大な尊敬を払うことを学びました。現在の不透明な外見にもかかわらず，わたしはいまだこうした信念を放棄することができないでいます」(LW11:336)。しかし，旅行者の立場では背後の政治的情勢に接触することがいかに不可能であるかを，そして，政治的抑圧の端緒が当時すでに開かれていたことに気がつかなかったことを，かれは率直に認めるに至っている。

　さらにデューイは，ロシアの民衆にとって現状を好転させるような変化が可能かについて，深刻な懸念を表明する。「世界で，そして自国においてさえ何が起きつつあるのかについて，そして嘘で培われたものはどれなの

かについて体系的に無知な状態におかれている人々は，進歩のための根本的な梃子を失ってしまっているのです」(LW11:336)。かくしてデューイは，知性の発揮が国家によって組織的に抑圧されてしまった，とロシアの現状に最終的な判断を下したのである。

1937年は盧溝橋事件によって日中戦争がいよいよ勃発した年でもある。日本軍は中国大陸を南進するとともに，都市への爆撃を実行したが，日本軍によるこの爆撃にたいして国際連盟は非難決議を採択した。そうしたなか，ローズウェルト大統領は10月5日，シカゴの民衆の前で「防疫」演説("Quarantine" Speech)として知られる演説を行なっている。かれはこのなかで，ケロッグ・ブリアン条約や9カ国条約が侵害され，無垢な人びとやネイションが権力を求める強欲さの残酷な犠牲になっていることを憂慮するとともに，アメリカは積極的に平和を求めなければならないことを訴えている。すなわち，平和を愛するネイションは，国際的な無政府状態を創り出している条約侵害や人間性の無視に反対すべく努力を傾注しなければならないのであり，そこからは単なる孤立や中立性でもって逃れることはできないのである[22]。

中立法が実際に施行されており，中立を求める世論がなお強いことをローズウェルトが十分に理解しつつ演説を行なっていることは言うまでもない。それにもかかわらず，否，それゆえにこそ，かれは防疫というロジッ

---

(22) かれはこうつづけて述べている。「自分たちの自由を育み，隣人たちが自由であることのできる，そして平和の下で生きることのできる平等な権利を認め尊重する人びとは，平和，正義，信頼が世界に普及するために法と道徳的原理が勝利を収めるべくともに働かなければならないのです。〔中略〕ナショナルな道徳性は私的な道徳性と同じく生き生きとしたものであるという事実を認識しなければなりません」。Franklin D. Roosevelt, "Address at Chicago," in *The Public Papers and Addresses of Franklin D. Roosevelt* (New York: Russell & Russell, 1969), vol. 6, p. 408. フランクリン・ローズヴェルトの外交政策については，以下の文献を参照。Justus D. Doenecke and Mark A. Stoler, *Debating Franklin D. Roosevelt's Foreign Policies, 1933-1945* (Lanham: Rowman & Littlefield Publishers, 2005).

クを用いた。無法という疫病が世界に広がりつつある。宣戦布告されようとされまいと，戦争は伝染病（contagion）であり，原因から遠くはなれた人びともそれに襲われる可能性がある。それゆえに，われわれは文明が生きのびるために，平和を保持するための積極的な企てが必要である。しばしば指摘されるように，ローズウェルトは具体的な方策についてこの演説のなかで何ら提起をしていないものの，中立の維持によってすべてを回避できると考える人びとに心構えの転換を強く求めていた。

新たな大戦への不安と「文化的自由のための委員会」という希望

　さて，1938年3月，ナチス・ドイツはオーストリアに侵攻し，9月にはミュンヘン会談が行なわれる。この会談でのズデーテン地方割譲を認めるチェンバレンの宥和政策は，ニーバーをきわめて失望させた。ニーバーはイギリス労働党が現実的な外交政策を発展させることを期待したにもかかわらず，労働党が支配層と同じく宥和を構想したことによって，落胆の度をますます深めた[23]。次第にニーバーは，ウィンストン・チャーチルだけが，民主主義国を結集するのに必要とされるリーダーシップを有しているという見解をもつようになり，イギリスへの軍事的そして経済的援助を主張するようになっていった。

　1939年3月，デューイは「何が起きようとも，動くな」という短い論稿を書いている。ヨーロッパに刻々と迫る戦争の足音を耳にしていた年長者のデューイにとって，この時期にまず想起されていたのは先の大戦，つまり第一次世界大戦であり，その大戦へのアメリカ参戦が国内にもたらした反動的な政治，さらには戦後のレッド・スケアだったと言って良いだろう。ヨーロッパの戦争にふたたび合衆国が加担することは，とりかえしのつかない災厄を内部にもたらすという恐れが，この論稿には冒頭から満ち溢れていた。

（23）　Gary Bullert, *The Politics of John Dewey* (New York: Prometheus Books, 1983), p. 184.

わたしは自分がハーバート・フーヴァーと意見が一致したのを稀にしかみたことがない。しかし、もし合衆国がつぎの戦争に引き込まれるなら、われわれはこの国において、名前のうえではそうでないとしても実際のところファシスト政府をもつことになるだろうというかれの予言を読み、わたしはかれが完全に正しいと思った。〔第一次〕世界大戦後の20年代初頭に起きた陰鬱な反動など、後日起きるだろうものに比べれば穏和なものであろう。後日起きるものは、より早期に始まり、より堅固で、どれほどの期間か誰にもわからないほど続くだろう（LW14:364）。

戦争のあとには、軍事と金融の両面で「貴族制」が合衆国を席巻し、自分たちがそのために戦場に赴いたはずの民主的な価値が、ことごとく抑圧されることになるだろう。かつて自らが諸手を挙げて賛成した参戦支持の態度からデューイは背を向け、来るべき新たな戦争への参戦支持の声が国内で起こることに憂慮を表明する。デューイにとって参戦はまったく不可避なことではないように思われた。われわれは、それが不可避ではないと決心すれば、さらにはなにがあろうとも動かなければ、自分たちにふりかかる最大の社会的災厄からわが身を守ることができる、そうかれはこの論稿を締めくくっている。

迫り来るこうした合衆国内外の危機を前にして、しかしながら合衆国のデモクラシーの固有性をあらためて積極的に擁護しようという意思も、デューイのなかで同じく高まっていた。この点を、「創造的デモクラシー──われわれの前の課題」（1939年10月）のなかに明瞭にみることができるだろう。この論稿のもとになった原稿は、デューイの80歳の誕生日を記念した集まりでホレース・カレンによって代読されたものだが、デューイはこのなかで、これまで自分が生きてきた80年がアメリカ合衆国の「ナショナルな生活」にとってきわめて重要な出来事の起きた時期とかなりの部分一致していることを示唆することから始め、これら出来事がどれも「デモ

クラシーの創設」(LW14:224) というイシューと密接に関連したものであることを示唆している。

　かれはここから，このデモクラシーの創設というイシューは，およそ150年前の建国期と同様に今現在においても緊急のものであることを訴えている。すなわち，デューイ自身が生きてきた歳月のあいだに，ナショナルな生活様式は意識的に勝ち取られなければならないものになってきたということを，かれは聴衆に強調していくのであり，この事実をフロンティアと重ね合わせてつぎのように訴えかけていく。「現在，フロンティアは道徳的なものであって，物理的なものではありません。限りないと思われた自由な土地のあった時期が消滅しました。未使用の資源は今や，物質的なものではなく人間的なものなのです」(LW14:225)。

　かつてのアメリカ人は，デモクラシーをあたかも自動的に持続するものであるかのように理解していた。だがデューイによれば，そうした古きよき楽観的な時代は過ぎ去り，デモクラシーは人びとの発明的な努力と創造的活動によって日々自覚的に維持されなければならなくなっている。ここでデューイは，あらためて「デモクラシーは一つの生活様式である」(LW14:226) ことを強調するに至る。生活様式としてデモクラシーをとらえる仕方，つまり「コモン・マンにたいする信念」は，デューイにしたがえば必ずしも新しいものではない。だが，ナチズムがヨーロッパで台頭している現在にあってこの信念を強調することには，特別な実践的意義があるとデューイは主張するのである。

　デューイによれば，人間性にたいする民主的な信念とはつぎのようなものである。すなわちあらゆる人間は，自らが生まれたときから備えているものが何であろうと，すべての他の人格と平等にその発展のための機会という権利を有しているのである。それにもかかわらず，こうした機会は現在において，世界の多くの国々で人びとから奪われているのが現状であるとデューイには危惧された。

　デューイは，自分の生涯と合衆国の歴史とを重ね合わせるなかで，アメリカ合衆国のデモクラシーこそが抑圧された世界の多くの人びとにとって

希望になりうることを雄弁に語ったが，1939年5月15日,「文化的自由のための委員会 (The Committee for Cultural Freedom)」の設立にデューイがまさに参加したのは，なによりもかれの憂慮にくわえてこの希望の混交の故だったと言えるだろう。設立の宣言文は，ユージン・ライオンズが起草し，すでに名前を挙げたイーストマン，ジョン・ドス・パソスら96名がそれに署名した。実務はフックがとりしきり，デューイは委員長に就任した。

宣言文は「全体主義の潮位は世界中で高まっている」との認識から始められている[24]。全体主義の高まりによって，文化的自由と創造の自由は押し流され，作家や画家，科学者たちの活動が深刻に脅かされつつある。こうした危険から，文化的自由を防衛するというアクションの必要とその緊急性が，この声明の根底にはあることが語られる。

ところで，全体主義の影響はいまや地理的にどこまで及んでいるのだろうか。宣言文はこう断定している。「名称や色調はさまざまだが，自由な精神にたいする憎しみという点では同じである全体主義の理念は，ドイツ，イタリア，ロシア，日本，そしてスペインにおいて祭られている[25]」。このようにファシズム諸国家のみならず，ロシアすなわちソ連もまた全体主義国家であるとの明確な表明がなされている点に，この委員会の政治的立場が集約されている。ソ連を含めたこれら国々では，知性の自由は抑圧されるばかりか，国家への裏切りとして処罰される。芸術にしても科学や教育にしても，すべては神格化された指導者や官許哲学の取り巻きへと強制的にさせられてしまっている。さらに宣言文は，激しい筆致でもって続いていく。

> ナチスはこう宣言している。「民族的ではない，あるいは民族の目的とはべつに創造する単独の芸術家は，もはやありえない。この没頭作業から撤退するあらゆる作家は，かれがその許されざる抵抗をやめる

---

(24) 宣言文はフック前掲書に転載されているものを参照した。
(25) Hook, *ibid.*, p. 271.

まで，民族の敵として摘発されなければならない」。すべてのほかの全体主義体制の言葉と活動は，この見解に応じている。それら体制は，この見解を芸術家は言うに及ばず，教育者，科学者，歴史家に適用している。その結果は，芸術の不毛，知的生活の隷属，文化の悲劇的な戯画化である。文字通り数千の，ドイツ，イタリア，ロシア，そして他の文化的独裁の犠牲者たちが，沈黙させられ，投獄され，拷問され，追放されている[26]。

いまや世界の広範な地域で勝利をおさめつつある全体主義は，それ以外の国にも危険な影響力を獲得しつつあり，合衆国のように民主的な生活様式が文化的自由の中心を占めている国でさえ例外とは言えなくなりつつある，と委員会のメンバーたちはみていた。自由な文化にたいする危険はすでに対岸の火事ではない。しかも，プロパガンダやさまざまな政治的圧力をとおして全体主義国家の脅迫はあまねく浸透し，合衆国の知識人たちのあいだにもパニックが広がり，また，そのパニックに身を委ねてしまう者の数は着実に増えているようにみえた。思考を停止し創造の自由を宙吊りにしてしまう動きは，いまや深刻に思われた。

したがって，われわれがいまこそ戦わなければ手遅れになってしまう。われわれが，作家や芸術家としての，あるいは学者としての責任と「天職」を自覚し戦う必要がある。合衆国の知識人には，とりわけ戦う責務があると宣言文はうたった。なぜなら，「ヨーロッパやアジアの広範な地域で処刑され，あるいは排斥されている自由な文化がアメリカに避難所を求めているという状況が，緊急の道徳的義務という平面でこうした責任を惹起する[27]」からである。合衆国は自由な文化の最後の避難所という明確な位置づけのもとで，委員会のメンバーたちによって思い描かれていた。

委員会は，いかなる政治的集団のコントロールからも独立し，全体主義

---

(26) Hook, *ibid*., p. 271.
(27) Hook, *ibid*., p. 272.

の犠牲者たちを守り,「束縛されない知的活動」という理想を広めることを掲げた。こうした委員会の活動方針は,しかしながらなにか特定の社会哲学に由来するものではない,と宣言文は主張している。委員会にとって活動方針はあくまでも,今日すべての社会哲学を評価するためのある根本的な基準に由来するものとされた。その基準とはすなわち「その哲学は,政治的,宗教的,人種的ドグマから独立して思想家や芸術家が役割を果たすことを許すかどうか[28]」だった。

　文化的自由のための委員会の設立趣旨はこのようなものだった。なお,おなじく人民戦線路線に対抗していた知識人たちのうちでよりラディカルな方向を求めた者たちは「文化的自由と社会主義のための連盟」をほぼ同時期に発足させている。こちらには,デルモア・シュオーツ,ジェームズ・ファレル,ハロルド・ローゼンバーグ,メルヴィン・ラスキ,ジェームズ・バーナム,ジェームズ・ローティらが署名した[29]。

　これらの動きにたいして,とりわけ文化的自由のための委員会の動きにたいして,『ネイション』のフリーダ・カーチウェイや『ニュー・リパブリック』のカウリーらは,人民戦線の側に立った批判を強く行なっていった。そうした個々の批判にとどまらず,1939年8月10日,コーリス・ラモントをはじめとして人民戦線に結集する400人にもおよぶ知識人たちが署名する公開書簡,「デモクラシーと平和のすべての活動的な支持者たちへ」が発表される[30]。この公開書簡は,ナチス・ドイツとソ連とを同一視する文化的自由のための委員会を激しく非難し,委員会こそがファシストの同伴者で

---

(28)　Hook, *ibid*., p. 272.

(29)　前述の『パルチザン・レヴュー』ともかかわる,そうしたラディカルな知識人たちの当時の動向および後述する独ソ不可侵条約が合衆国の左翼知識人に与えたインパクトなどについては,序章で挙げた秋元秀紀『ニューヨーク知識人の源流——1930年代の政治と文学』に詳しい。本章は秋元氏の叙述から多くの示唆を受けている。

(30)　ここでは『ネイション』8月26日付に記事として掲載されたものを参照している。

第5章　デモクラシーを防衛しなければならない　197

あると断罪するものだった。

　公開書簡にしたがえば，デモクラシーと平和のための闘争に従事しているすべての者が直面しているもっとも大きな問題の一つは，勝利にむけてさまざまな力をどのように統合するかということだった。まさにデューイが独立政行動連盟に依拠した第三党運動のなかで訴えていた課題が，デューイたちを批判する文脈で語られているのは皮肉なことである。公開書簡は，この統合をファシストたちは意図的に破壊しようと企んでおり，デューイたちはこの破壊を手助けしているファシストの同盟者たちであると痛罵する。

　ソ連とともに平和を維持しようと努力している戦線の統合を攪乱するために，反ファシズムの感情を悪用して，ソ連とナチス・ドイツが全体主義国家という点で基本的に変わりがないという「想像上の誤解」をひろめ，革新的な勢力のあいだに不和を作り出そうと試みている。文化的自由のための委員会の活動は，ファシストを打ち負かすために必要な諸力の統合にとって障害以外の何者でもない。

　それにもかかわらず，アメリカのリベラルたちのなかには罠にはまって，文化的自由のための委員会が出した宣言文に署名をしてしまったものたちがいると，公開書簡は非難する。委員会の宣言は，「独裁」と聞けばプロレタリアート独裁もヒトラーによる独裁もみな同じにとらえ，ファシスト国家とソヴィエト・ロシアが同じようにアメリカの民主的な生活様式を脅かしていると根拠もなく断定しているとされた。

　それゆえに公開書簡の目的は結集した人民戦線派の知識人たちにとって，委員会の策動をはねのけ，ソ連とファシスト国家を一括りしようとする試みの背後にある野心を暴き出すとともに，ソヴィエトとファシストの政策は根本的に正反対であることを明らかにすることにあった。実際に書簡は，全体の多くの頁を割いて，ソ連の社会主義が全体主義的なファシズムとはいかに異なっているか，10の基本的な論点にわけて詳細に指摘を試みている。その基本的論点の筆頭に掲げられたのは，「ソ連はつねに，戦争と侵略にたいする防波堤でありつづけており，平和的な国際秩序のために休みな

く活動している[31]」ということだった。

　まさに，この書簡に多くの知識人たちが署名を行なっているとき，情勢の水面下でいったいどのような事態が進行しつつあるのか，予想しえたものは皆無といって良かった。少なくとも，ソ連に自分たちの精神的拠り所を求めていた合衆国の大半のリベラルにとって，その直後に起きたことはまさしく青天の霹靂と言うべきものだった。公開書簡の公表後に生じたこと，それは1939年8月23日，独ソ不可侵条約の締結である。

　ソ連の確約をとりつけたドイツは，9月1日にはポーランド侵攻を開始し，再びヨーロッパで戦争の火蓋が切っておとされた。戦争の防波堤であると信じきっていたソ連が，ドイツと手を組んでナチスの侵攻を実質的に手助けしたという隠しようのない状況は，公開書簡に署名をした多くの知識人たちに，政治的に再起不能な衝撃を与えることになった。条約の締結後，人民戦線はなし崩し的に瓦解をしていくことになる。

　さて，ここにフックによる興味深い回想がある。フックによれば，デューイはこの公開書簡をうけて，それに署名した多く者は間違った情報を与えられており，自分の名前が使われることを認めていない者がいるにちがいないと確信していた。「自分のことを知っている人びとが，自分のことを『ファシストかファシストの同盟者』と名指しているなど，かれには信じられなかったのだろう[32]」，とフックは記している。

　そこでデューイは，文化的自由のための委員会の名のもとで事態を明らかにするため，公開書簡に署名した人びとに手紙を出して，個別に署名の事実を確認することを提案した。フックはデューイのこの提案がほとんど意味をなさないだろうと考えていた。というのもデューイの仕事上の知人たちのなかには密かに共産党に入党しているものも少なくなく，署名者は自分の意思で行なったはずである，とフックは思っていたからである。だ

---

(31)　"To all Active Supporters of Democracy and Peace," in *The Nation* (26 August, 1939), p. 228.

(32)　Hook, *ibid.*, p. 269.

が，デューイは手紙を出すべきことを珍しく言い張ったという。そこで1939年9月12日，文化的自由のための委員会の名義で，つぎの文面が公開書簡に署名した人びとに郵送された。

　8月14日のデイリーワーカーに，われわれ文化的自由のための委員会の委員が「ファシストかファシストの同盟者」と名指しされている公開書簡の署名者として，あなたの名前が掲載されています。われわれは，このやりとりにあなたの名前が使われることを認めているのかどうかを調査すべく，これを書いています。
　スターリンとヒトラーの協定という点からして，全体主義国家のなかにロシアを含めることは正当化以上のものであると，われわれは確信しています。ロシアとドイツは真っ向から反対の政策を追求していると断定しているラモントの公開書簡の物証を支持することは空虚であることを，独ソ条約は明らかにしていると，われわれはまた確信しています。
　ロシアにたいしてなされた声明の真偽は証拠に依拠しており，自由とデモクラシーの大義に誠実に関心のある諸個人と，文化的自由のための委員会は喜んでこの証拠について議論する用意があります[33]。

　思い起こすかぎり，この手紙にたいする個別の回答を受けとることはなかった，とフックは回想している。正しい知識の不足こそが敵対的不和の原因であり，正しい知識が提供されるのであれば，協力的知性は働き始める。人は誤りに気がつけば，高慢さや虚栄心に惑わされることもなく，見解を修正するための対話に即座に胸襟を開く。前章で検討した知性にたいするデューイの信仰の磐石さがここにも端的にあらわれていると言えるだろう。
　いずれにしても，知性の苗床である合衆国の優位性は独ソ不可侵条約の

（33）　Hook, *ibid*., p. 270.

締結によって，誰の目にも明らかとなった。そうしたなか，『コモン・センス』誌（1939年12月）に発表された「希望の基礎」は，デューイにとっての知的勝利宣言と言って良いものだった。新しい大戦を経てヨーロッパは廃墟と化すのか，それとも今度こそヨーロッパ合衆国へと踏み出すのか，過去に照らし合わせるかぎりそれはわからないと前置きしつつ，デューイは未来をみることを読者に勧める。戦争がどのような結果を政治的にも経済的にも及ぼすかはともかく，新しい道徳的変化はすでに起きつつあると言う。その変化の兆候はデューイによれば，ソヴィエト・ロシアとナチス・ドイツとの同盟によってもたらされた。

この同盟がもたらす世界にとっての直接的な危険は充分に自覚されなければならないとしても，それは結果的に非常に重要な覚醒作用をわれわれにもたらしたのである。すなわちこの過去10年あまり，リベラリズムは，ロシア革命の成功によって威信を獲得してきたイデオロギーによっておさえつけられたり，あるいは歪められたりしてきた。革命の一見した成功は，民主的な方法によって1930年代の深刻な経済的病に応答しようとする漸進的な試みに満足できない焦る人びとに，催眠術をかけた。「ボルシェヴィキの共産主義にたいして投げかけられてきた偏った批判を差し引いても，つぎのことはなお正しい。すなわち，ボルシェヴィキの共産主義はこの国において，アメリカの習慣と調和する方法から関心とエネルギーをそらすのに役立ってきたということである」（LW14:250）。

だが，いまや催眠的呪文は解けた。われわれが依拠すべきものは，組織化された協力のなかで直面している問題に取り組む知性である。それにたいして，社会を一足飛びに変化させようとする試みは独裁と結びつく。知性と独裁はデューイによって二項対立の関係におかれ，合衆国のデモクラシーこそが知性を体現する。それにたいしてソ連とナチス・ドイツは，アメリカン・デモクラシーが体現する知性によって逆照射される。

デューイにとって全体主義という概念は，ソ連のスターリニズムとドイツのナチズムとを等価のものとして包摂し，それらをアメリカン・デモクラシーに一括して対置させることで，内在的な分析の対象とはみなされな

い影のような存在として——それゆえにさらなる不安を増大させる対象として——逆説的に浮き彫りにさせるように機能していったのである。

デューイのトロツキー／マルクス主義批判

　デューイのマルクス主義批判を政治的な情勢分析のみに結果するものとして理解するのは，おそらく正確さを欠くことになるだろう。先にも述べたように，デューイのマルクス主義批判は，それ以前からのかれの一貫した知的立場から導き出されるものであるとともに，トロツキー裁判の調査以降になされたトロツキーへの理論的批判のなかでも，さらに練り上げられていったと言える。デューイによるトロツキー批判の具体的論理についても触れておきたい。

　両者のあいだでの理論的やりとりが生じたのは，「かれらの道徳とわれわれの道徳——レオン・セドフに捧げる」という象徴的な副題を有するトロツキーの論稿がきっかけだった——リョーヴァの愛称で父親であるトロツキーから愛され，また，かれ自身，父親の活動を献身的に支えていたセドフは，盲腸の手術をパリで受けた後，不可解な術後の経過のなかで1938年2月6日に亡くなった。このなかでトロツキーは，ボルシェヴィキが「目的は手段を正当化する」という格率を信奉しており，それゆえに道徳性を欠いているという批判に激しい反論を加えていた。

　トロツキーは，マルクス主義における手段と目的との関係をつぎのように率直に述べている。「手段はその目的によってのみ正当化される。しかしその目的は，ひるがえって正当化される必要がある。プロレタリアートの歴史的利益を表現するマルクス主義者の観点からすれば，目的が正当化されるのは，その目的が自然にたいする人間の権力を増大させ，人間にたいする人間の権力の廃棄へと導く場合においてである[34]」。では，もしもそうだとするならば，この目的に到達するためにはすべてが許されるのかと

---

(34) Leon Trotsky, "Their Morals and Ours," in *The New International* (June 1938), p. 172.

いう反論を予期して、トロツキーは、許されるのは人類の解放に本当に導くものだけであると回答する。だが、それと同時に、こうした目的は革命を通じてのみ到達可能であるので、プロレタリアートの解放的な道徳は必然的に、革命的な特徴を付与されるとも述べている。トロツキーによれば、そうした道徳は「指導規則を、社会を支配している法則から、かくして第一義的には法則のなかの法則である階級闘争から演繹する[35]」。

こうした議論を踏まえ最終的にトロツキーは、弁証法的唯物論は「手段と目的との二元論をしらない」と主張する。目的は自然に歴史的運動から流出する。諸々の手段は有機的なかたちで目的に従属し、直前の目的は、さらなる目的のための手段になるのである。ここからトロツキーは、その当時にあって事態が推移していたスペイン内戦を例としてテロについて言及している。

トロツキーによれば、テロリストは大衆と置き換わることはできない。大衆運動のなかにおいてのみ、テロリストは自らの英雄主義に適切な表現を見出すことができる。ただし、トロツキーはこうも続けて書いた。「しかしながら内戦という条件のもとにおいては、抑圧者個人の暗殺は、個人テロという活動たることをやめる[36]」。トロツキーは、革命家がフランコ将軍を爆殺したのなら、それはブルジョア民主主義者たちからでさえ、道徳的な憤りはほとんど生じないであろうと書いている。内戦という条件下において、テロ活動の道徳性は演繹的に導出される、トロツキーはそう判断したと言える。

トロツキーのこうした一連の主張にたいして、デューイの批判は「手段と目的——それらの相互依存とレオン・トロツキーの『かれらの道徳とわれわれの道徳』という論考」のなかで展開されている。デューイはこのなかで、手段と目的の関係について、それは諸々の道徳において長らく傑出した課題であり、かつ「政治理論と実践においても深刻な課題」(LW13:349)

---

(35) Trotsky, *ibid.*, p. 172.
(36) Trotsky, *ibid.*, p. 172.

であると述べている。トロツキー批判にこめられた理論的重要性の程度は，こうした一節からも読みとることができるだろう。

デューイは，「手段はその目的によってのみ正当化される。しかしその目的が，今度は正当化される必要がある。プロレタリアートの歴史的利益を表現するマルクス主義者の観点からすれば，目的が正当化されるのは，その目的が自然にたいする人間の権力を増大させ，人間にたいする人間の権力の廃棄へと導く場合においてである」というトロツキーの一節を引用し，ここでの目的という言葉に，二つの異なる含意があることを指摘する。それは，一つには最終的な正当化をもたらす大文字の目的であり，もう一つにはそれ自体はこうした最終目的の手段であるような諸々の下位の目的だった。

デューイはさらに，目的は手段を正当化するという原理によってあらゆる手段が許されるわけではなく，「許されうるのは人類の解放に本当に導くものである」とトロツキーが述べていることに注目する。デューイによれば，もしこうした言明が一貫して追求されるなら，それは手段と目的の相互依存という健全な原理と整合すると言う。なぜなら，そうした相互依存という原理と一致するかぎりで，それは用いられる諸々の手段の綿密な検討に導くだろうからである。「つまり，人間的に言うことが可能であるかぎりで，それら手段の実際の客観的な帰結は何であるのかを確かめるであろうし，それらは『本当に』人類の解放に導くということを証明するであろう」(LW13:350-351)。

デューイによれば，先に指摘された目的の二重の意義が重要であるのは，この点においてだった。すなわち，一方では目的が社会的アクションの実際に到達される帰結を意味するなら，目的の価値は用いられる手段とそこから結果するアクションとに連続しており，他方で諸々の手段もまた，それら手段がもたらす実際の帰結から判断されることで目的に依存している。解決されるべき状況のもとでなされる人間の行為のなかでは，手段と目的は相互に依存した連続的な関係にある。

以上のことを踏まえるなら，先行する問題状況に埋め込まれた目的，あ

るいはデューイ自身の言葉を用いるなら「もくろみ」(the end-in-view) が最終的な帰結を表現するのは、こうした観念が目的を生み出しそうだと判断されるような諸々の手段を根拠として形成される場合であることになる。政治の領域で営まれるべき社会的アクションの出発点と終着点は、まさにここにある。もくろみそれ自体もまた「行為を統御する手段」(LW13:351) なのである。

したがって、「弁証法的唯物論は手段と目的の二元論をしらない」とトロツキーが言うとき、かれは人類の解放に導くことが証明されるような諸手段の使用を薦めていると理解するのが、自然な解釈であるとデューイは主張する。なぜなら、目的が手段を正当化するという格率——とそれが定式化する実践——に悪名をあたえるのは、デューイにとって、もくろみが特定の手段の使用を正当化する、つまり選択された手段の使用がもたらす実際の帰結が何であるのか検討することを不要として、手段の使用をあらかじめ正当化してしまうからである。これにたいして、一つのもくろみとして人類の解放という観念をもつのであれば、手段についての固定された先入見を持たずに、その目的を達成しそうなすべての手段が、常に検討されるべきであるとデューイは主張する。あらゆる手段は、手段でありかつ目的でもある社会的アクションという水準において判断されなければならない。

しかしデューイは、トロツキーがこうした立場に立たないことは、もちろん了解していた。トロツキーにとって、プロレタリアートの解放的な道徳はあらかじめ革命的な特徴を有しているのであり、それは「指導規則を、社会の発展の法則から、こうして第一義的には法則のなかの法則である階級闘争から演繹する」ものにほかならなかった。それゆえに、デューイは最終的にこう結論づける。「こうして、手段と目的の相互依存の原理は、消えてしまうか少なくとも下位におかれる。というのも、諸手段の選択は、それらの実際の客観的帰結に関して、諸々の尺度や政策という根拠によって決定されないからである。反対に諸々の手段は、独立した源泉、社会発展についての全法則中の法則である歴史法則と呼ばれるものから『演繹さ

れる』」(LW13:352)。

　階級闘争は目的に到達する唯一の手段としてみなされる。さらに，階級闘争こそが唯一の手段であるという見解は，あくまでも演繹によって到達されるのであって，手段と帰結の相互依存における両者の帰納的検討によってではない。かくしてマルクス主義の理論においては，もくろみの地位に置かれるべき階級闘争という社会的アクションは，行為の水準を超えた目的的法則として理論的には位置づけられるがゆえに，特定の問題状況においてなされた，階級闘争という概念に含まれるアクションの帰結が，批判的に再検討される理論的実践の余地は必然的に消滅してしまう。このように，マルクス主義の政治戦略が，状況の新たな展開のなかで社会的アクションの側面においては事後的に再検討不可能となる戦術的命題を抱え込んでしまっているその危険性を，デューイはトロツキー批判をとおして指摘しようとしたのである[37]。

　なお，デューイのマルクス主義批判を政治的な情勢分析のみに結果させ

---

(37)　デューイは「目的について科学的であることは，法則が自然についてのものであれ社会についてのものであれ，法則からそれを読みとることを意味しない」(LW13:354) と批判する。スティーヴン・ルークスが指摘するように，手段と目的という問題は20世紀におけるマルクス主義理論史を貫徹するものでありながら，「マルクス主義は広範に，原理的な課題としてはこの問いを避けてきたのであり，それについての明快な議論はまれであった」。Steven Lukes, *Marxism and Morality* (Oxford: Clarendon Press, 1985), p. 102. なお，ハンス・ヨアスは，G・H・ミードの倫理学を論じるに際してデューイとトロツキーの論争に関説し，本書がみてきたデューイの批判を高く評価する一方，目的について科学的であることは法則からそれを読みとることではないという一節に，つぎのような注釈を加えている。「しかしながらデューイはトロツキーの主張にたいして，歴史的未来が開かれていることないしは不確実であることを抽象的にしか対置できていない。さらに，発展の歴史的諸傾向と効果的な改革の諸戦略のオールタナティヴな理論を提供できていない」。Hans Joas, *G. H. Mead: A Contemporary Re-examination of His Thought* (Cambridge: The MIT Press, 1997), p. 143.

るのは、正確さを欠くことになると先に述べたが、だからといって、かれのマルクス主義批判が政治的コミットメントから切り離されたかたちで行なわれたということではもちろんない。実際に、1939年にデューイは『自由と文化』(LW13) を刊行し、かれはあらためて、マルクス主義にたいする批判を行なっているが、このなかではさらに一歩踏み込むかたちで、批判の対象であるマルクス主義を一方の極に置きながら、アメリカのデモクラシーに内在する科学的態度を対置し、後者の意義が結果的に浮き彫りになる構成がとられていることを指摘することができる。

デューイは、マルクス主義の科学性は現在の科学的な探究においてすでに放棄されたパターンにしたがっていると批判しつつ、固定した究極的真実ではなく、仮説的メカニズムにもとづく科学的方法をあらためて評価する。デューイにとってそうした方法は、何が真実であるかを決定する特権的集団の存在を必要としないし、明らかな矛盾を正当化するための神学的教義をも必要としない。自らと異なる見解を、異端として排撃する危険にも陥らない。探求の自由、多様な見解に対する寛容、伝達の自由、究極的な知的享受者としての万人にたいして諸発見の成果を供給すること、これらは科学という営みと同様に、デモクラシーにとっても必要不可欠な条件であり、この両者は不可分な関係にある。かくしてデューイにとって緊急の課題である民主的手段の確立は、科学的方法と結合された文化をいかにして創造するかということに収斂する。すなわちデモクラシーの将来はかれにとって、科学的態度が人々に定着するか否かにかかっていた。

合衆国のデモクラシーに内在する実験的方法とその知的優位という理念は、デューイからフックへと忠実に継承されつつあった。フックはすでに1938年のある論稿のなかで、生活様式としてのデモクラシーにとって中心的な、三つの関連しあう価値を挙げている。すなわちそれは、「すべての個人は、本質的な価値や尊厳を保持しているとみなされるべき」というものであり、「発達のための平等な機会が、個人の才能や能力の実現のために提供されるべきである」というものであり、「差異、多様性、固有性といった価値にたいする信念」であった[38]。そして、これらの価値ないしは目的を民

主的に実現する方法こそ，フックにとって「知性，つまり批判的な科学的探究の方法[39]」だった。

デューイからフックへの系譜的継承の軌跡は，「考え方をめぐる闘争（Conflicts in Ways of Belief）」（1940年）といった論稿にも同じくみることができる。幸運なことに，ドイツやイタリアのように大衆的な規模で絶望が蔓延している状況に合衆国はまだないとはいえ，フックもまた，今日のわれわれが普通でない時代に生きていることに危機感を表明している。まさに非常事態の現在，しかしながらフックにとって合衆国には再軍備以上にしなければならないことがあると思われた。それこそ，「イデオロギー上の再軍備——ドクトリンではなく方法の再軍備[40]」だった。すなわち，いかにしてわれわれは自分たちの問題を解決すべきか，そしてそれはどのような方法によってなのかという問いこそが，全体主義との対決にとって決定的に重要だとみえた。

これはフックにとって「科学的方法（scientific method）」の重要性の再確認であり，しかも単に科学的であるだけでなく，デモクラシーと一体化した方法の再認である[41]。フックにしたがえば，あらゆる探究の分野で，問題の認識はその解決のために科学的方法を用いることに誘われる。だがこのことは，社会的あるいは政治的アクションという分野では事実からは

---

(38) Sidney Hook, "The Democratic Way of Life," in *Sidney Hook: On Pragmatism, Democracy, and Freedom*, Robert B. Talisse and Robert Tempio eds. (New York: Prometheus Book, 2002), p. 285.
(39) Hook, *ibid*., p. 286.
(40) Sidney Hook, "Conflicts in Ways of Belief," in *ibid*., p. 273.
(41) フックはこう述べている。「科学的方法と実践が全体主義国家の目標を実行するために用いられていないとは言っていない。ドイツの軍事的戦略は，高度に科学的である以外のなにものでもない。また，ロシアの国内諜報のシステムはこれまで考案されたなかでもっとも科学的である。しかし，主要な国家政策を導く社会的目的や価値に関する問いが生じるとき，代替案を批判的に精査する科学的アプローチの余地は，全体主義の文化にはないのである」。Hook, *op. cit*.

程遠い。科学的方法が首尾よく用いられるためには、科学的方法を用いたいという欲望がなければならないが、この欲望をどのようにして喚起するかは、説得と教育についてのきわめて複雑な問題なのである。まさに合衆国の強みは教育の先進性という点に集約されるとフックには思われた。「この点にかんしてアメリカ人たちの教育プロセスがもっとも説得力ある特色をもっているのは、別の方法で遅れてやってきた結果である。それら方法とはすなわち、ドイツやロシアにおける直観と権威、イギリスやフランスにおける漂流と即興である[42]」。

フックにとって、社会や政治のなかで科学的方法を開花させる試みこそ、世界のなかで合衆国が誇れる成果であり、全体主義との対決のなかで合衆国の民衆が自覚的に再認識しなければならないものなのだった。デューイと同様に、民主的な方法としての科学的探究の重要性を説いたフックは、科学的方法は目標としてのデモクラシーと一体化したものであり、そのデモクラシーは合衆国のなかですでに実現されているとみなすことで、師の確信をなぞったのである。

危機の高まりとよみがえる『ドイツ哲学と政治』

1940年、ローズヴェルトは対外的な危機のなかで、例外的な三選を果たすことになるが、合衆国の知識人の少なからずが、合衆国の慣例に反するこの選出を支持した。たとえばニーバーは1940年に出版された『キリスト教とパワー・ポリティクス』に所収された「デモクラシーと外交政策」のなかで、デモクラシーの欠陥を塞ぐローズヴェルトのリーダーシップをつぎのように高く評価するにいたっている。

> 外交政策におけるデモクラシーの欠陥が克服されるのは、究極的な危機をかわすために、国家が晒されている危機を予期し、そのときの広くいきわたった無気力に抗する言葉や行為によって、自らの名声を喜

---

(42) Hook, *ibid*., p. 274.

んで危険にさらすリーダーシップによってのみである。ローズヴェルト大統領は，アメリカのデモクラシーとこのような種類の関係をなんらかのかたちで有してきた。かれは，チェンバレンがヒトラーを理解していなかったとき，ヒトラーを理解したのである[43]。

ローズヴェルトは三選を果たした後，1940年12月29日の炉辺談話（Fireside Chat）で，かつての金融危機にならぶ新しい危機，つまりアメリカが直面している国家安全保障上の危機についてアメリカ民衆に語っている。かれは9月に締結された日独伊三国同盟に触れつつ，現在の戦局のなかで，もし大英帝国が倒れることがあれば，枢軸国の勢力は各大陸と公海に及ぶだろうと訴える。イギリスがたとえ負けても，大西洋と太平洋があるかぎり自分たちは安全だと言うひとたちがいるかもしれない。しかし今日，イギリスからニューイングランドまで給油せずに往復できる時代にあって，危機はすぐそこにある。「ベッドにもぐりこんで，寝具を頭にかぶっても，危機あるいは危機からくる恐怖から逃れることはできないということを，われわれはよく知っているのです[44]」。

ローズヴェルトはまた，過去2年間の経験からナチス・ドイツへの宥和政策の無効を語る。全面降伏という代価を支払うことでしか，ナチスとの平和などありえない。交渉による平和など無意味であり，独裁による平和など平和ではまったくない。世界における「新秩序」を枢軸国は掲げるが，かれらの心中にあるのは最悪の専制（tyranny）への回帰でしかない。それゆえにアメリカの将来の安全保障は，現在の戦いの結果にかかっているが，われわれは自分たちを戦争から遠ざけておくとしている以上，アメリカは枢軸国の世界征服に抗してなされるデモクラシーの戦いを各種物資の補給

---

(43) Reinhold Niebuhr, *Christianity and Power Politics* (New York: Charles Scribner's Sons, 1940), p. 71.

(44) Franklin D. Roosevelt, "Fireside Chat on National Security," in *The Public Papers and Addresses of Franklin D. Roosevelt* (New York: Russell & Russell, 1969), vol. 9, p. 636.

図9 1941年1月,ローズヴェルトは年頭教書で「4つの自由」の演説を行なった。N・ロックウェルはそれらをこのように描き出した

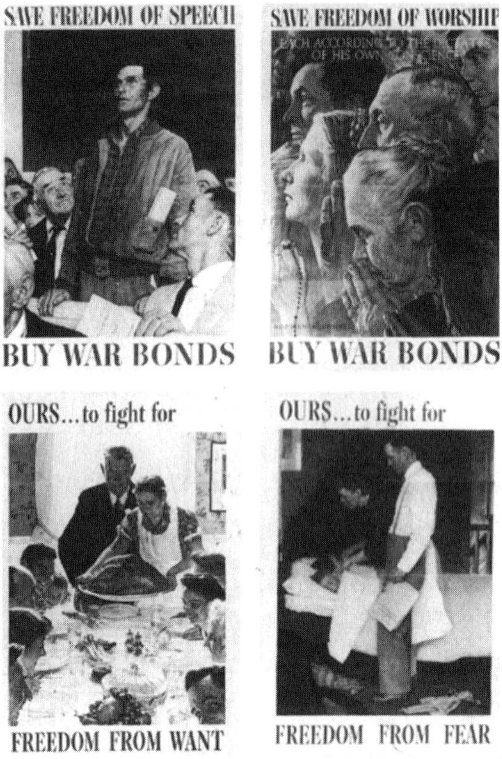

出典) David M. Kennedy, *Freedom From Fear: The American People in Depression and War, 1929-1945*, Oxford University Press, 2005.

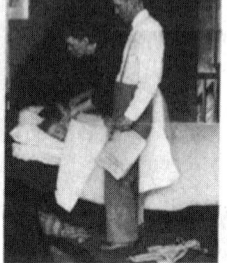

によって援助しなければならない。「われわれはデモクラシーの偉大な武器庫(arsenal)でなければなりません[45]」。ローズヴェルトはそう訴えた。この談話の後,ローズヴェルトは武器貸与法案を議会に提出し,1941年3月に武器貸与法は制定された。なお,この法律はドイツのバルバロッサ作戦による独ソ戦の勃発以降,ソ連にも適用されることになる。

1941年にニーバーは『キリスト教と危機』という雑誌の創刊にかかわり,他方で民主的行動のための連合(The Union for Democratic Action)という反共リベラルが結集する政治組織の立ち上げに参画していたが,この時期にかれもまたつぎのような見解を有していた。「われわれが同意できる政治的原理とは,ナチスの敗北を保証するために行なうことのできるあらゆることがなされなければならない,というものである。そのような確信を可能にする道徳的観点とは,専制への隷属化は戦争よりも

(45) Roosevelt, *ibid.*, p. 643.

悪いというものである[46]」。ニーバーはまだ，アメリカの中立性に可能な限りコミットしようと試みていた。だが，かれは1941年7月，「中立法を破棄せよ」のなかでつぎのように述べるに至った。「われわれは中立法を破棄しよう，なぜなら，海洋の自由は自由な世界の条件であり，合衆国の運命（destiny）は，そのような世界の確立を助けることによって人類を守ることだからである[47]」。

デューイもまた，ソ連の抑圧的体制への批判を緩めるべきではないが，独ソ戦の始まった今となってはソ連への援助を優先する必要をまのあたりにせざるを得なかった。そうしたなか，1941年12月7日〔日本時間で8日〕，日本軍による真珠湾攻撃が行なわれ，ついに太平洋戦争が勃発してアメリカは新しい大戦に参戦していくが，奇しくもこの日，デューイは「哲学における戦争からの教訓」という講演をすることになっていた。かれはこの講演の冒頭で，アメリカがもはや回避することのできない新たな戦争への参加にたいする自らの立場のとり難さについて，その苦々しい胸中を吐露することになる。

お集まりのみなさん，言うまでもないことですが，この午後のわたしの講演が取り決められたとき，そしてわたしがそれを準備していたとき，そのどちらのときも，わたしがまさに話すその午後がある日に何が起こるだろうかはわかりませんでした。わたしは戦争について直接に言うべきことはありませんし，以前にもありませんでしたし，今もありません（LW14:325-326）。

こうしたなかで『ドイツ哲学と政治』の第2版序文として出版された

---

(46) Reinhold Niebuhr, *A Reinhold Niebuhr Reader* compiled and edited by Charles C. Brown (Philadelphia: Trinity Press International, 1992), p. 55.

(47) Reinhold Niebuhr, *Love and Justice: Selection from the Shorter Writings of Reinhold Niebuhr* edited by D. B. Robertson (Louisville: John Knox Press, 1957), p. 179.

「ヒトラーの国家社会主義の一元的世界」(1942年) と, 1915年のこの著作の再版とは, 第一次世界大戦以前のデューイの政治思想と第二次世界大戦前後のそれとの連続性を推し量るうえで, 重要な事実であると思われる[48]。デューイはこの新しい序文のなかで, アドルフ・ヒトラーの信条とドイツの哲学的伝統とのあいだに直接的な影響関係はないと前置きしつつも, ドイツ人たちが教え込まれてきた信念の態度とヒトラーの訴えとのあいだにはあらかじめ準備された調和があると分析した。

たしかにヒトラーは,「強さは美徳であり美徳はパワーである」と宣伝することで「力の福音 (gospel of force)」と言って良い立場を鮮明にしている。このことをデューイもまたもちろん否定しない。だが, 力への依拠をもって, それがかれの教義の全てであるかのように扱うのは正しくないとデューイは指摘している。というのも, ヒトラーの教義のもう一つの, より重要な側面があるからである。その側面とはまさにデューイがつぎのように指摘する, ヒトラーが精神に置いている特別な重要性である。「奇妙にきこえるにせよ, ヒトラーはくりかえし, ドイツの弱さの原因, ドイツの敗北を生み出した弱さは『スピリチュアルなもの (geistige)』であり, それゆえにドイツの救済は第一に, スピリチュアルなものであると述べたのである」(MW8:425)。ここにデューイは, ドイツ観念論の哲学者たちとヒトラーとの連続性をみた。

とりわけヒトラーは, 統合された「世界観 (Weltanschauung)」の欠如こそが第一次世界大戦にドイツが敗北した原因であり, そうした世界観の発展こそ, ドイツの国家的回復の真の条件であるとみた。ヒトラーによれば, 歴史をさかのぼればプロテスタンティズムの興隆が, ドイツ人の結合の精

---

(48) ロックフェラーもまた, この事実を重く見てつぎのように指摘している。「批判者たちはこの本が, カントの影響であるとするテーゼを証明していないとずっと論じてきた。それにもかかわらず, かれは1942年に変更を加えず, ヒトラーの権力への上昇について述べた新しい序文をつけてこの本を再版したのである」。Steven C. Rockefeller, *John Dewey: Religious Faith and Democratic Humanism*, p. 301.

神的基礎をばらばらにしてしまったのであり，それ以降の長きにわたりドイツは，新しいスピリチュアルな結合を自ら達成せず，自分たちの力を内面の世界に向け，外部の重要な出来事に応答しないできたのである。これこそ，かつてデューイがドイツの反民主的なナショナリティの源泉としてみたカントの哲学，とりわけその必然と自由の二元論が生み出されていく背景だった。デューイは，かつて自分が試みたドイツの歴史に根ざしたナショナリティと観念論哲学との関係についての分析が有効性を失っていないどころか，ますます確証されつつあると自信を深めている[49]。かくして，内的なものと外的なものとの分裂の克服こそがヒトラーの使命として戦間期に再びたちあらわれてくることになったのである。デューイはこの自らの序文を「ヒトラー・ドイツの一元的世界」と題したことは，ここから正当化されるだろうと述べている。

ところで，ヒトラーが自らの構想のなかで個性に高い価値を置いていることにたいして，デューイは読者の注意を喚起しつつ，ここで言われている個性が，アメリカ人によって大切にされてきた個性と著しく異なっていることを強調している。ヒトラーにとって，個性の数への代置と民族の否定は，世界観の欠如とともにドイツ衰退の原因として指摘されていた。しかしながらデューイにとって，ヒトラーの言う民族の再興とは，力という手段によって完璧に統合された「共同体」の創造にほかならなかったし，個性の重視もまた，具体的な社会状況の経験的な分析や実験的活用から分離された個性の称揚でしかないと思われた。ボルシェヴィキの共産主義がそうであるとみえたように，ナチス・ドイツの国家社会主義もまた，デューイにとって民主的な社会変化の方法に著しく反し，またそうした方法を根本的に破壊するものであると思われたのである。「ドイツ国内でのヒトラーの成功と，そうした成功がもたらす全世界の人びとへの脅威は，抽象

---

(49)「ドイツ文化の『二元的枠組み（two-world scheme）』について，私が25年前に述べたことを確証するものとして，この説明をそれとみなすことは正当化されると思われる」(MW8:428)。

的で絶対的な『観念』への信仰がもたらす危険への悲劇的な警告である」(MW8:432)。

　かくして，国家社会主義の主張と軌跡をたどるなら，25年以上前に自分が書いたことにいささかも変更を加えるものはそこになにもないというのが，デューイの判断だった。あえて違いがあるとすれば，それは「観念論」の位置と担い手の相違であり，また，知的ないしは擬似知的態度から情緒的態度への変化だった。ここからデューイは，25年以上前と同じように，再びドイツのナショナリティに体現されている哲学と合衆国のそれに体現されている哲学との対比へと到達することになるのである。かれはこうした回帰をつぎのように公表している。「それゆえにわたしは，つぎのような信念を表明して結論としたい。アメリカの民主的な生き方 (way of living) の中心と強さは，この方法，すなわち自由で開かれたコミュニケーションというプロセスによって共同体を達成するという方法であるという信念であり，また，われわれのデモクラシーのなかにある弱さは，こうした方法が求めている要求に沿って生きることができていないということをあらわしているという信念である」(MW8:443)。

　デューイの主張の後段の部分は，とりわけ注目に値する。かれによれば，われわれはアメリカの哲学をまだ充分に発展させていないことがあるかもしれないが，その理由は民主的な生活様式の方法と目的をまだ充分に分節化できていないからなのである。すなわち，合衆国にもまたたしかに社会的問題が多くあり，デモクラシーが理想通りに機能しているとは言い難い。しかしこれは，合衆国のデモクラシーになにか問題が内在しているからではなくて，デモクラシーそれ自体がまだ充分に確立され浸透していないからなのである。

　ナチス・ドイツとの対比のなかでの合衆国のデモクラシーにたいする信頼の表明は，1942年に同じく書かれた別の論稿のなかでも垣間見ることができる。「ヒトラーは致命的にもアメリカン・デモクラシーの意義，人を動かすスピリット，力を誤解した。かれがそう誤解したのは，かれがアメリカン・デモクラシーの道徳的側面や道徳的基礎をすこしも洞察しなかった

からである」(LW15:367)。デューイにしたがえば，ヒトラーがデモクラシーを本質的に弱いものと考えたのは，かれがデモクラシーを投票のための単なる機構や多数決という量的問題に還元したからである[50]。

　だが，アメリカン・デモクラシーは量的側面に還元できない。それが堅固で強力なのは，自発的同意によって支えられているからである。すなわち，継続的なコミュニケーションや自由なギブ・アンド・テイクに基礎を置く民主的な統合が成立しているからである。デューイからすれば，ヒトラーはこうした統合の可能性を理解せず，統合は力によって可能になると考え，あらゆる発言，出版，結社，教育の自由を抑圧するに至ったのである。知性と独裁はデューイによって二項対立の関係におかれ，合衆国のデモクラシーこそが知性を体現する。それにたいしてソ連とナチス・ドイツは，アメリカン・デモクラシーが体現する知性によって逆照射される存在だった。

　そうしたなかで，ソ連のスターリニズムとの対比のみならず，ドイツのナチズムとの対比のなかで，アメリカン・デモクラシーへの信頼は，再びデューイのなかでソーシャル・ゴスペル的な傾向を帯びつつあったと言える。最初の大戦へのアメリカの参戦以前に書かれた著作が，新しい序文とともに再び公表されるなかで，1930年代末までデューイを苦しめた第一次世界大戦という呪縛は，急速に色あせつつあったのではないだろうか。

　こうした推論の根拠は，「どのような世界を創り出すために，われわれは戦いつつあるのか」(1942年8月15日)といった論稿のなかに，たとえば見出すことができる。この冒頭でデューイは，自らの80年にわたる研究と著述の生活をふりかえりつつ，万物は流転するという古代ギリシアの哲学者であるヘラクレイトスの偉大な真理に注意を払っている人が最近あまりに少ないと，いささか唐突に述べている。この婉曲的な表現を経由しつつ，

---

(50)　デューイはさらにこう続けている。「退廃した議会主義を，かれはウィーンで目撃した。それは金融資本主義のもっとも不和を含んだ，それゆえ脆弱な側面だった」(LW15:367)。

デューイは,「直近の戦争のあとに」という言い方で将来について論じている人びとがあまりに多いが,この新しい大戦は,それ以前の戦争とは連続性をもたないまったく別の戦争としてとらえなければならないと主張した。すなわち,新しい戦争のあとに来るものは,それゆえに新しい平和であり,その積極的意義をわれわれは充分に認識すべきであるというのである。「これが新しいスタイルの戦争であるのとまったく同じように,平和もまた新しいスタイルだろう――し,またそうでなければならない。停戦によってもたらされる軍事的勝利は充分ではない。平和は,より良い世界を建設するための機会をもっぱら提供するのである」(LW17:131)。

デューイにとって,世界史のあらゆるそれ以前の時期以上に,今や未来は民衆の手にかかっているのであり,戦争へのわれわれの勝利は,民主的なネイションにとっての真の勝利であるということを理解しなければならないのである。戦争の終結後,「われわれ,すなわち合衆国の民衆にとっての機会は,途方もなく大きい」(LW17:131) という発言がデューイによってなされるのは,もはや当然だろう。合衆国は,すべてのネイションに世界の財を広範に分配するための手段を提供しなければならないし,より高い生活水準を地球の隅々にまでもたらすためのイニシアティヴを請け負わなければならない。世界を道徳的に一つにすること。合衆国にとっての参戦の意義と戦後にまで長く続く世界での役割とは,デューイのなかでそこに定められたのである。

結　論

　アーサー・シュレジンガー・ジュニアは，1949年に『ヴァイタル・センター〔活力ある中道〕』の冒頭で，あたかも第一次世界大戦後のウォルター・リップマンのように，時代をこう描写している。「20世紀の半ばにおける西洋の人間は，緊張しており，不確実で，漂流している。われわれは自分たちの時代を，混乱の時期，不安の時代として見上げている。われわれの文明，われわれの確実さの根拠は足元に崩れ落ち，馴染み深い理念や制度は，それらに到達するや夕暮れのなかに影のように消えてしまう[1]」。シュレジンガー・ジュニアによれば，左派と右派という単純な政治的図式は，19世紀であれば充分なものだった。その当時であれば，右は既存の秩序を保持することを望む人びとを意味し，左はそれを変えたいと望む人びとを意味するだけで事足りた。

　だが，20世紀半ばにさしかかる現在，ファシズムやソ連の共産主義の出現を前にしてこうした旧来の図式は成り立たなくなったとシュレジンガー・ジュニアは言う。それゆえに，全体主義を無条件に拒否し，ファシズムや共産主義の無制限な国家にたいして制限された国家を対置することが，

（1）　Arthur Schlesinger, Jr., *The Vital Center: The Politics of Freedom* with a new introduction by the author (1949; reprint, New Brunswick: Transactional Publishers, 1998), p. 1.

新しいラディカリズムたる活力ある中道の使命であるというのが、シュレジンガー・ジュニアの宣言だった。「われわれの問題はデモクラシーを闘う信念にすることである。しかもある将来のアンダーグラウンドな運動にとっての信念ではなく、20世紀の半ばの今日に存するわれわれ全員の信念にすることである[2]」。

デューイやフックと同様にシュレジンガー・ジュニアにとっても全体主義に対抗しうるものとしてのデモクラシーの強みは、「個人の価値にたいするその驚くべき洞察」のうちにある。だが、古典的なリベラリズムがそうであるように、個人を抽象的にしか取り扱わない個人主義では、個人の価値にたいする基本的信念が欠けているとかれは言う。「デモクラシーが全体主義というウイルスに抵抗力をもつのは、そうした洞察が完全な社会的次元を達成しうるかぎりにおいて、すなわち個人主義が共同体から自由に生じるかぎりにおいてである[3]」。全体主義に与することなく個人と全体とを再び和解させることが、デモクラシーという信念の復興にとってなによりも必要であると、シュレジンガー・ジュニアには思われた。

多様な集団や結社の不在は、長期的にみて社会を霧のように分散させてしまい、社会の全体主義化を招来する。シュレジンガー・ジュニアは社会における自発的結社の多様な存在を「紛争（conflict）」の存在と言い換えているが、かれにしたがえば、われわれが直面している選択はまさに、紛争かそれとも停滞かであった。社会のなかの紛争にたいする寛容を、全体主義者は弱点としてみるが、まさにこの点にこそ、逆にわれわれの──アメリカ合衆国の──強みがあるとシュレジンガー・ジュニアは主張する[4]。

（2） Schlesinger, Jr., *ibid*., p. 248.
（3） Schlesinger, Jr., *ibid*., p. 248.
（4） アメリカ社会がヴァイタル・センター・リベラルの言うほどに社会的紛争を受け入れていないのではないのかという批判は、同時代のC・ライト・ミルズが行うほか、1960年代になってニュー・レフトが提起していくことになる。この点にかんしては以下の研究書を参考のこと。Kevin Mattson, *Intellectuals in Action: The Origins of the New Left and Radical Liber-*

かくして、シュレジンガー・ジュニアは、ヴァイタル・センターの要諦をこう表現している。「新しいラディカリズムのスピリットは、中道のスピリット――専制という両極端に反対する、人間のまっとうさ（decency）にたいするスピリットである5」。

合衆国のデモクラシーに体現された個人と共同体との和解。多元的な結社の存在の承認。ヴァイタル・センター・リベラルの立場を掲げるシュレジンガー・ジュニアのこうしたアメリカ理解は、同時代の冷戦リベラルのほぼ共通の見解とみて良いものだった。

さて、前章でみたように、あらたな戦争への参戦によって合衆国内部に再び反動の嵐が吹き荒れることを恐れたデューイは、ぎりぎりまで合衆国の介入に反対していたが、日本軍による真珠湾攻撃によってついには参戦支持を受動的に余儀なくされた。しかしその後のデューイの展開は素早かった。デューイは第二次大戦を過去の大戦と切れた、さらにはまったく例をみないものとみなし、それゆえに、アメリカの戦争介入は旧来の戦争システムからは超然としたものになるはずであると考えたようにみえる。全体主義には、必ず勝利しなければならない。したがって、戦いは殲滅戦の様相を帯びてこざるを得ないだろう。日本にたいする原爆の使用が、デューイにとってなんら反省の対象として視野には入らなかったのも、知性と独裁との二項対立のゆえであったと言わざるを得ないのではないだろうか6。

---

alism, 1945-1970 (University Park: The Pennsylvania State University Press, 2002).
（5）　Schlesinger, Jr., *ibid.*, p. 256.
（6）　「二元論と原爆投下――原子の時代における科学と道徳」（1945年11月22日）のなかでデューイは、人類史上最大と言える破壊的な戦争の終幕にあたって強大な破壊力としてあらわれた原爆は、アイロニーに包まれた存在だと述べている。というのも、「戦争中に安全の手段として発達させられた道具が、あさっての冷たい光のなかで、人間の想像力が達成することのできる、安全にたいするもっとも大きな脅威として自ら姿をあらわして

そうしたこの時期，デューイはあのアダムズを想起していた。1945年にデューイは，ジェーン・アダムズの『戦時における平和とパン』が再版されるにあたって序文を書いているが，まずデューイは，このアダムズの本が第一次世界大戦をめぐるアメリカ人の感情の発達を描いていると指摘しつつ，第一次世界大戦にたいする当時のアメリカ人の反応の変化を簡単に振り返っている。

あのかつての大戦は勃発当初，われわれアメリカ人にとって非現実的でかけ離れたものだった。とはいえ徐々にわれわれは，戦争というこの出来事を不機嫌にではあるが受け入れていくようになり，ついに2年半後，ドイツへの宣戦布告によって熱狂的な参加へと踏み出していき，平和主義を積極的な裏切りであるとして扱った。だが，戦後にやってきたもの，それは幻滅と反動の時期だった。デューイは，こうした事実を一方で年長者はすっかり忘れてしまっており，他方で若き者たちはそもそもまったく知らないと指摘している。

あれから30年近い時間が経過し，国内と同様に国外の条件は劇的に変化

いる」(LW15:199)からである。原子爆弾の出現は，数世代にわたって議論が続けられてきた科学と道徳というイシューに，否応なく新たな光をあてており，新しく発展を遂げつつある物理学と産業テクノロジーは，道徳的価値にとっての深刻な脅威として，これまでの科学以上に立ちはだかっている。この状況のもとで，絶対的な権威としての道徳を復権させようという試みが，今日再び力を増していることにデューイは懸念を表明する。こうした現状にたいするデューイの指針は，あくまでもこれまでとまったく変わりないものだった。すなわち，自然科学の発展にみあった科学の社会的応用の確立，まさにこれである。もしも核分裂と爆弾へのその技術的応用とを受けて，われわれが人間関係の組織の仕方も変化させないのだとすれば，希望を見出すことはできないだろうというのが，デューイの結論であり，核兵器の恐怖はかれに自らの長年の信念の正しさを逆説的にもあらためて確証させたのである。しかしかれが，戦争終結と合衆国の勝利という目的のために，原爆という手段を使用することの是非について論じることはついぞなかった。

した。あの30年前の第一次世界大戦への参戦にあたって，アメリカ人は戦争を終わらせるための戦争という理念を真剣に考えた。しかし今や，一世代かせいぜい二世代続く程度の平和ならば確立することができるだろうという，控えめな希望を表明するにとどめるようになった。

このような違いにもかかわらず，アダムズの警告や教訓の価値は減じているどころか高まっているとデューイは言う。アダムズが繰り返し注意を喚起したのは，伝統的な外交と国際法の外部にあるあらゆる運動が，異なった国々の人びとをこれまで以上に緊密な紐帯でまとめあげているという事実だった。デューイの見るところ，この事実はアダムズが執筆した時期からさらに重みを増していた。とりわけアダムズの貢献は，国際組織の必要にたいする彼女の強調であり，ウィルソンの提唱した国際連盟は，多くの点でこうした考えを今日において実現したとデューイは判断した。連盟ではなく戦争違法化をかつて支持したデューイは，ここで連盟にたいして自らがくだしていた否定的評価に言及はしない。だが30年近い時を隔てて，かれの国際連盟についての評価が転換していることは行間からも明らかだった。

それにもかかわらず，国際連盟にたいするデューイの評価の転換は，かれの思想それ自体の転換をおそらく意味していなかった。たしかに連盟の評価は1920年代と1940年代の今日とでは逆転している。しかしこの逆転は，かれの思想的転向に拠るのではなく，あくまでも連盟に投影された意義の変化だった。

実際にデューイは一方で，第二次世界大戦が平和を維持する諸ネイション間の組織を達成するために戦われつつあると述べながら，また他方ではこの「組織」という言葉がかつてとは非常に異なる意味を付与されていると主張する。まさにデューイがアダムズを評価するのは，こうした新しい意味付与を先駆的に行なった人物としてだった。

今日の議論のなかにもっとも幅広くあらわれているプロセスは「政治的」アクションであるが，それによってわれわれが通常意味するのは，強制的

な経済的措置をともなった政府のアクション，ないしは法的なアクションである。アダムズ女史はたしかに「政治的」という言葉を用いているが，文脈が変わらずに証明しているのは，彼女がその言葉を幅広い人間的な意味で用いているということである。しかも，彼女のこうした用法はこの言葉に一つの道徳，そしてこのかぎりで一つの理想主義的な意義を与えており，彼女の態度は実際には，伝統的な政治的タイプの「組織」に信頼を置く態度よりも，ずっとより現実主義的である（LW15:195）。

　アダムズの『戦時における平和とパン』再版の意義はデューイにとって，彼女の平和主義そのものにあるというよりも，かれが積極的に読み込む新しい政治のヴィジョンをめぐる彼女の先駆的貢献のなかにあった。ヨーロッパに由来するパワー・ポリティクスを拒否し，さらにはそれを乗り越えていくことによって見出せる，アメリカ合衆国主導による新しい政治のヴィジョンこそが，デューイにはアダムズを通してこの大戦の終結にあたってふたたび見えていた。

　それゆえにこそデューイは，ネイションの横断はアメリカ合衆国においてこそまさに先駆的に成し遂げられてきたという主張を，アダムズに仮託してさらにこう述べるのである。「アダムズ女史が考えるように，こうしたリーダーシップを請け負うのに合衆国が適しているのは，この国における民主的な発展は実際に，人種と階級の障壁を次第に打ち壊しかつ横切ってきたというまさに事実である」（LW15:196）。

　新しい政治のヴィジョンが戦争違法化を媒介にするのか，それとも新たな大戦のあとに構想され，今度こそ合衆国が中心を担う国際連合を媒介にするのかは，もはやそれほど重要なことではなくなっていたのではないだろうか。そのなかで変わらない点，それは，合衆国はかつての大戦の終結後に戦争違法化運動を通して試みたのと同じように，直近の大戦後においても新しい世界組織のなかで積極的なリーダーシップをとることができるし，また，とらなければならないということだった。州間の法廷であれ人種と階級の横断であれ，合衆国は来るべき世界のありかたを国内において

先駆的に実験し，すでに成功をおさめてきた。まさにこの点にたいする合衆国への信頼において，一見して紆余曲折を経たかのようにみえるデューイの思想的軌跡は一貫していたのである。

デューイのこの合衆国への信頼は，ナチス・ドイツと日本の軍国主義の脅威が去ったいま，ふたたびソ連とそのシンパに向けられようとしていた。デューイは「アメリカの若者よ，ウォレスの贈り物に気をつけよ」(1948年10月)のなかで，容共的な大統領候補であったヘンリー・ウォレスを徹底的に批判し，かれを「20世紀の奴隷所有者たちのスポークスマン」(LW15: 242)であるとまで言い切っている[7]。

この論稿の冒頭でデューイは，1930年代の自分の政治的コミットメントを振り返るかのように，新党確立の必要性についての確信を語っている。「何年にもわたって，わたしは自分たちの政治構造のなかに新しいリベラルな政党を創造すべく，模索し積極的に動いた。これは長年にわたり自分を捧げてきた課題である。なぜなら，われわれの国に土着の，革新的で民主的な急進主義を育むことのできるような政党が必要であることをわたしは知っているからである」(LW15:242)。他方でデューイは，1912年にはユージン・デブスに投票し，1924年にはロバート・ラフォレットに投票する一方で，1884年にはクリーヴランドに投票し，1916年にはウィルソンに投票したことをここで自己申告している。この自己申告とあわせて，デューイはリベラルのもっとも大きな弱点が，組織にあるということ，また組織がなければ，民主的な理想は滞ってしまうかもしれないという，ニューディールの時期にかれがローズヴェルトらを批判しつつ熱心に追求した信念

---

(7) ウォレスについては以下の文献に詳しい。安藤次男『アメリカ自由主義とニューディール——1940年代におけるリベラル派の分裂と再編』(法律文化社，1990年)。なお，デューイとフックとの系譜的関係性を含め，この時期のデューイの政治的軌跡にかんする邦語の先行研究として以下を参照されたい。森田尚人「ジョン・デューイと全体主義の時代経験——歴史的コンテクストのなかの戦争と平和」，『日本デューイ学会紀要』第46号，2005年，176−187頁。

を持続的に述べていた。

　もちろん，合衆国には今なお自信をもって支援を要請できるようなナショナルな大衆政党が存在していないという点では，1930年代からのデューイの信念に変わりはなかった。だが，第三党の必要以上に今や優先されるべきは，全体主義との継続的な対決だった。スターリンのソヴィエトは，ナチス・ドイツがそうであるように——合衆国の民主的な生活様式としてのデモクラシーとは対極にある——全体主義に侵されている。それゆえに，デューイにとって全体主義との妥協は，「パックス・ソビエチカ」を容認し，ソ連の巨大な常備軍を認めることを意味するものだった。そうした妥協は，対外的には東ヨーロッパでの政治的処刑やシベリアでの奴隷的な強制労働を無視するという欺瞞を意味すると，デューイには確信できた。

　この確信を踏まえ，ウォレスには革新的な希望を見出すことができないとデューイは断定した。デューイにとってウォレスを支援するということは，ソヴィエトの影響力の拡大に手を貸す一方，ヨーロッパにおける民主的諸力を破壊し，マーシャル・プランの無力化を推し進めることにほかならなかった[8]。「ヨーロッパ復興計画のなかにあるのは，平和の希望である。

（8）　デューイは，合衆国における新しい政党は三つのテストに合致しなければならないと言う。第一の点は，その政党がデモクラシーの拡大と深化をもたらし，社会的移行の仲介者として，現在と未来のために過去のなかにある善いものと有用なものとを上手く使えるかという点である。第二の点は，その政党は，責任ある民主的なリーダーシップを提供できるかという点である。第三の点は，その政党は，現在はいかに衰退しているとしてもわれわれのリベラルな遺産を前進させてきた組合運動に根をもっているかという点である。デューイによれば，ウォレスはこの三つのテストのどれにも合致しなかった。デューイはさらにこう続けている。「今日，こうしたヒトラーにたいするかつての宥和者たちは，ウォレスの政党の指導者たちとなり，スターリンにたいする宥和とかれのヘゲモニーの拡大を模索している。根本的にかれらの関心は，タフト－ハートレー法の撤回や健全なインフレの統制の確立にはあまりない。かれらの関心は，合衆国を孤立主義的な領域へと変化させ，ヨーロッパにおけるわれわれの兄弟民主主義

われわれの外交政策が，いかにその適用が孤立した事例において逸脱したものであったとしても，残存しているヨーロッパの民主主義諸国を強化する基本的には唯一の方法である。ウォレスがそうするよう求めているように，西ヨーロッパからわれわれの支援を撤退させるなら，それは，フランス，イタリア，低地諸国，そしてスカンジナビア半島をソヴィエトの全体主義へと結果的に屈服させることをおそらく確実に意味するだろう」(LW15:245)。

こうした政治的判断のゆえに，最晩年のデューイは国内の「反共」にたいしても政治的に両義的な立場をとっていた。教育現場からのコミュニストのパージの是非について論じた「教師としてのコミュニスト」(1949年6月21日)は，そうした両義性を端的にあらわしている。かれは，つぎのような婉曲的な言いまわしでもって，パージにたいする積極的な批判を差し控え，黙認の立場を表明した。「現在わたしは，共産党のメンバーとして知られる何者も，高等教育機関で教えることを許可されるべきでないという見解について感じてきた深刻な疑念を表明することを躊躇している」(LW17:136)。

デューイにしたがえば，共産党員は自らの忠誠を，市民として服している国にではなく，党とその党が統制を受けていると思われるある外国に置いている可能性が高い。したがってこの事実から，影響を受けやすい生徒たちを教えるという職にその者を就かせておくことは不適切であるということに同意せざるを得ないと，デューイは自らの黙認の理由を述べている。

ただしデューイは，具体的な条件についての考察を抜きにして，抽象的な根拠にたって重要な問題を決定することにたいして警戒感を忘却してもいなかった。共産党の党員であるという事実だけをもって，明らかにバイアスのかかった授業を行なっているという証拠がなくても罷免に充分であるという主張には同意できないと，デューイは述べてもいる。ヒステリックな赤狩りは，共産主義よりも害があるだろうことを，デューイは過去の

国からの援助の訴えに鈍感にさせることにある」(LW15:245)。

経験からも理解していた。そこで，下院の非米活動委員会（Committee on Un-American Activities）にたいする民衆の反応が，ヒステリックな波をチェックすることをデューイは期待していた。とはいえ，マッカーシズムが全米を跋扈することになる直前の時期に，かれが黙認という消極的な態度を選択したことは事実だった。戦後においてアメリカが果たすべき世界的役割への希望とは裏腹に，対外的な危機の意識もまた，かれのなかでそれほどまでに持続していた。この持続が，かれがすでに相当な高齢だったという事実を差し引いても，アクティヴな行動において知識人のなかでも秀でていたデューイに消極的な対応を選択させていった。

また，外交の分野でも，デューイは精力的にトルーマン・ドクトリンを是認していき，アジアへのソ連の拡張を警戒し，朝鮮戦争への国連の支持をとりつけたアチソン国務長官を高く評価していった。「アチソン氏の批判」（1950年11月19日付ニューヨーク・タイムズ）のなかで，デューイはこのようにアチソンを手放しで称賛している。「穏当な観察と冷静な反省の問題として，国連の支援を得ることによって朝鮮問題をとりあつかう際に達成された成功と重要さの点で比肩するような外交的達成を，長年にわたる多くの国の記録のなかで見出すことは難しいだろう。それは，満州問題にたいして裁定を下さなかったことにより国際連盟が陥った麻痺から国際連合を救った。くわえてそれは，正当化できない攻撃的で帝国主義的な野心という非難からわれわれを救い出すのに，多くのことをした」(LW17:140)。マーシャル・プランへの賛意とともに，合衆国の外交にたいするこの時期のデューイの見解はまた，合衆国政府の外交方針と結果的にはほぼ一致するものだった。希望と恐怖とが交錯するなかでのデューイのこうした態度決定もまた，知識人としてのかれの自律性を結果的に狭めてしまったことは，やはり指摘せざるを得ないのではないだろうか。

それにたいして，本書においてしばしばデューイと対比させるかたちで登場させてきたニーバーの知識人としてのコミットメントには，デューイとは異なる批判的方向性が胚胎されていた。デューイの構想するアメリカの責任を相対化するためにも，あるいはまた，デューイ以降の時代にあっ

ても抜きがたく合衆国の知識人たちに立ちあらわれる自国の例外性と道徳的優越性という神話的想定から距離をとるためにも，1952年に発表されたニーバーの『アメリカ史のアイロニー』を参照することで，本書を締めくくりたい。

　ニーバーによれば，「われわれのネイションは，ヨーロッパの悪徳に背を向けて新しく始められた[9]」というアメリカ合衆国の歴史的ヴィジョンは，この社会はそもそも無垢であるという高慢さをアメリカ人たちにもたせることになった。第一次世界大戦後の世界的な規模での社会的統合のなかでデューイが想起することになった「無垢さ」という拭い去ることのできないアメリカの精神史的出発点を，第二次世界大戦が終結し米ソ冷戦という新たな緊張関係が高まるなかで，ニーバーもまたトクヴィルに言及しながらこの著作のなかで確認することから始めていた。ニーバーによれば，こうしたいわゆるアメリカ例外論的な思考枠組みが，社会のなかの権力を無視する根強い傾向と，さまざまな利害は自然に正義へと収斂していくという幻想をアメリカ人にもたらすことになった。

　しかしながらニーバーはアメリカにとってのあらたな転換期に，デューイがまさにそうしたようにこの無垢な特別さの危機を想起するようなこと

図10　ラインホールド・ニーバー

出典）John P. Diggins, *The Proud Decades: America in War and Peace, 1941-1960*, W. W. Norton, 1988.

（9）　Reinhold Niebuhr, *The Irony of American History* (New York: Charles Scribner's Sons, 1952), p. 28. 大木英夫・深井智朗訳『アメリカ史のアイロニー』（聖学院大学出版会，2002年），53頁。

はなかった。ニーバーのとった進路は，デューイのそれとは異なっていた，あるいは少なくとも，異なるものを自覚的に模索しようとしていた。ニーバーは，国内政策にかんして固有の無垢さや幻想はそれほどのものではないと留保しつつも，外交政策になお残存しているアメリカの無垢な自己認識とそれがもたらすアイロニカルな傲慢さを批判的に認識することへと，アメリカ人たちを向かわせようとしていた。

　20世紀の前半に多くの知識人たちもまた加担してきた帝国主義と孤立主義という両極端な無責任さのあいだを揺れ動いてきた合衆国は，第二次世界大戦後，原子爆弾を所有することによって地上最大の強国となることで，責任をもって権力を行使しなければならない立場に到達した。また，ソ連という共産主義の脅威を前にして自国と同盟国を守るためにその力を行使すべく，常に備えていなければならない立場に好むと好まざるとにかかわらず今やなった。それにもかかわらず，否，それだからこそ，自らの無垢な自己認識とは裏腹に，同盟国の人びと，とりわけアジア人たちは，アメリカというこの唯一の超大国に帝国主義の新たな危険を見出し猜疑の眼を向け続けている，とニーバーは理解した。

　だとすれば，こうした転換期にあってわれわれアメリカ人には何が欠けているのか。力ある者はその力を誇ってはいけないという聖書的教えが，無垢さという自己認識にかえてとりわけアメリカにとっては今や不可欠であるとニーバーは訴えたのである。かれにとって，合衆国の歴史が帯びざるを得ないアイロニーは，人間の力や知恵には限界があること，あるいはまた権力の問題からわれわれは自由になれないことを，デューイを含めたアメリカの理想主義者たちが理解できていないことに由来していた。すなわち，人間の徳のなかにある善と悪との混交という現実を受け入れる場合にのみ，無垢さの背後にある傲慢さは克服可能なのであった。「世界共同体へ創造的に関係することにアメリカが道徳的にも精神的にも成功するためには，理想主義者たちが警告するようなはなはだしい悪にたいする防御よりも，われわれの理想主義の構造総体の再方向づけが要請されるのである[10]」。かくしてニーバーは，前章でみたように有限性と自由の狭間に立っ

て原罪を背負う自己とその自己超越の能力との重要性を見すえつつ，歴史というプロセスは終局的に人間には与り知ることのできない神秘的なドラマなのであり，人間たちはそうした神秘的ドラマのなかで演じる定めを負っているのだという謙虚さをもつ必要を，合衆国の民衆に向けて示そうとしたのだった。

　アメリカの責任を生きようとするデューイの両義的な一貫性を，合衆国の知的ないしは聖書的伝統に立ちつつ内破しようとするニーバーのこの処方箋が，その後の合衆国外交，あるいは知識人たちの態度決定にどこまで訴えることができたのか。それはデューイの軌跡を越えて見定めていかなければならない問いである。

---

(10) Niebuhr, *ibid.*, p. 133. 前掲書，201頁。

あとがき

　本書は2007年4月に早稲田大学大学院政治学研究科より博士（政治学）を授与された学位論文『ジョン・デューイの政治思想——20世紀アメリカ合衆国の知識人たちとアメリカニズム』に加筆および削除と修正を加えたものです。

　わたしは大学院の修士課程から博士後期課程において，政治理論的な問題関心にたいする手がかりを求めてジョン・デューイの諸テクストを読み，それらを再構成することによってデモクラシーやソーシャル・プランニングにかんする現代の理論的方向性を模索したいと願っていました。ですが，そのような再構成の試みはつねに不充分なかたちでしか実を結ばず，デューイのテクストにおける特定の部分を恣意的に読み込むか，あるいはかれの思想にたいする無いものねだりを吐露するかに終始していました。とりわけ，デューイのテクストに繰り返しあらわれるある特定の思想的傾向——「希望」にたいする徹底したコミットメントと同時に，不意に行間に姿をあらわす「不安」の微かな表明——にとまどい，それをデューイの個人的な性格や不注意と見なしては途方に暮れていました。わたしは次第に，そうしたデューイの傾向をより大きなコンテクストのなかで理解しなければならないことにようやく気づきました。それは，デューイが生涯にわたって生み出した膨大なテクストを可能な限り整合的に解釈するためにも必要な作業でした。

　わたしはそのために，政治理論的な問題関心をひとまず離れ，政治思想史に立ち返って，デューイをあらためて読み直すことにしました。この読み直しの作業のなかで，わたしは19世紀後半から20世紀前半にかけてのアメリカ合衆国におけるインテレクチュアル・ヒストリーの厚みに遅ればせ

ながら触れ，それを通じてデューイを含めた合衆国の知識人たちの栄光と挫折の一端を歴史の動態のなかで知ることができるようになりました。本書はデューイにたいして批判的に論じている箇所も少なくありませんが，その多くはデューイ自身から学ぶことによって生じた問いを内在的に折り返した結果だと言えます。その意味で，アメリカにたいするわたしの視野を開いてくれたのは，他ならぬデューイそのひとでした。もちろん，インテレクチュアル・ヒストリーを中心としたアメリカ研究にたいするわたしの理解は出発点に立ったにすぎず，ここからすこしでも前進していくことはわたしに課せられた今後の課題です。

　本書の完成までに多くの方々のご助言とご指導を頂戴しました。指導教授である飯島昇藏先生は，外部からやってきたどこの馬の骨ともわからぬわたしに大学院への入学を許し，研究者の道を与えてくださいました。その計り知れない学恩にあらためてここに感謝を申し上げます。また，デューイを理解するにあたって，歴史的なアプローチを採用する必然性を早い段階から助言してくださっていたのも飯島先生でした。松本礼二先生には大学院以来一貫してご指導いただくとともに，博士論文の副査をお引き受けいただきました。役職上の校務で多忙な飯島先生に代わり，おなじく多忙なお立場にもかかわらず松本先生は指導に多くの時間を割いてくださいました。わたしのアメリカ史にかんする理解の不備を正し，20世紀の知識人の歴史にかんする手ほどきをしてくださったのは松本先生でした。齋藤純一先生には，博士論文のもうひとりの副査として，政治理論にかんするご指導をいただきました。本書は思想史的な理解に重点を置いたため，齋藤先生からいただいたご助言の多くを残念ながら活かすことができていません。齋藤先生からいただいた政治理論にかかわる宿題には今後あらためて取り組む必要を痛感しています。
　佐藤正志先生と谷澤正嗣先生にも厚く御礼を申し上げます。佐藤先生には日頃よりイギリス政治思想にかんするご指導をいただいてきました。谷澤先生は，博士論文の草稿を丹念に読んでくださり，論証の不完全さや訳

出した引用の翻訳間違いなどを丁寧に指摘くださいました。

　日本におけるデューイ政治思想研究の先駆者である小西中和先生には，折にふれてご指導とともに激励の言葉をいただきました。小西先生の先行研究，とりわけ先生の手によるデューイの平和思想のご研究からは，わたし自身がデューイの国際関係思想を重視した研究を進めていくうえで，とても大きな影響を受けました。

　日本デューイ学会の諸先生方は，本書のタイトルのもとになりました拙稿「ジョン・デューイと『アメリカの責任』——1920年代のデューイとアメリカニズム」(『日本デューイ学会紀要』第46号所収)にたいして，2005年度の日本デューイ学会研究奨励賞を与えてくださいました。自分のデューイ研究に自信を持つことができないでいたわたしにとって，このことはたいへん大きな励みとなりました。

　本書のもとになった博士論文を完成させるにあたっては，その準備と執筆の過程でさまざまな機会において多くの先生方にコメントやお力添えを頂戴する幸運に恵まれました。なかでも，梅森直之先生，太田義器先生，小笠原博毅先生，岡田憲治先生，岡本仁宏先生，押村高先生，小田川大典先生，川本隆史先生，呉叡人先生，篠原洋治先生，清水諭先生，田中智彦先生，千葉眞先生，古矢旬先生，安武真隆先生，山岡龍一先生，行安茂先生，吉野孝先生の各先生に御礼を申し上げます。古矢先生にはわたしの体調管理の不徹底さからたいへんなご迷惑を以前におかけしましたこと，この場を借りまして深くお詫びを申し上げます。

　大中一彌，面一也，西永亮，野口雅弘，服部美樹の大学院の先輩各氏には，折々に叱咤激励の言葉をかけていただきました。ありがとうございました。石田徹，徐鍾珍のお二人とは，早稲田大学政治経済学部の同じ任期制助手として，互いの博士論文についてコメントしあったことを懐かしく思います。それぞれ異なる時代のアメリカ合衆国を専門とする大久保優也，高山裕二，飛田綾子の各氏には，「アメ研」と銘打ったささやかな勉強会で，本書のもとになるいくつかのアイデアについて発表する機会を与えていた

だきました。この上記のお三方に加え、石川涼子、上地聡子、久保慶一、辻本令、土谷岳史、森達也の各氏らからなる国際関係思想勉強会(WIRP)においても、本書のもとになるデューイの国際関係思想にかんする報告の機会を与えていただき、多くの方々と率直な討論をさせていただきました。

　本書が完成するまでの道のりにおいて、安藤丈将、石渡雄介、稲永祐介、上谷直克、奥田修一、黄一桂、定森亮、下峠哲朗、田中東子、手嶋逸光、日野愛郎、藤井達夫、藤倉俊秀、洞澤秀雄、前川智子、宮ノ原瑞樹、山口正樹、山本敦久、和田泰一の各氏をはじめとするたくさんの方々との知的な交流から多くを学びました。また、この場を借りて下寺輝和、鈴木崇史、鈴木庸介、高木慎一の各氏の特別な友情に感謝します。市井のバーク研究者として、現在は山形県で教職に就いている今野誉康氏との対話は、当時において思っていた以上に本書に影響をとどめています。

　本書の英文のアブストラクトを作成するにあたっては、Tze May Loo 氏 (University of Richmond) に助言をいただきました。アジアおよび日本研究者である Tze 氏との対話からもまた、わたしは多くを学びました。木鐸社の坂口節子さんには、おそらく誰よりも厳しいご指導をいただきました。拙著を世に出してくださったことに、心から御礼申し上げます。

　最後になりましたが、この拙い本書を両親である井上英明と正枝、母方の祖父母である井上若松とサカエに捧げます。

　なお本書は、独立行政法人日本学術振興会から平成20年度科学研究費補助金（研究成果公開促進費）の交付を受けました（課題番号：205114）。

2008年8月7日

井上弘貴

引用文献一覧

本書では以下の各デューイ著作集からの引用にあたって，各著作集の冒頭に記す略称を使用した。引用の際は，アメリカ合衆国におけるデューイ研究の慣行にしたがい，引用文のあとの（　）に略称とページ数をコロンではさんで表記した。

EW: *The Early Works of John Dewey, 1882-1898*, Jo Ann Boydston ed. 5vols, Carbondale: Southern Illinois University Press, 1967-72.
MW: *The Middle Works of John Dewey, 1899-1924*, Jo Ann Boydston ed. 15vols, Carbondale: Southern Illinois University Press, 1976-83.
LW: *The Later Works of John Dewey, 1925-1953*, Jo Ann Boydston ed. 17vols, Carbondale: Southern Illinois University Press, 1981-90.

ただし，デューイの著作や論文等で訳書のあるものにかんして，本書は先行研究者による既存の訳稿から多くの示唆を受けており，以下に示す訳書を参照している。ここにあらためて感謝の意を表する。ただし，上記の各デューイ著作集からの引用文の日本語訳は，すべて著者によるものである。また，本書で引用した他の文献にかんして，訳書のある場合でも文脈に応じて訳語や表現等を適宜変更していることがある。なお，本書で引用した文献のなかに人種差別的な表現や語句が含まれている場合でも，思想史的研究という本書の性格に鑑み，原文に沿ったかたちで翻訳のうえ引用していることをおことわりしておく。

上山春平編『パース，ジェイムズ，デューイ』中公世界の名著，1968年。
阿部斉訳『現代政治の基礎』みすず書房，1969年。
明石紀雄訳『アメリカ古典文庫13 ジョン・デューイ』研究社，1975年。
足立幸男訳『ドイツ哲学と政治——ナチズムの思想的淵源』木鐸社，1977年。
河村望訳『デューイ＝ミード著作集』人間の科学新社，1995－2003年。

Abbott, Lyman (1897) *Theology of an Evolutionist*, reprint. New York: The Outlook Company, 1925.
―――― (1901) *The Rights of Man: A Study in Twentieth Century Problem*, London: James Clarke..
―――― (1910) *The Spirit of Democracy*, Boston: Houghton Mifflin.

Ambrosius, Lloyd E. (1987) *Woodrow Wilson and the American Diplomatic Tradition: The Treaty Fight in Perspective*, Cambridge: Cambridge University Press.

Ashby, LeRoy (1972) *The Spearless Leader: Senator Borah and the Progressive Movement in the 1920's*, Urbana: University of Illinois Press.

Avrich, Paul (1991), *Sacco and Vanzetti: The Anarchist Background*, Princeton: Princeton University Press.

Beecher, Lyman (1972) "The Practicality of Suppressing Vice by Means of Societies Instituted for that Purpose," in *Lyman Beecher and the Reform of Society: Four Sermons, 1804-1828*, New York: Arno Press.

Bingham, Alfred M. and Rodman, Selden eds. (1934) *Challenge to the New Deal*, New York: Falcon Press.

Bloom, Alexander (1986) *Prodigal Sons: The New York Intellectuals and Their World*, London: Oxford University Press.

Boisvert, Raymond D. (1998) *John Dewey: Rethinking Our Time*, Albany: State University of New York Press.

Bourne, Randolph S. (1964) *War and the Intellectuals: Collected Essays, 1915-1919*, Indianapolis: Hackett Publishing Company.

Brown, Charles C. (2002) *Niebuhr and His Age: Reinhold Niebuhr's Prophetic Role and Legacy*, Harrisburg: Trinity Press International.

Bullert, Gary (1983) *The Politics of John Dewey*, New York: Prometheus Books.

Carter, Dale ed. (2001) *Marks of Distinction: American Exceptionalism Revisited*, Langelandsgade: Aarhus University Press.

Carter, Paul A. (1956) *The Decline and Revival of the Social Gospel: Social and Political Liberalism in American Protestant Churches, 1920-1940*, Hamden: Archon Books.

Clayton, Bruce (1984) *Forgotten Prophet: The Life of Randolph Bourne*, Columbia University of Missouri Press.

Commager, Henry Steele (1950) *The American Mind: An Interpretation of American Thought and Character since the 1880's*, New Haven: Yale University Press.

Cooney, Terry (1986) *The Rise of The New York Intellectuals: Partisan Review and Its Circle*, Madison: The University of Wisconsin.

Cooper Jr., John Milton (1990) *Pivotal Decades: The United States, 1900-1920*, New York: W. W. Norton.

―――― (2001) *Breaking the Heart of the World: Woodrow Wilson and the Fight for the League of Nations*, Cambridge: Cambridge University Press.

Coughlan, Neil (1975) *Young John Dewey: An Essay in American Intellectual History*, Chicago: The University of Chicago Press.

Croly, Herbert (1909) *The Promise of American Life*, reprint. Boston: Northeastern

University Press, 1989.
Curtis, Susan (2003) *A Consuming Faith: The Social Gospel and Modern American Culture*, Columbia: University of Missouri Press.
Dalton, Thomas C. (2002) *Becoming John Dewey: Dilemmas of a Philosopher and Naturalist*, Bloomington: Indiana University Press.
DeBenedetti, Charles (1980) *The Peace Reform in American History*, Bloomington: Indiana University Press.
Deutscher, Isaac (1963) *The Prophet Outcast: Trotsky 1929-1940*, reprint. London: Verso, 2003（山西英一訳『追放された予言者・トロツキー』新潮社，1964年）.
Diggins, John Patrick (1975) *Up from Communism*, New York: Harper and Row Publishers.
―― (1994) *The Promise of Pragmatism: Modernism and the Crisis of Knowledge and Authority*, Chicago: The University of Chicago Press.
Doenecke, Justus D. and Mark A. Stoler (2005) *Debating Franklin D. Roosevelt's Foreign Policies, 1933-1945*, Lanham: Rowman & Littlefield Publishers.
Duhamel, Georges (1931) *America the Menace: Scenes from the Life of Future*, New York: Houghton Mifflin.
Dykhuizen, George (1973) *The Life and Mind of John Dewey*, Carbondale: Southern Illinois University Press.（三浦典郎，石田理訳『ジョン・デューイの生涯と思想』清水弘文堂，1977年）。
Eastman, Max (1925) *Since Lenin Died*, London: The Labour Publishing Company Limited（茂田東子訳『レーニン死後』風媒社，1970年）.
Easton, Loyd D. (1966) *Hegel's First American Followers: The Ohio Hegelians: John B. Stallo, Peter Kaufmann, Moncure Conway, and August Willich*, Athens: Ohio University Press.
Edel, Abraham (2001) *Ethical Theory and Social Change: The Evolution of John Dewey's Ethics, 1908-1932*, New Brunswick: Transaction Publishers.
Eisenach, Eldon J. (1994) *The Lost Promise of Progressivism*, Lawrence: University Press of Kansas.
Eisner, Marc Allen (2000) *From Warfare State to Welfare State: World War I, Compensatory State Building, and the Limits of the Modern Order*, University Park: The Pennsylvania State University Press.
Eldridge, Michael (1998) *Transforming Experience: John Dewey's Cultural Instrumentalism*, Nashville: Vanderbilt University Press.
―― (2003) "Dewey's Limited Shelf Life: A Consumer Warning," in William J. Gavin ed. *In Dewey's Wake: Unfinished Work of Pragmatic Reconstruction*, Albany: State University of New York Press, pp. 25-39.

Farrell, James T. (1950) "Dewey in Mexico," in Sidney Hook ed. *John Dewey: Philosopher of Science and Freedom*, New York: The Dial Press, pp. 351-377.

Fink, Leon (1997) *Progressive Intellectuals and the Dilemmas of Democratic Commitment*, Cambridge, Harvard University Press.

Fischer, Marilyn and Judy D. Whipps eds. (2003) *Jane Addams's Writing on Peace*, Bristol: Thoemmes Press, 4vols.

Fisher, Frank (2003) *Citizenship, Experts, and the Environment: The Politics of Local Knowledge*, Durham: Duke University Press.

Fleming, Denna Frank (1945) *The United States and the World Court, 1920-1966*, reprint. New York: Russell and Russell, 1968.

Gamble, Richard M. (2003) *The War for Righteousness: Progressive Christianity, the Great War, and the Rise of the Messianic Nation*, Wilmington: ISI Books.

Gardner, Lloyd C. (1984) *Safe for Democracy: The Anglo-American Response to Revolution, 1913-1923*, Oxford: Oxford University Press.

Gary, Brett (1999) *The Nervous Liberals: Propaganda Anxieties from World War I to the Cold War*, Columbia University Press.

Giddings, Franklin Henry (1900) *Democracy and Empire: With Study of Their Psychological, Economic, and Moral Foundations*, London: The Macmillan Press.

Gladden, Washington (1886) *Applied Christianity: Moral Aspects of Social Questions*, reprint. New York: Arno Press, 1976.

―――― (1905) *Christianity and Socialism*, reprint. Amsterdam: Fredonia Books, 2002.

Goldberg, David J. (1999) *Discontented America: The United States in the 1920s*, Baltimore: The Johns Hopkins University Press.

Grant, Madison (1916) *The Passing of the Great Race: Or, The Racial Basis of European History*, New York: C. Scribner.

Greek, Cecil E. (1992) *The Religious Roots of American Sociology*, New York: Garland Publishing.

Green, Horace ed. (1924) *American Problems: A Selection of Speech and Prophecies by William E. Borah*, New York: Duffield.

Heijenoort, Jean van (1978) *With Trotsky in Exile: From Prinkipo to Coyoacan*, Cambridge: Harvard University Press(小笠原豊樹訳『トロツキーとの七年間――プリンキポからコヨアカンまで』草思社, 1984年).

Higham, John (1979) "Introduction," in John Higham and Paul K. Conkin eds., *New Directions in American Intellectual History*, Baltimore: The Johns Hopkins University Press, pp. xi-xix.

―――― (1983) *Strangers in the Land: Pattern of American Nativism, 1860-1925*, New Brunswick: Rutgers University Press.

Hofstadter, Richard (1962) *Anti-Intellectualism in American Life*, New York: Vintage Books（田村哲夫訳『アメリカの反知性主義』みすず書房，2003年）.
—— (1955) *The Age of Reform: From Bryan to F. D. R.*, reprint. London: Jonathan Cape, 1962.（清水知久，斎藤眞，泉昌一，阿部斉，有賀弘，宮島直機訳『改革の時代——農民神話からニューディールへ』みすず書房，1988年）.
Honneth, Axel (2001) "The Logic of Fanaticism: Dewey's Archaeology of the German Mentality," in William Rehg and James Bohman eds., *Pluralism and the Pragmatic Turn: The Transformation of Critical Theory*, Massachusetts: The MIT Press.
Hook, Sidney (1938) "The Democratic Way of Life," in Robert B. Talisse and Robert Tempio eds., *Sidney Hook: On Pragmatism, Democracy, and Freedom*, New York: Prometheus Book, 2002.
—— (1940) "Conflicts in Ways of Belief," in Robert B. Talisse and Robert Tempio eds., *Sidney Hook: On Pragmatism, Democracy, and Freedom*, New York: Prometheus Book, 2002.
—— (1987) *Out of Step: An Unquiet Life in the 20th Century*, New York: Carroll & Graf.
Hopkins, Charles Howard (1940) *The Rise of the Social Gospel in American Protestantism 1865-1915*, Yale University Press（宇賀博訳『社会福音運動の研究』恒星社厚生閣，1979年）.
Huntington, Samuel P. (1981) *American Politics: The Promise of Disharmony*, Cambridge: Belknap Press.
Hutchson, William R. (1992) *The Modernist Impulse in American Protestantism*, Durham: Duke University Press.
James, Henry ed. (1920) *Letters of William James*, London: Longmans, Green, and Co., vol. II.
Joas, Hans (1997) *G. H. Mead: A Contemporary Re-examination of His Thought*, Cambridge: The MIT Press.
—— (1997) "Pragmatic Foundations and Theoretical Tradition," in Ken Plummer ed., *The Chicago School: Critical Assessments*, London: Routledge.
Karl, Barry D. (1983) *The Uneasy State: The United States from 1915 to 1945*, Chicago: The University of Chicago Press.
Kennan George F. (1951) *American Diplomacy*, reprint. Chicago: The University of Chicago Press, 1984（近藤晋一，飯田藤次，有賀貞訳『アメリカ外交50年』岩波書店，2000年）.
Kloppenberg, James T. (1998) *The Virtues of Liberalism*, New York: Oxford University Press.
Knock, Thomas J. (1992) *To End All Wars: Woodrow Wilson and the Quest for a New*

World Order, Princeton: Princeton University Press.

Kuklick, Bruce (1985) *Churchmen and Philosophers: From Jonathan Edwards to John Dewey*, New Haven: Yale University Press.

LaFeber, Walter (1994) *American Age: United States Foreign Policy at Home and Abroad*, Second Edition, New York: W. W. Norton.

Lasch, Christopher (1986) *The New Radicalism in America*, New York: W. W. Norton.

Lasswell, Harold D. (1927) *Propaganda Technique in the World War*, New York: A. A. Knopf.

Leinwand, Gerald (2001) *1927: High Tide of the 1920s*, New York: Four Walls Eight Windows.

Levinson, Salmon O. (1921) *Outlawry of War*, reprint. New York: Garland Publishing, 1972.

Lewis David Levering ed. (1995) *W. E. B. DuBois: A Reader*, New York: Henry Holt.

Lifka, Thomas E. (1988) *The Concept "Totalitarianism" and American Foreign Policy, 1933-1949*, New York: Garland Publishing.

Lippmann, Walter (1914) *Drift & Mastery*, reprint. Madison: The University of Wisconsin Press, 1985.

—— (1927) *The Phantom Public*, reprint. New Brunswick: Transaction Publishers, 1993 (河崎吉紀訳『幻の公衆』柏書房, 2007年).

—— (1947) *The Cold War: A Study in U. S. Foreign Policy*, reprint. New York: Harper and Row Publishers, 1972.

—— (1960) "National Purpose," in John K. Jessup and others, *The National Purpose*, New York: Holt, Rinehart and Winston.

—— (2000) *Force & Ideas: The Early Writings*, New Brunswick: Transaction Publishers.

Lipset, Seymour Martin (1996) *American Exceptionalism: A Double-edged Sword*, New York: W. W. Norton (上坂昇, 金重紘訳『アメリカ例外論——日欧とも異質な超大国の論理とは』明石書店, 1999年).

Livingston, James (2001) *Pragmatism, Feminism and Democracy: Rethinking the Politics of American History*, London: Routledge.

Lodge, Henry Cabot (1925) *The Senate and the League of Nations*, New York: Charles Scribner's Sons.

Lukes, Steven (1985) *Marxism and Morality*, Oxford: Clarendon Press.

Lustig, R. Jeffrey (1982) *Corporate Liberalism: The Origins of Modern American Political Theory, 1890-1920*, Berkeley: University of California Press.

Lynch, Cecelia (1999) *Beyond Appeasement: Interpreting Interwar Peace Movements in World Politics*, Ithaca: Cornell University Press.

Lyons, Eugene (1941) *The Red Decade*, reprint. Safety Harbor: Simon Publication, 2001.
Maddox, Robert James (1969) *William E. Borah and American Foreign Policy*, Baton Rouge: Louisiana State University Press.
Mattson, Kevin (1998) *Creating a Democratic Public: The Struggle for Urban Participatory Democracy during the Progressive Era*, University Park: The Pennsylvania State University Press.
——— (2002) *Intellectuals in Action: The Origins of the New Left and Radical Liberalism, 1945-1970*, University Park: The Pennsylvania State University Press.
Mayers, David (1988) *George Kennan and the Dilemmas of US Foreign Policy*, New York: Oxford University Press.
McClymer, John F. (1980) *War and Welfare: Social Engineering in America, 1890-1925*, Westport: Greenwood Press.
Milkis, Sidney M. and Jerome M. Mileur, eds. (1999) *Progressivism and the New Democracy*, Amherst: University of Massachusetts Press.
Miller, Donald L. (1979) *The New American Radicalism: Alfred M. Bingham and Non-Marxian Insurgency in the New Deal Era*, Port Washington: Kennikat Press.
Miller, Perry (1965) *The Life of the Mind in America: From the Revolution to the Civil War*, San Diego: Harcourt Brace Jovanovich.
Miscamble, Wilson D. (1992) *George F. Kennan and the Making of American Foreign Policy, 1947-1950*, Princeton: Princeton University Press.
Morrison, Charles Clayton (1927) *The Outlawry of War: A Constructive Policy for World Peace* (with a foreword by John Dewey), Chicago: Willett, Clark & Colby.
Niebuhr, Reinhold (1929) *Leaves from the Notebook of a Tamed Cynic*, reprint. Louisville: John Knox Press, 1980.
——— (1932) *Moral Man and Immoral Society: A Study in Ethics and Politics*, reprint. Louisville: Westminster John Knox Press, 2001（大木英夫訳『道徳的人間と非道徳的社会』白水社, 1998年）.
——— (1940) *Christianity and Power Politics*, New York: Charles Scribner's Sons.
——— (1941) *The Nature and Destiny of Man: A Christian Interpretation*, reprint. Louisville: Westminster John Knox Press, 1996, vol. 1.
——— (1952) *The Irony of American History*, New York: Charles Scribner's Sons（大木英夫, 深井智朗訳『アメリカ史のアイロニー』聖学院大学出版会, 2002年）.
——— (1957) *Love and Justice: Selection from the Shorter Writings of Reinhold Niebuhr* edited by D. B. Robertson, Louisville: John Knox Press.
——— (1992) *A Reinhold Niebuhr Reader*, compiled and edited by Charles C. Brown, Philadelphia: Trinity Press International.

Pells, Richard H. (1973) *Radical Vision & American Dreams: Culture and Social Thought in the Depression Year*, reprint. Chicago: University of Illinois Press, 1998.

Phelps, Christopher (2005) *Young Sidney Hook: Marxism & Pragmatism*, Ann Arbor: The University of Michigan Press.

Rauschenbusch, Walter (1917) *A Theology for the Social Gospel*, reprint. Eugene: Wipf and Stock, 1996.

Riccio, Barry D. (1994) *Walter Lippmann: Odyssey of a Liberal*, New Brunswick: Transaction Publishers.

Rockefeller, Steven C. (1991) *John Dewey: Religious Faith and Democratic Humanism*, New York: Columbia University Press.

Roosevelt, Franklin D. (1937) "Address at Chicago," in *The Public Papers and Addresses of Franklin D. Roosevelt*, New York: Russell & Russell, 1969, vol. 6, pp. 406-411.

—— (1940) "Fireside Chat on National Security," in *The Public Papers and Addresses of Franklin D. Roosevelt*, New York: Russell & Russell, 1969, vol. 9, pp. 633-644.

Roosevelt, Theodore (1915) *America and the World War*, New York: Charles Scribner's Sons.

—— (1918) *The Great Adventure: Present-Day Studies in American Nationalism*, New York: Charles Scribner's Sons.

Ross, Dorothy (1991) *The Origins of American Social Science*, Cambridge: Cambridge University Press.

Rosen, Elliot A. (1977) Hoover, *Roosevelt, and the Brains Trust: From Depression to New Deal*, New York: Columbia University Press.

Royce, Josiah (1908) *Race Questions, Provincialism and Other American Problems*, New York: The Macmillan Company.

—— (1908) *The Philosophy of Loyalty*, reprint. Nashville: Vanderbilt University Press, 1995.

—— (1916), *The Hope of the Great Community*, New York: The Macmillan Company.

Ryan, Alan (1995) *John Dewey and the High Tide of American Liberalism*, New York: W. W. Norton.

Schaffer, Ronald (1991) *America in the Great War: The Rise of the War Welfare State*, New York: Oxford University Press.

Schlesinger Jr. Arthur (1949) *The Vital Center: The Politics of Freedom*, reprint. New Brunswick: Transactional Publishers, 1998.

Siegfried, Andre (1927) *America Comes of Age*, New York: Harcourt.

Shafer, Byron E. ed. (1991) *Is America Different?: A New Look at American Exception-*

alism, Oxford: Clarendon Press.

Shotwell, James T. (1929) *War as an Instrument of National Policy, and Its Renunciation in the Pact of Paris*, reprint. New York: Garland Publishing, 1974.

Spiller, G. ed. (1911) *Papers on Inter-Racial Problems*, London: P. S. King and Son.

Steel, Ronald (1980) *Walter Lippmann and the American Century*, reprint. New Brunswick: Transaction Publishers, 1998.（浅野輔訳『現代史の目撃者——リップマンとアメリカの世紀』上・下，TBSブリタニカ，1982年）。

Stettner, Edward A. (1993) *Shaping Modern Liberalism: Herbert Croly and Progressive Thought*, Lawrence: University Press of Kansas.

Stoddard, Lothrop (1920) *The Rising Tide of Color against White World-Supremacy*, New York: Charles Scribner's Sons（長瀬鳳輔訳『有色人の勃興』政教社，1921年）.

―――― (1927), *Re-Forging America*, London: Charles Scribner's Sons.

Stoner, John E. (1943) *S. O. Levinson and the Pact of Paris: A Study in the Techniques of Influence*, Chicago: The University of Chicago Press.

Strong, Josiah (1885) *Our Country: Its Possible Future and its Present Crisis*, Revised Edition, New York : Baker & Taylor, 1891.

―――― (1898) *The Twentieth Century City*, New York: The Baker & Taylor.

―――― (1900) *Expansion under New World-Conditions*, New York: The Baker & Taylor.

LaFollette, Suzanne (1937) *The Case of Leon Trotsky*, reprint. New York: Pathfinder, 2006.

The Nation (26 August, 1939).

The New Republic (May 19, 1937).

Tobin, Eugene M. (1986) *Organize or Perish: America's Independent Progressives, 1913-1933*, Westport: Greenwood Press.

Trotsky, Leon (1938) "Their Morals and Ours," in *The New International* June.

Vinson, John Chalmers (1955) *The Parchment Peace: The United States and the Washington Conference, 1921-1922*, Athens: The University of Georgia Press.

―――― (1957) *William E. Borah and the Outlawry of War*, Athens: University of Georgia Press.

Wald, Alan (1987) *The New York Intellectuals: The Rise and Decline of Anti-Stalinist Left from the 1930s to the 1980s*, Chapel Hill: The University of North Carolina Press.

Welchman, Jennifer (1995) *Dewey's Ethical Thought*, Ithaca: Cornell University Press.

Westbrook, Robert B. (1991) *John Dewey and American Democracy*, Ithaca: Cornell University Press.

Wilford, Hugh (1995) *The New York Intellectuals: From Vanguard to Institution*, Manchester: Manchester University Press.

Wilson, Woodrow (1916) "An Address in Washington to the League to Enforce Peace," in Arthur S. Link ed., *The Papers of Woodrow Wilson*, Princeton: Princeton University Press, 1981, vol. 37, pp. 113-116.

―――― (1917) "An Address to a Joint Session of Congress," in Arthur S. Link ed., *The Papers of Woodrow Wilson*, Princeton: Princeton University Press, 1983, vol. 41, pp. 519-527.

Wynn, Neil A. (1986) *From Progressivism to Prosperity: World War I and American Society*, New York: Holmes & Meier Publishers.

Zieger, Robert H. (2000) *America's Great War: World War I and the American Experience*, Lanham: Rowman & Littlefield Publishers.

秋元秀紀『ニューヨーク知識人の源流――1930年代の政治と文学』彩流社，2001年。

安藤次男『アメリカ自由主義とニューディール――1940年代におけるリベラル派の分裂と再編』法律文化社，1990年。

内田満「一九二〇年代リップマンの政治学」，『早稲田政治経済学雑誌』第330号，1997年4月，1－32頁。

加賀裕郎「デューイのポーランド人調査とアメリカ民主主義」，『同志社女子大学総合文化研究所紀要』第14号，1997年，130－148頁。

川島正樹編『アメリカニズムと「人種」』名古屋大学出版会，2005年。

紀平英作『ニューディール政治秩序の形成過程の研究――20世紀アメリカ合衆国政治社会史研究序説』京都大学学術出版会，1993年。

―――『パクス・アメリカーナの道――胎動する戦後世界秩序』山川出版社，1996年。

小西中和「ジョン・デュウイの平和思想についての一考察」，横越英一編『政治学と現代世界』御茶の水書房，1983年，493－522頁。

―――「デューイ平和思想への視点」，『彦根論叢』第300号，1996年，177－194頁。

―――『ジョン・デューイの政治思想』北樹出版，2003年。

斉藤孝『戦間期国際政治史』岩波書店，1978年。

鈴木有郷『ラインホルド・ニーバーとアメリカ』新教出版社，1998年。

千葉眞『現代プロテスタンティズムの政治思想――R・ニーバーとJ・モルトマンの比較研究』新教出版社，1988年。

鶴見俊輔『アメリカ哲学』世界評論社，1950年初版，こぶし書房，2008年。

早川操「第一次世界大戦前後におけるデューイの知性的平和主義思想の転回――デューイ―ボーン論争の意義についての検討を中心に」，『名古屋大学大学院教

育発達科学研究科紀要』第48号, 2001年, 51-68頁。
平田忠輔『現代アメリカと政治的知識人』法律文化社, 1989年。
古矢旬『アメリカニズム――「普遍国家」のナショナリズム』東京大学出版会, 2002年。
堀邦維『ニューヨーク知識人――ユダヤ的知性とアメリカ文化』彩流社, 2000年。
前川玲子『アメリカ知識人とラディカル・ヴィジョンの崩壊』京都大学学術出版会, 2003年。
松本悠子「サッコとヴァンゼッテイ裁判をめぐって」, 津晃, 横山良, 紀平英作編『市民的自由の探究――両大戦間のアメリカ』世界思想社, 1985年。
松本礼二「知識人の歴史としての20世紀思想史」,『思想』岩波書店, 1994年10月, 1-4頁。
森田尚人「ジョン・デューイと全体主義の時代経験――歴史的コンテクストのなかの戦争と平和」,『日本デューイ学会紀要』第46号, 2005年, 176-187頁。
矢澤修次郎『アメリカ知識人の思想――ニューヨーク社会学者の群像』東京大学出版会, 1996年。
行安茂『デューイ倫理学の形成と展開』以文社, 1988年。
米澤正雄「デューイは何故に第一次世界大戦へのアメリカ参戦を支持したのか?」,『日本デューイ学会紀要』第40号, 1999年, 163-171頁。

John Dewey and America's Responsibility

Hirotaka INOUE

John Dewey is one of postwar Japan's most celebrated American intellectuals, but few scholars paid attention to Dewey's thought in the prewar period. The study of philosophy in prewar Japan at the imperial universities was dominated by German philosophy. Dewey taught at Tokyo Imperial University in the latter half of the 1910s before his time in China, and his lectures were published as *Reconstruction in Philosophy*. Yet, most Japanese scholars at the time were not interested in his system of thought. This situation changed radically following the end of WWII. Two sisters - Tsurumi Kakuzo and Tsurumi Shunsuke - who had the unusual opportunity to study American philosophy in the United States before the war started the intellectual circle "The Science of Thought" (Shisô no kagaku) and a journal of the same name. Along with founding members like Maruyama Masao, this group contrasted American Pragmatism, which Dewey championed, with the dogmatic and authoritarian mentalities of prewar Japan.

Many left-wing Japanese intellectuals in the intellectual configuration of the Cold War labeled Dewey either an ideologue of American imperialism or a petit-bourgeois idealist. At the same time however, a diverse group of scholars of education - ranging from orthodox Marxists to harsh critics of Communism - were eager to learn Dewey's theory of progressive education and put it into practice. The establishment of John Dewey Society of Japan in 1956 signaled Dewey's popularity in the Japanese social sciences and the humanities, and it is not difficult to see that Dewey has remained a robust influence in Japanese educational theory and practice today in spite of the increased neo-conservative challenge to progressive opinion and policy. Richard Rorty and Benjamin Barber have been crucial in spearheading a revived interest in Dewey's thought in Japan in recent years. This renewed interest in Dewey in Japan is on a much smaller scale than similar revivals in the United States, but Japanese political theorists are approaching Dewey's political theory and vision of democracy as a basis of anti-foundational thought. The renewed interest in Dewey's theory and vision has also resulted in critical evaluations of it. For instance, Chantal Mouffe argues that because both Dewey and Rorty fail to understand social antagonisms and political struggle, they underestimate the antagonistic-plural aspects inherent in democracy. This is an effective critique, if we recall that Dewey's conceptualization of democracy as a way of living and social cooperation predicated on the application of social intelligence remains unfulfilled, even in the United States. While criticisms such as Mouffe's are significant interventions for understanding Dewey, it is also important to show why Dewey never stopped advocating democracy as the intelligent way through which social problems could be solved, and to explain his conviction that any "failures" stemmed from our inabilities to discover democracy's applications, rather than with democracy itself.

A central contention of this book is that in addition to his exceptionalistic image of the United States, another critical dimension for understanding Dewey's thought is his configurations of America's relationships with Europe and East Asia. This book focuses on Dewey's attempt to articulate a new kind of nationalism for the United States, predicated on a faith in the existence of a particular configuration of American spirituality. During the period of Progressivism, Dewey distanced himself from a number of Social Gospel thinkers who attempted to reconstruct an American nationalism based on the perceived superiority of the Anglo-Saxon race. Against this, Dewey wanted to discover from within these debates a democracy that would be a blessing to individual spirituality. In a sense, this attempt to articulate a nationalism based on principle (rather than race) was Dewey's attempt to give the reconstruction of the American nation during the Progressive Era a more refined form.

Dewey supported America's entry into WWI because he saw it as an opportunity to teach the old world of Europe about American democracy. In his *German Philosophy and Politics*, Dewey posited the discourse on German *Weltanschauung* and German national essence against America's intellectual life, and emphasized the latter's superiority. In the period following the end of WWI, however, Dewey perceived the loss of America's aloof position in its relationship with Europe. Motivated by anxiety to find a new configuration for American responsibility in securing world peace, Dewey advocated America's participation in the "Outlawry of War Movement" rather than the League of Nations. Through the 1920s, Dewey continued to trust and protect a certain idea of latent American spirituality, and he tried to articulate an Americanism that had the potential to liberate individuality, partly in response to European criticisms of American culture as materialistic. Through the 1930s, while Dewey criticized Franklin Roosevelt's New Deal and warned of the dangers of the United States becoming entangled in foreign wars in the future, he was also acutely aware of the rising specter of fascism in Europe and the Moscow Trials of Stalin's Great Purge. In order to protect American life - its intellectual life and its freedoms - from the threat of "totalitarianism" and affected by the Japanese attack on Pearl Harbor, Dewey began to quietly support America's entry into armed conflict. Importantly, Dewey conceived of the inevitable postwar world as an opportunity for the United States to unite the world ethically, and became a staunch supporter of American foreign policy in the formative days of the Cold War.

A study of John Dewey's theoretical and political actions gives us an opportunity to understand American democracy's hopes and fears as it engaged international and domestic events seen through its constructions of its self and others. This book does not argue that Dewey was a mere nationalist; neither should it be regarded as a post-Cold War variation of anti-Americanism. The argument presented here focuses on the ambivalence of America's responsibility within the larger world that Dewey insisted on. Dewey's defense of America's position on the international stage entailed an exposition of American exceptionalism, but we can appreciate this as one of the necessities of his time. However, a critical evaluation of Dewey's political theory and democratic vision allows those of us located outside of the United States to appreciate the possibilities and potentialities inherent in Dewey's ideas and experimental logic.

索　引

ア行

アダムズ，ジェーン　20 65 66 68 71-73 74n 81 220-222
アチソン，ディーン　226
アボット，ライマン　27 53-55 60-62 63n 157 164 165 171
アメリカニズム　13 17 19 49n 98 107n 129 139 143-146
　アメリカ化　126 127
　アメリカ例外論／例外性　18 23 127 128 137 170 172 174 226 227
アングロ‐サクソン　51 54 55 62
イギリス
　経験論哲学　36 185n
　理想主義　34 36 42
イーストマン，マックス　152 176 177n 178 179n 194
ヴァイタル・センター　217 218n 219
ウィルソン，ウッドロウ　9 15 16 66 68-74 81 82 101-106 108 112 221 223
　「14カ条」　72 101
　「勝利なき平和」　72
ウィンスロップ，ジョン　14
ウェーバー，マックス　84n
ウェルズ，H・G　96
ウォレス，ヘンリー　223 224
ヴント，ヴィルヘルム　56
エンジェル，J・R　56

カ行

カウリー，マルカム　186 187 196
革新主義　9 28 44 46-49 58 60-62 70 71n 84 133n 134n
カーチウェイ，フリーダ　196
カラー・ライン　49 58
カレン，ホレース　181 182 192
ガンジー　158
カント　30n 32n 75 212n 213
ギディングス，フランクリン　52
禁酒法　123 149
金ぴか時代　25
クー・クラックス・クラン　124 127
グラッデン，ワシントン　28 63n 142
グラムシ，アントニオ　136n

グラント，マディソン　124
クリスチャン・リアリズム　164
クリストル，アーヴィング　20
クーリッジ，カルヴィン　102
クリール，ジョージ　85
グリーン，トマス・ヒル　36 37 41 42
クローリー，ハーバート　46 48n 49 53n 58 68 71n
ケアード，エドワード　37
ケナン，ジョージ　7-12 17
ケロッグ・ブリアン条約　102 116n 190
原子爆弾　219 220n 228
コーエン，モーリス　153n
国際連合　11n 222 226
国際連盟　90 91 101 104-115 117 118 121 190 221 226
五・四運動　95 100
胡適　95
ゴドキン，E・L　53
コマジャー，ヘンリー・スティール　23
コミュニオン　141n
コミュニケーション　42 44 77 128 129 132-134 136n 137 147 214 215
コモン・マン　160 193
孤立主義　52 70 73 102 224n 228
コール，G・D・H　95

サ行

サッコ＝ヴァンゼッティ事件　123 124 137
ザメンホフ，L・L　59
ザングウィル，イズラエル　59
ジェイムズ，ウィリアム　31 53 56 65
シークフリート，アンドレ　143 144
自然主義　55 56 62 164
シティズンシップ　41n 90
シュレジンガー・ジュニア，アーサー　17n 217-219
ショットウェル，ジェームズ　116
ジョンソン，ハイラム　104
新移民　44 49 141
人種　49 51 54 55 59 60 62 65 76 90 91 124 125 137 141n 196 222
　人種主義　49 51 58-62 90 124
真珠湾攻撃　211 219
人民戦線　175 186 196 197
スコープス裁判　166
スタッダード，ロスロップ　124 125

索引 253

スターリン　8 176-178 180 181n 186-188 199 224
　スターリニズム　200 215
スティーヴンソン，アドレイ　12
ストロング，ジョサイア　49-52 60 61 157
スピリチュアリティ／スピリチュアルな〜　30 33 34 38 39n 40 42 51 61 62 100 146 164 168 172 212 213
　スピリット　19 80 100 141 142 147 173 214 219
スペイン内戦　177 202
スペンサー，ハーバート　32 33 36
世界大恐慌　139 145 148
戦争違法化　21 102 103 110 115 117 119-122 138 221 222
全体主義　16 180n 194 195 197 199 200 207 208 217-219 224
ソーシャル・ゴスペル／ゴスペラー　26-28 35 37 40-42 43n 44 49 51 53 56 60 67 82 142 154 164 165 168 171 215

タ行

第一次世界大戦　9 15 16 18 44 62 68 84 92 94 102n 110 123 126 142 166 191 192 212 215 217 220
第二次世界大戦　16 19 212 221 227 228
第二次信仰復興運動　23 24
ダーウィン　166
　ダーウィン主義　25
タグウェル，レックスフォード　151
ダグラス，ポール・H　148
タフト，ウィリアム・ハワード　69 104 117
チェンバレン，ネヴィル　191 209
チャーチル，ウィンストン　191
中立法　175 190 211
超絶主義　25
帝国　55 66 96
　帝国主義　8 52 53 58 65 72 96n 105 157 226 228
デモクラシー　16 39 40 41n 42-44 48n 50 51 54 61 62 75 77 79 82 91 93 94 97 109 130 133n 135n 139 160 164 166 168 172-174 181 188 192 193 196 199 200 206-209 214 215 218 224
デュアメル，ジョルジュ　144
デューイ，ジョン　18-21 28-44 55-58 60-62 65 68 70 75-100 102 103 108-115 117 119-122 126 127 130-132 133n 134 135n 136-139 141 142 144-154 158-164 166-170 172-174 176n 178 179 181-183 185-194 197-208 211-216 218-229
デュボイス，W・E・B　49 58 59 90 148
テンニエス，フェルディナンド　59
ドイッチャー，アイザック　183 188
トクヴィル　50 227

独ソ不可侵条約　198 199
独立政治行動連盟　148 149 151 159 197
トーマス，ノーマン　148 159
富の福音　26
トルーマン，ハリー・S　7
トルーマン・ドクトリン　11n 226
トロツキー，レオン　20 176-178 179n 181 182 185-189 201-205
　トロツキー裁判　19 187 189 201

ナ行

ナイ，ジェラルド　175n
ナショナリズム／ナショナリスティックな〜　13 48n 60 62 75-77 83 127 137
　ナショナリスト　104
　ナショナリティ　75 90 96 97 213 214
　ナショナルな〜　12 13 15-21 25 41n 46 55 61 62 77 79 83 84 94 97 98 108 125-127 190n 192 193 223
ネイション　13 24 45 48 49 51 53 61 62 69 71n 74 76 80 81 90 95-100 119 125 156 157 160 170 173 174 190 216 221 222 226
南北戦争　18 25
日露戦争　58 125n
ニーバー，ラインホールド　20 66 67 148 154-158 161 162 164 169-172 191 208 210 226-229
ニューディール　19 151 153 223
ニューヨーク知識人　17n 20 180
ネオコン　20 21
ノックス，フィランダー　105 117
ノリス，ジョージ・ウィリアム　104 149 150

ハ行

ハウス大佐，エドワード　71n
ハクスリー　T・H　31n
パソス，ジョン・ドス　152 194
ハーディング，ウォーレン　102
バーナム，ジェームズ　196
バルト，カール　154
パワー・ポリティクス　19 103 109 112 114 208 222
ビーチャー，ヘンリー・ウォード　27
ビーチャー，ライマン　24 25 27 28n
ヒトラー，アドルフ　175 197 199 209 211-215 224n
　ナチス／ナチズム　176 191 194 196-198 200 209 210 213-215 223 224
ヒューズ，チャールズ　104
ヒューム　36

ビンガム, アルフレッド　152
ファシズム／ファシスト　139 152 176 180n 188 192 196-199 217
ファレル, ジェームズ　175 181 182 185 196
フィスク, ジョン　33
フィッツジェラルド, スコット　129
フィニー, チャールズ　27
フィヒテ　76
フーヴァー, ハーバート　74n 102 104 150 192
フォーディズム　143
フォレスタル, ジェームズ　7
フック, シドニー　20 152 153n 178-180 194 198 199 206-208 218 223n
ブッシュネル, ホレース　28
プラグマティズム　56 136n 185n
ブラッドレイ, F・H　37
プラトン　73 179n
プルマン・ストライキ　127 128n
ブルンナー, エミール　154
フロイト　163n 164n
フロンティア　15 52 126 193
文化的自由のための委員会　193-199
米西戦争　12 15 157
平和強制連盟／平和を強制するための連盟　9 63n 69 70 78 104 106
平和主義／平和主義者　21 66 68 72 74n 78 80-82 92 103 121 220 222
ヘーゲル　30n 32n 45n 76 94 163
ヘラクレイトス　215
ボアズ, フランツ　59
ポドレッツ, ノーマン　20
ポピュリズム　160
ホーフスタッター, リチャード　14n 17n 26 163n
ボラー, ウィリアム　104-108 115-117 150
ホール, ジョージ・スタンレー　31
ボーン, ランドルフ　20 86-88

マ行

マクドナルド, ドワイト　188
マーシャル・プラン　7 11n 224 226
マシューズ, シェイラー　63n
マッカーシズム　225
マッキンレー, ウィリアム　15
マルクス, カール　7 11 153
　マルクス主義／マルクス主義者　7 10 152 154 166 177n 178-180 185 188 189 201 203 205 206

マンフォード，ルイス　152
ミュンヘン会談　191
ミルズ，C・ライト　218n
ムッソリーニ　153 175 180n
モスクワ裁判　177 178 180 182 183 185-188
モダニズム　25 26 29-31
モリソン，チャールズ・クレイトン　115 117-119
モンロー・ドクトリン　15 106

ラ行

ライアンズ，ユージン　176 181n 194
ラウシェンブッシュ，ウォルター　67 165 166 168
ラヴジョイ，アーサー　20 112-115
ラスウェル，ハロルド　130
ラッセル，バートランド　153n
ラディカリズム／ラディカル　18 154 159 172 174 218 219
　　ラディカルな　151 154 159 160 166 174 178
ラフォレット，スザンヌ　182
ラフォレット，ロバート・M　104 223
ラモント，コーリス　176n 196 199
リアリスト／リアリズム　11 113 158 164
リップマン，ウォルター　9-13 15-18 20 47-49 65 68 70 71 129-132 134n 136n 217
リバイバリズム　23 25
リベラ，ディエゴ　182
リベラリズム／リベラル　126 153 154 159 161 173 174 176 178 181 182 187-189 197 198 200 218 219 223
　　反共リベラル／冷戦リベラル　19 210 219
　　　リベラル神学　25
　　　リベラルな～　27n 35 62 148 149 166 174 176 182 187 223
リャザノフ　179
ルース，ヘンリー　13
冷戦　16 18 19 21 181 227
レヴィンソン，サロモン・O　115-117
レーガン，ロナルド　181n
レストン，ジェームズ　12
レッド・スケア　18 123 126 128 191
レーニン　7 8 176
ロイス，ジョサイア　45 58 62 67 112
ロシター，クリントン　12
ローズヴェルト，セオドア　15 16 44 104 107n
ローズヴェルト，フランクリン　15 16 150 151 160 175 190 191 208-210 223
　　武器貸与法　210

「ブレイン・トラスト」 151
「防疫」演説 190
炉辺談話 209
ローゼンバーグ，ハロルド 196
ロック 36
ロッジ，ヘンリー・カボット 104 107
ロッドマン，セルデン 152
ローティ，ジェームズ 152 196
ローティ，リチャード 165
ロベスピエール 182

ワ行

ワイル，ウォルター 68
ワシントン，ジョージ 106
ワシントン会議 105

著者略歴

井上　弘貴（いのうえ　ひろたか）
1973年　東京都生まれ。
中央大学法学部卒。
早稲田大学大学院政治学研究科博士後期課程満期退学。博士（政治学）。
早稲田大学政治経済学部助手，町田市役所企画部行政管理課嘱託職員などを経て，
現在　早稲田大学政治経済学術院助教。
専攻は政治理論，公共政策論，アメリカ政治思想史。

ジョン・デューイとアメリカの責任
John Dewey and America's Responsibility

2008年9月30日　第1版第1刷印刷発行 ©

著者との 了解により 検印省略	著　者　井　上　弘　貴 発行者　坂　口　節　子 発行所　㈲　木　鐸　社	

印　刷　㈱アテネ社　　製　本　高地製本所

〒112-0002　東京都文京区小石川 5-11-15-302
電話（03）3814-4195　　ファクス（03）3814-4196
振替 東京00100-5-126746　http://www.bokutakusha.com/

乱丁・落丁本はお取替え致します

ISBN978-4-8332-2407-9 C3010